D1936421

DAS GROSSE WOHNBUCH

DAS GROSSE WOHNBUCH

1000 IDEEN FÜR EIN SCHÖNERES ZUHAUSE

CAROLINE CLIFTON-MOGG JOANNA SIMMONS REBECCA TANQUERAY REBECCA WINWARD

CALLWEY

Die Originalausgabe (2008) *Home Design Ideas* sowie die überarbeitete Neuauflage unter dem Titel *Space Works* (2017) erschienen bei Ryland Peters & Small
20–21 Jockey's Fields
London WC1R 4BW
www.rylandpeters.com

© Ryland Peters & Small 2008, 2017.

© 2009, 2017 der deutschen Ausgabe
Verlag Georg D. W. Callwey GmbH & Co. KG
Streitfeldstr. 35
D-81673 München
www.callwey.de
E-Mail: buch@callwey.de

Die Deutsche Bibliothek verzeichnet diese Publikation in der Deutschen Nationalbibliografie; detaillierte bibliografische Daten sind im Internet über <http://dnb.ddb.de> abrufbar.

ISBN 978-3-7667-2260-7

Das Werk einschließlich aller seiner Teile ist urheberrechtlich geschützt. Jede Verwertung außerhalb der engen Grenzen des Urheberrechtsgesetzes ist ohne Zustimmung des Verlages unzulässig und strafbar. Das gilt insbesondere für Vervielfältigungen, Übersetzungen, Mikroverfilmungen und die Einspeicherung und Verarbeitung in elektronischen Systemen.

Übersetzung aus dem Englischen
Andrea Fischer, Düsseldorf (Text S. 7–89)
Beatrix Gehlhoff, Hamburg (Text S. 90–239)
Silke Körber, Berlin (Bildlegenden S. 7–239)

Projektleitung
Raffaela Reif

Redaktion und Satz der deutschen Ausgabe
Textilien. Lektorat und Producing
Barbara Delius, Berlin

Umschlaggestaltung
Ngoc Le-Tümmers

Umschlagbild vorn
© living4media / Limbour, Bertrand

Printed in China

INHALT

Wer sich zu Hause wohlfühlt, kann sich auch frei entfalten. Darum ist es von unschätzbarem Wert, wenn Sie Ihre vier Wände Ihrem Leben und Ihren Ideen entsprechend gestalten.

VORWORT

LINKE SEITE **Genauso wichtig wie die ästhetischen Entscheidungen ist die alltagstaugliche Anordnung Ihrer Möbel – wenn nicht sogar noch wichtiger. Wenn Sie beides berücksichtigen, bekommen Ihre Räume den richtigen Flow: Sie entsprechen Ihrem Lebensstil und bringen gleichzeitig ihre stilistischen Vorlieben zum Ausdruck.**

Dieses Buch möchte Ihnen bei den großen und kleinen Fragen der Inneneinrichtung helfen, von wichtigen Aspekten wie Farbgebung und Bodenmaterial bis hin zu den Details, die ein Haus zum wirklichen Zuhause machen. Das kann schon einfach die Anschaffung einer guten Leselampe sein, mehr Platz für die Schuhsammlung oder ausreichend Arbeitsfläche in der Küche, damit das Kochen noch mehr Spaß macht. Ob Sie einen Rundumschlag planen oder einfach nur den vorhandenen Raum besser nutzen wollen – hier finden Sie jede Menge Anregungen.

Jeder Teil des Hauses, auch der Außenbereich, wird in einem Kapitel besprochen. Grundlage für eine gelungene Umgestaltung ist die Überlegung, was Sie von jedem Zimmer erwarten. Deshalb beginnt jedes Kapitel mit Anregungen zu Konzeption und Planung und gibt Ihnen zu jedem Raum wichtige Gesichtspunkte an die Hand – beispielsweise wie man die Wünsche und Bedürfnisse aller Familienmitglieder integrieren kann. Dann folgt der praktische Teil zu Aspekten wie Bodenbelag und Beleuchtung, dazu eine Rubrik mit Hinweisen und Ideen. Am Ende jedes Kapitels finden Sie Beispiele für verschiedene Einrichtungsstile des betreffenden Raums mit vielen Details und Profitipps zum jeweiligen Look.

Nutzen Sie *Das große Wohnbuch* als Ideenquelle und Nachschlagewerk. Schwelgen Sie in den wunderschönen Wohnwelten, die hier abgebildet sind, oder suchen Sie sich ganz konkrete Themenschwerpunkte heraus. Und ob Sie zum ersten Mal ein Haus einrichten oder sich gern immer wieder neue Anregungen holen – wir wünschen Ihnen viel Spaß bei der persönlichen Gestaltung Ihrer Wohnung!

Coffee

KÜCHE

AGA

UNTEN LINKS **Schaffen Sie durch Farbe Zusammenhalt, wenn der Raum etwas ungewöhnlich zugeschnitten ist. Hier sind die graue Treppe und die Deckenleuchte ein Echo der Farbe am Sockel der Kücheninsel, und auch die Marmorarbeitsfläche steuert ein paar graue Tupfer bei, ohne allzu schwer zu wirken.**

UNTEN RECHTS **Weiß in Weiß ist zeitlos und passt immer – sei es in einer ultramodernen oder eher einer klassischen Küche. Das Erfolgsrezept: unterschiedliche Oberflächen, zum Beispiel hier Email, Holzvertäfelung und Bodenfliesen. Belebt wird das Ganze durch den Kontrast der Lampen und des Ofenrohrs in Schwarz.**

LINKE SEITE **Der Stil dieser Küche in einem Landhaus passt zu ihrem Umfeld. Dazu trägt der gusseiserne Herd ebenso bei wie die beigefarbenen Wände und Schränke, der helle Natursteinboden und die Arbeitsflächen aus Holz. Stillleben an der Wand, hübsche Töpferware und der große Weidenkorb runden das Bild ab.**

OBEN **Bei wenig Platz sorgen klare Linien und eine minimalistische Ästhetik für ein großzügigeres Raumgefühl, und neutrale Farben haben eine ruhige Wirkung. Damit es dabei dennoch nicht klinisch aussieht, bringen Sie ein dezentes Farbspiel ein, etwa durch Naturstein, Massivholz und Metall.**

DESIGN & DEKORATION

In vielen Haushalten ist die Küche der wichtigste Raum – und der am intensivsten genutzte. Damit er sich in der Praxis bewährt, ist also vorausschauende Planung gefragt.

Schon lange beschränken sich die Tätigkeiten in der Küche nicht mehr allein auf die Essenszubereitung. Heutzutage wird in der Küche gelebt und gelacht, und meist verbringt man auch schöne Abende mit Gästen dort. Die Küche ist zugleich ein sehr privater Raum, in dem man viel Zeit verbringt, in dem man morgens den ersten Kaffee trinkt und wo man sich einfach wohlfühlen möchte. Darum ist die Einrichtung von zentraler Bedeutung.

Schränke, Einbaumöbel und Geräte geben den Stil des Raums schon im Wesentlichen vor. Die Dekoration soll dazu passen, daher ist es am besten, Grundgestaltung und Accessoires zusammen zu planen.

Viele Küchen gehen nahtlos in den Wohnbereich über. Versuchen Sie in so einem Fall, das Küchendesign an den Stil und die Atmosphäre des großen Ganzen anzupassen. Minimalismus beispielsweise wirkt deplatziert, wenn der Wohnbereich ansonsten mit Kiefernmöbeln eingerichtet ist. Auch wenn die Küche ein separater Raum ist, ist eine stilistische Verbindung zum angrenzenden Zimmer empfehlenswert, damit keine allzu harten Brüche entstehen.

Gute Planung ist das A und O einer gelungenen Inneneinrichtung. Nirgends trifft dies so sehr zu wie in der Küche, denn dort ist ein praktisches System für die Arbeitsbereiche wirklich unverzichtbar.

PLANUNG

Ob klein oder groß, jede Küche braucht gute Planung, denn Kauf und Aufbau sind eine teure Angelegenheit.

Vor allem wenn Sie viel Zeit in der Küche verbringen, werden Sie sich später über jedes gelungene Detail freuen. Natürlich gibt es professionelle Küchenplaner, doch auch die sind auf die Hilfe der wichtigsten Person angewiesen: Sie. Denn niemand weiß besser, wie eine Küche zu planen ist, als derjenige, der sie Tag für Tag benutzen wird.

Sollten Sie zu Beginn der Planung noch nicht genau wissen, was Sie wirklich benötigen, zäumen Sie das Pferd einfach von hinten auf: Schreiben Sie eine Liste der Dinge, die Sie auf keinen Fall wollen, mögen oder brauchen. Jeder hat Kritikpunkte, was die Küche angeht – zu wenig Arbeitsfläche, Kühlschrank an der falschen Stelle und manches mehr –, aber wenn es an die Neugestaltung geht, rückt die Erinnerung an die Nachteile oft in den Hintergrund.

Der erste Schritt ist immer, sich möglichst viele Küchen in Zeitschriften, Werbebeilagen und natürlich in Büchern anzusehen. So verschaffen Sie sich einen Überblick, sehen kluge Lösungen und durchdachte Details. Schauen Sie sich ein paar schöne Ideen von Fachleuten ab, besonders für Stauraum und Raumaufteilung. Auf viele Dinge kann man als Laie gar nicht kommen, aber es ist nicht schwer, überzeugende Vorbilder so abzuwandeln, dass sie in den eigenen vier Wänden passen.

Es hilft, sich vor der Planung die Küchen von Freunden ganz genau anzusehen. Fragen Sie, warum diese mit ihren Lösungen zufrieden oder unzufrieden sind, was sie ändern würden oder worauf sie niemals verzichten wollten. Wenn Sie die Möglichkeit haben, besuchen Sie außerdem Einrichtungsmessen und schauen Sie sich Modellküchen in Fachgeschäften an. Vielleicht erhalten Sie so nützliche Anregungen, nicht zuletzt für Material und Farben. Je mehr Sie recherchieren, desto deutlicher wird Ihre Vorstellung vom Aussehen Ihrer eigenen Küche. Einen besseren Ausgangspunkt gibt es nicht.

LINKS OBEN **Eine kleine Küchennische lässt oft nicht viel Spielraum für die Platzierung der wichtigsten Elemente Spülbecken, Stauraum, Herd und Arbeitsfläche. Das erleichtert einerseits die Planung, aber um das Raumangebot bestmöglich zu nutzen, ist Kreativität gefragt und ein wenig Geduld bei der Suche nach Geräten in der optimalen Größe.**

LINKS **Manchmal gilt es, räumliche Besonderheiten geschickt in die Planung zu integrieren, damit die Küche praktisch bleibt. Wie in diesem Beispiel, ergibt sich die optimale Lösung aber oft von selbst: Die Anordnung der Küchenmöbel unter der Schräge, flankiert von dem massiven Dachträger, ist ebenso naheliegend wie harmonisch.**

RECHTE SEITE **Wenn Sie besonders viel Platz zur Verfügung haben, ist eine Kücheninsel ideal, um jede Menge Stauraum und Arbeitsfläche zu gewinnen. Öffnet sich die Küche zum Wohnraum, dient der Block außerdem als lockere Abgrenzung, und die Gäste können Ihnen bequem beim Kochen Gesellschaft leisten.**

SUGAR
Dualit

LINKE SEITE, OBEN **Um die Küche mit einem neuen Look auszustatten, können schon ein paar Bretter über einem Sideboard mit Schubladen genügen – das erfordert weder besonderes handwerkliches Geschick noch ein großes Budget. Vor allem bei geringem Platzangebot sind Wandborde perfekte Ordnungshüter, weil sie nicht so stark ins Auge fallen wie Hängeschränke.**

LINKE SEITE, UNTEN LINKS **Wer sagt denn, dass eine Kücheninsel aussehen muss wie der Rest der Einbauküche? Ein freistehender Küchenblock bietet mehr Arbeitsfläche und außerdem – je nach Ausführung – viel wertvollen Stauraum. Manche Modelle haben Rollen und sind dadurch flexibel einsetzbar.**

LINKE SEITE, UNTEN RECHTS **Sie lieben Design und Einrichtung Ihrer Küche – nur nicht die Farbe? Schränke und Fronten aus Massivholz können Sie einfach neu streichen (lassen). Oder Sie prüfen, ob die Türen austauschbar sind, während der Korpus der Schränke bleibt, wie er ist. Auch eine neue Arbeitsplatte ist meist unkompliziert zu montieren.**

OBEN LINKS **Vielleicht genügt schon ein kleiner, charmanter Schrank, um die Stauraumnot in der Küche zu lindern und eine aufwendige neue Planung zu vermeiden. Für den Vintage-Look sind 50er-Jahre-Anrichten ideal, aber mit ein bisschen Fantasie werden auch andere Möbel zum Platzwunder in der Küche.**

OBEN RECHTS **Hier wurde eine schöne alte Ablage aus einem Eisenbahnabteil zum perfekten Topfregal, und mit ein paar Fleischerhaken dient sie auch noch als praktische Aufhängung für Pfannen und die wichtigsten Kochutensilien. Der Werkstattrollwagen nimmt kaum Platz ein und kann immer dort hingeschoben werden, wo man die Zutaten, die er beherbergt, gerade braucht.**

KÜCHENUMBAU

Nicht jedem bietet sich die Chance, die Küche von Grund auf neu einrichten zu können. Dennoch brauchen Sie Ihre Küche nicht so zu belassen, wie Sie sie vorgefunden haben.

Halten Sie zuerst fest, welche Elemente der Küche Ihnen nicht gefallen. Das können größere Probleme sein, etwa eine ungünstige Anordnung von Geräten oder Armaturen, oder kleinere, wie abgenutzte Schrankfronten. Notieren Sie sich alles, was Ihnen nicht gefällt, dann suchen Sie nach Lösungen. Rechnen Sie aufwendigere Veränderungen wie Umbauten gründlich durch, damit Sie sehen, ob sich Mühe und Kosten wirklich lohnen oder ob es vielleicht besser wäre, gleich ganz von vorne anzufangen.

Kosmetische Korrekturen sind mit relativ wenig Aufwand verbunden. Die einfachste Veränderung ist ein Set neuer Griffe. Ein weiterer Ansatz ist Farbe: Holztüren können Sie mit beständigen, hübschen Farben anstreichen. Neue Schrankfronten, vom Schreiner oder aus dem Handel, gibt es in vielen Dekoren und aus so unterschiedlichen Materialien wie Laminat, Vinyl, MDF oder Massivholz, ebenso Arbeitsflächen und Spritzschutz.

EINBAUKÜCHE: JA ODER NEIN?

Als Erstes stehen Sie bei der Küchenplanung vor einer Grundsatzentscheidung: Soll es eine Einbauküche mit symmetrisch angeordneten Modulen sein oder eher eine Küche mit individuell zusammengestellten Elementen?

Üblicherweise wird eine Küche an den Raum angepasst und nicht umgekehrt. Daher ist eine Einbauküche oft die einzig praktikable Lösung. In einem größeren Raum hingegen können Sie sich auch für frei stehende Elemente entscheiden, besonders in einer offenen Küche.

Wofür Sie sich entscheiden, hängt auch davon ab, ob Sie die Funktionen einer Küche – Zubereitung, Kochen, Aufbewahrung – leicht zu einem »Arbeitsdreieck« vereinen können. So bezeichnet man die ebenso praktische wie ergonomische Anordnung der Küchenelemente zu einem System von Betätigungsfeldern.

Einbauküchen können schlanke Zeilenform oder einen größeren, rechteckigen Grundriss haben; es gibt sie in L- oder U-Form, oft zusätzlich mit einer Kücheninsel oder -theke, die das einheitliche Bild ein wenig auflockert. Wegen des größeren Platzbedarfs eignen sich frei stehende Küchen oft besser für Räume, in denen nicht das Lineare, sondern ein lebendiger Stilmix vorherrscht.

LINKE SEITE, OBEN **Ausgewählte Einzelstücke aus vergangenen Tagen und die Küchenfront aus recycelten Holzplanken sorgen für den einzigartigen Stil dieser ungewöhnlichen Küche. Dass die Möbel wie maßgeschneidert passen, verrät, dass dabei gute Planung im Spiel war.**

LINKE SEITE, UNTEN **Einbauküchen müssen weder von der Stange sein noch teure Einzelanfertigungen aus dem Küchenstudio. In dieser Küche hat ein fähiger Tischler Unterschränke aus wiederverwertetem Holz gebaut und sie mit einer gefliesten Arbeitsfläche versehen. So strahlt der Raum ein stilvolles Vintage-Flair aus.**

OBEN LINKS **Durch eine eingebaute Kücheninsel erhöhen sich die Möglichkeiten der Anordnung von Herd, Spüle & Co. – vorausgesetzt, sie ist an den Versorgungsstrang angeschlossen. In diesem Beispiel befindet sich das Becken mitten im Raum, sodass man beim Spülen nicht isoliert ist. Genauso würde ein Herd mit Abzughaube darüber an dieser Stelle erlauben, dass sich der Koch bei der Zubereitung des Essens mit Freunden und Famile im Wohnzimmer unterhält.**

OBEN RECHTS **Einbauküchen, besonders im minimalistischen Stil, sind pflegeleicht und schnell aufgeräumt. Außerdem sind sie wie eine leere Leinwand, auf der Lieblingsstücke prächtig zur Geltung kommen. Hier lässt die schlichte weiße Front der Unterschränke der dunklen Wandfarbe darüber den Vortritt, auf der sich die schwarz-weißen Bilder wunderbar abheben.**

RECHTS **Besondere Einrichtungselemente brauchen nicht unbedingt eine weiße Küche, um zu glänzen. Was zählt, ist die Kontrastwirkung. Vor der stimmungsvollen schwarzen Küchenwand leuchtet diese historische Hängelampe umso mehr, ebenso wie der Esstisch und die Stühle aus Hartholz in warmen Tönen.**

HOTEL
DE
TOURISME
2011
H

LINKE SEITE **Glatte Schranktüren in einer dezenten Farbe und idealerweise ohne Griffe lassen auch die kleinste Kochnische entspannt und aufgeräumt erscheinen. Noch wirkungsvoller ist der Effekt, wenn die Schrankfarbe mit dem Wandanstrich übereinstimmt.**

OBEN **Auch wenn es an Platz mangelt – schaffen Sie die Illusion von Geräumigkeit. Der verspiegelte Raumteiler rechts im Bild zeigt die andere Hälfte des kleinen Apartments. Der Wohnraum wird optisch vergrößert und außerdem bleibt die Küche verborgen, wenn mal keine Zeit für den Abwasch war. Ein weiteres Plus ist, dass an der Rückwand Küchenutensilien hängen können.**

RECHTS **Auf kleinstem Raum zählt jeder Quadratzentimeter. Diese Nische wurde mit einem Unterschrank ausgestattet, in dem eine kleine Spüle Platz findet und zwei Herdplatten. Der geflieste Wandvorsprung nimmt ein paar Vorratsdosen auf, darüber schmücken allerlei Küchenhelfer an einer Reling die Wand.**

KOCHNISCHEN

In vielen Altbauten oder aber in Studio-Apartments steht nur wenig Platz für die Küche zur Verfügung. Hier kommt die klassische Küchenzeile zu ihrem Recht.

Bei der platzsparenden Variante sind sämtliche Geräte, Anschlüsse und Schränke an einer Wand untergebracht. Unter Umständen muss das Geschirr im angrenzenden Wohnbereich verstaut werden. Was auf den ersten Blick unmöglich scheint: Gerade ein schmaler »Küchenschlauch« kann sich als äußerst praktisch und angenehm entpuppen – schließlich ist hier alles direkt zur Hand.

Bei begrenztem Raumangebot kommt es darauf an, jeden Zentimeter in der Höhe und Tiefe als Stauraum zu nutzen. Wenn nötig, erweitern Sie die Schrank- oder Regalfächer bis unter die Decke. Dann bleibt sogar noch Platz für die unvermeidliche »Römertopfsammlung« – Geschirr, das man vielleicht einmal im Jahr benutzt, auf das man aber nicht verzichten will. Auf kleinstem Raum geht nichts über eine gute Lüftung: Investieren Sie in einen leistungsfähigen Dunstabzug.

GROSSE KÜCHEN

Eine große Küche ist ein herrlicher Luxus. Aber auch hier ist es sinnvoll, genau zu überlegen, wie man den vorhandenen Platz bestmöglich nutzt.

Wie viel Platz eine Küche auch bieten mag – der tatsächliche Arbeitsbereich sollte relativ kompakt und praktisch sein. Dabei liegen Arbeitsfläche und Herd am besten nicht zu weit auseinander. Schön sind verschiedene Arbeitsbereiche für unterschiedliche Tätigkeiten: eine Granitplatte zum Teigkneten, Ahornholz als fest montiertes Schneidbrett, eine kleine Spüle zum Putzen von Gemüse oder ein alternatives Kochfeld. In eine große Küche passen auch große Geräte – eine wuchtige Kühl-Gefrier-Kombination, ein Weinkühlschrank oder zusätzlich zum Ofen ein separater Dampfgarer.

Eine Kücheninsel unterteilt den Raum praktisch wie auch ästhetisch und trennt funktionale und soziale Bereiche. Barhocker laden zur Geselligkeit oder zum schnellen Frühstück ein. Wenn sich hier auch der Herd befindet, wird das Kochen zum Vergnügen für alle Anwesenden.

LINKS **Hohe Wände und weite Räume verlangen nach Küchenschränken in angemessenen Proportionen. In diesem Fall wurden die Hängeschränke höher montiert als gewöhnlich, damit der Abstand zwischen Oberkante und Decke nicht zu groß ist. Eine alte Ladenvitrine wurde zu einer besonders eleganten Kücheninsel umfunktioniert.**

OBEN **Wenn der Platz in der Küche es zulässt, halten Sie die Wände frei von Hängeschränken und belassen Sie es beim Unterbau. So schaffen Sie einen offenen, luftigen Raum und haben alle Freiheiten bei der dekorativen Wandgestaltung.**

RECHTE SEITE **Prächtige Altbauten warten nicht zuletzt mit großzügigen Raumzuschnitten und hohen Decken auf, manchmal sogar mit wunderschönen Originaleinbauten. Diese Wandborde harmonieren nicht nur perfekt mit dem historischen Stil des Raums, sondern ergänzen sich auch wunderbar mit der hübschen Wandtäfelung. Das Ergebnis ist eine ebenso charmante wie moderne und praktische Küche.**

CUISIN
howa

FAMILIENGERECHT

In den letzten Jahrzehnten hat sich die Küche von einem für die Essenszubereitung bestimmten Raum zu einem Versammlungsbereich für die ganze Familie entwickelt.

In der idealen Wohnküche wird nicht nur gekocht und gegessen, sondern hier findet auch alles mögliche andere statt. Hier halten sich alle Familienmitglieder gern auf – um sich zu unterhalten, gemeinsam einen Kaffee zu genießen, zu lesen oder die Hausaufgaben zu machen. Mit dem richtigen Format wird die Küche zum Mittelpunkt des Familienlebens.

Bei einer großen Küche ist es sinnvoll, sie funktional und auch optisch angenehm zu unterteilen, etwa durch eine Kochinsel. Ist der Raum zu klein, lohnt es sich möglicherweise, ein angrenzendes Zimmer zu integrieren. Eine nicht tragende Wand können Sie herausnehmen lassen, oder Sie vergrößern einfach die Türöffnung und verbinden die beiden Räume durch dieselbe Farbe für die Wände und einen einheitlichen Bodenbelag.

Besonders gemütlich wird die Wohnküche mit bequemen Sitzgelegenheiten – Sessel, Sofa oder eine Polsterbank – und entsprechender Beleuchtung, damit man ohne nicht nur das Kochbuch lesen kann, sondern auch die Zeitung. Vor allem aber ist hier viel Stauraum gefragt. Falls die Kinder regelmäßig am Küchentisch ihre Hausaufgaben machen oder spielen, ist es hilfreich, wenn sie alles, was sie dafür brauchen, auch gleich zur Hand haben.

LINKE SEITE **Wenn die Arbeitsfläche der Kücheninsel an den Rändern übersteht, haben Sie schon einen schönen Sitzplatz für Menschen, die Ihnen beim Kochen Gesellschaft leisten möchten. Ideal auch für einen Snack zwischendurch oder um die Hausaufgaben zu erledigen. Für einen aufgeräumten Look werden die Barhocker einfach zusammengeklappt.**

OBEN **Kleinere Kinder freuen sich über einen eigenen Bereich in der Küche. Haben Sie genug Platz, dann stellen Sie Tisch und Stühle im Kinderformat auf, wo die Kleinen mit ihren Freunden essen können oder malen und basteln, während Sie in der Küche das Abendbrot vorbereiten.**

RECHTS **Ob als Erinnerungsstütze, Einkaufsliste oder als Zeitvertreib für die Kinder: Nichts geht über eine mit Tafellack gestrichene Fläche in der multifunktionalen Familienküche.**

KÜCHEN MIT ESSBEREICH

Seit dem Rückzug des klassischen Esszimmers erfüllen die meisten Küchen eine Doppelfunktion: Hier wird das Essen nicht nur zubereitet, sondern auch genossen.

Die Öffnung der Küche für mehr Geselligkeit hat sich inzwischen fast überall durchgesetzt. In einer kleinen Küche mag kein Platz für einen großen Esstisch sein, doch mit ein wenig Geschick findet sich immer noch ein Eckchen für einen Snack mit der besten Freundin. Das kann ein runder Tisch sein, auf dem sonst eine Obstschale oder Blumenvase Platz findet, oder eine Polsterbank mit integriertem Stauraum in einer kleinen Nische. Damit können Sie einen Klapptisch kombinieren, der platzsparend in der Senkrechten verschwindet, wenn er nicht gebraucht wird.

Je näher Essbereich und Küchenzone beieinanderliegen, desto schöner ist es, wenn diese Areale im Stil aufeinander abgestimmt sind. Wohnlich wirken Schranktüren mit pflegeleichten und doch dekorativen Fronten, ein Spritzschutz aus Glas oder Holz statt aus Fliesen oder Metall, geschlossener und offener Stauraum, in dem Utensilien und Geräte einen Blickfang bieten. Hübsch sind zur Küche passende Esstische und Stühle. Ganz wichtig: ein möglichst leiser Geschirrspüler!

LINKE SEITE, OBEN **Selbst bei wenig Platz ist es nicht unmöglich, einen Essplatz in die Küche zu integrieren. Sie müssen nur einen Tisch im richtigen Format finden. Am sinnvollsten ist ein eckiges Exemplar, das an die Wand gerückt wird, während runde Tische weniger effizient sind.**

LINKE SEITE, UNTEN **Gerade kleine Räume profitieren von einem ästhetischen Gesamtkonzept. Wenn die Gestaltung aus einem Guss ist, wirkt die Küche nie unordentlich oder gar vollgestopft. Hier greift das helle Holz des Esstischs die Farbe der Arbeitsfläche auf, und die stilvollen Stühle passen zu den glatten Fronten der Küchenschränke.**

OBEN LINKS **Sitzgelegenheiten an einer Küchentheke oder -insel müssen nicht minimalistisch sein oder perfekt zusammenpassen. Diese Reihe fast, aber eben nicht ganz identischer Vintage-Barhocker wurde mit ein paar Sitzen ohne Lehne aus ähnlichen Materialien kombiniert. So entsteht ein harmonischer Look, der dank kleiner Variationen nie langweilig wird.**

OBEN RECHTS **Eine kluge Wahl bei geringem Platzangebot ist ein Glastisch. Besonders ein Modell mit dünnen Metallbeinen fällt optisch nicht ins Gewicht. Die sehr begrenzte Farbpalette dieser Küche, in der sogar die Stühle passend zum Kühlschrank ausgewählt wurden, sorgt für eine entspannte, klare Gesamtwirkung.**

RECHTS **Das richtige Licht ist entscheidend für den Essplatz in der Küche. Tief über dem Tisch hängende Leuchten erhellen die gedeckte Tafel bei den Mahlzeiten, während das Licht im restlichen Raum gedimmt oder ausgeschaltet werden kann, damit die eher funktionalen Bereiche der Küche für einen Moment im Hintergrund verschwinden.**

* Um Preise und Leistungsumfang großer Küchengeräte zu vergleichen, nutzen Sie am besten das Internet. Die Recherche ist ein wenig zeitraubend, aber es lohnt sich, denn hier finden Sie für jede Küche und jeden Geldbeutel das Richtige.

* Auf Induktionsfeldern funktionieren nur Töpfe aus bestimmten Metallsorten. Der Test: Wenn der Boden auf einen Magnet reagiert, ist er geeignet.

* Als Kochfeld- oder Einbaumodul gibt es auch Grill, Wok, Fritteuse und Dampfgarer.

* Lassen Sie einen Backofen in bequemer Höhe einbauen, damit Sie problemlos hineinsehen und -greifen können.

* Messen Sie den verfügbaren Platz genau aus, bevor Sie ein neues Gerät bestellen. Viele der neueren Geräte werden in Übergröße gefertigt und passen nicht in eine Standardeinbauküche.

* Ein nützliches Extra neben dem normalen Kühlschrank ist eine Kühlschublade, in der täglich gebrauchte Lebensmittel gelagert werden können.

DIESE SEITE **Sie lieben den Look der guten, alten Küchenhexe aus Gusseisen? Auf die Annehmlickeiten moderner Technik brauchen Sie deswegen nicht zu verzichten, denn auch Gas- und Elektroherde sind im historischen Design erhältlich, sogar mit Induktionskochfeld und Umluftofen.**

RECHTE SEITE, OBEN **Den Ofen können Sie auf Ihrer Wunschhöhe einbauen lassen und damit auch Ihrem Rücken etwas Gutes tun. Sie brauchen sich nicht mehr vorzubeugen, um schwere, heiße Bratentöpfe aus dem Unterbauofen zu hieven.**

RECHTE SEITE, UNTEN **»Weißware« ist ein Wort von vorgestern – längst werden die großen, klassischerweise weißen Geräte wie Kühlschrank und Waschmaschine in unzähligen Farben und Designs hergestellt, von retro bis futuristisch, von Cremefarben über Edelstahl und Lackschwarz bis zu Neongrün.**

Wenn Sie ein Küchengerät wie Herd oder Kühlschrank kaufen, legen Sie Ihr Budget vorher genau fest, denn in dieser Sparte gibt es erhebliche Preisspannen.

KÜCHENGERÄTE

In großer Auswahl erhältlich sind schlichte, praktische Geräte zu akzeptablen Preisen. Im etwas gehobenen Preissegment finden sich Modelle mit mehr Funktionen und besserem Design, oft von höherer Qualität. Dann gibt es noch die Stars unter den Küchengeräten – ausgeklügelte technische Neuerungen mit edler Ästhetik: Weinkühlschränke mit Temperaturkontrolle für Weiß- und Rotwein, gewaltige Kühl-Gefrier-Kombinationen oder Gefrierschrank, Kühlschrank und Weinkühlschrank als Einzelelemente.

Beim Herd reicht die Auswahl von frei stehenden Geräten mit Kochfeld und einem oder zwei Backöfen bis zu individuell kombinierten Kochfeldern für Gas- oder Elektrobetrieb in jeder Größe und aus jedem Material von Edelstahl bis Keramik und speziellen Backöfen, ebenfalls mit Gas oder Strom betrieben. Landhausherde gibt es in der traditionellen öl- oder gasbetriebenen Ausführung oder auch als moderne Elektroöfen in nostalgischer Hülle.

LINKS **Gern wird das Spülbecken direkt beim Fenster untergebracht, doch idealerweise wählen Sie die Position, die am direktesten mit Herd und Kühlschrank in Verbindung steht. Schließlich gibt es heute Spülmaschinen und das Spülen per Hand nimmt nicht mehr so viel Zeit in Anspruch, dass man dabei aus dem Fenster schauen möchte …**

RECHTE SEITE **Wählen Sie die Größe des Spülbeckens entsprechend dem Format des größten Topfes oder Backblechs in Ihrer Küche. Ein Doppelbecken mit zwei Wasserhähnen ist natürlich Luxus, aber Sie sind auch gut beraten, wenn Sie sich für ein möglichst großes Becken entscheiden und der mittig angeordnete Hahn schwenkbar oder sogar mit Teleskopschlauch ausgestattet ist.**

LINKS **Der Spritzschutz hält das Wasser davon ab, in die Wand einzudringen, und dient ganz nebenbei als Stil-Statement. In dieser minimalistischen Küche mit einer reduzierten Farbauswahl ist die senkrechte Marmorfläche als Fortsetzung der Spüle ein wunderschöner Blickfang.**

Klempnerarbeiten – schon bei dem Gedanken stehen Ihnen die Haare zu Berge? In der Küche sind sie das A und O, denn hier zählt, wo und wie das Wasser fließt.

WASSERWEGE

Einmal eingebaut, sind Leitungen und Armaturen nur mit viel Aufwand wieder zu ändern. Planen Sie daher bis ins Detail, was Sie wo brauchen, bevor Sie die Arbeit in Angriff nehmen.

Eine Spüle gehört in der Küche zur Grundausstattung. Größe und Position entscheiden über die gesamte Anlage der Küche. Wählen Sie das Spülbecken so groß und tief wie möglich, damit Sie auch Backblech und Bräter abwaschen können. Besonders wertvoll ist eine großzügige Abtropffläche – am besten an beiden Seiten. Die Entscheidung zwischen rund und eckig ist beim Becken in erster Linie Geschmackssache. Die Materialauswahl reicht von Edelstahl über Keramik und Naturstein bis zu Verbundstoffen.

Ein Wasserhahn im klassischen Design mit Einhandmischer ist in der Küche besonders praktisch. Die Geschirrspülmaschine ist sparsamer als Handwäsche, reinigt gründlich und verbirgt das schmutzige Geschirr – ist also kein Luxus, sondern einfach unverzichtbar!

* ***Früher befand sich die Spüle wegen der Aussicht direkt unter dem Küchenfenster. Mit den entsprechenden Anschlüssen lässt sie sich aber so gut wie überall im Raum installieren.***

* ***In einer kleinen Küche könnte sich die Anschaffung eines Schubladen-Geschirrspülers lohnen, der seinen Namen zu recht trägt: eine kompakte Maschine in einer Schublade, ideal für kleine Mengen.***

* ***Informieren Sie sich auch über die Möglichkeiten, eine kleine Spülmaschine auf Augenhöhe zu installieren statt ein Modell, das auf dem Boden steht.***

* ***Sollten Sie sich für einen Wasserhahn mit Teleskopbrause entscheiden, dann vergewissern Sie sich, dass der Schlauch mindestens bis zur Mitte des Beckens reicht.***

* ***Holzflächen neben der Spüle halten länger, wenn man sie mit Speiseöl behandelt, damit keine Feuchtigkeit eindringt.***

* ***Spülen mit zwei Becken sind besonders praktisch.***

* ***Ein lohnendes Extra, das viele Hersteller anbieten, ist ein Abtropfeinsatz für frisch gespültes Obst oder Gemüse, der in die Spüle gehängt werden kann.***

* ***Ein separater Wasserhahn, über den kochendes Wasser aus einem hoch isolierten Boiler fließt, ist praktischer und energiesparender als ein Wasserkocher. Außerdem gibt es Wasserhähne mit integriertem Wasserfilter.***

TWYFORDS

READ
FLOUR
CAKES

LINKE SEITE **Wiederverwertetes Holz in Naturfarbe und weiß getüncht, kombiniert mit weißen Wandborden und Akzenten aus Zink vermitteln relaxtes, bodenständiges Strandhaus-Flair. Zum Schutz vor Flecken und Feuchtigkeit kann unbehandeltes Holz mit einer Schicht Klarlack, Wachs oder Öl versehen werden.**

Die Wahl des Materials richtet sich nach dem Stil der Küche – und natürlich nach Ihrem Geschmack: lieber Holz oder Metall?

MATERIALIEN

Welche Materialien Sie für Schrankfronten und Arbeitsflächen wählen, hängt in erster Linie vom bevorzugten Stil ab, denn die Möglichkeiten sind unbegrenzt. Vielen geht nichts über Holz für die Unterschränke. Das kann Massivholz in Eiche, Kirsche, Buche über Ahorn und Iroko bis hin zu Walnuss sein, oder aber eine dicke versiegelte Verbundholzplatte. Sie können das Holz lasieren, lackieren oder laminieren. Außerdem gibt es unendlich viele Materialien, die mit Holz kombinierbar sind, sei es als Arbeitsfläche oder auch als integrierte Platte, als Wandleiste, Spritzschutz oder Schrankfront. Verbundstoffe wie Corian sind unglaublich vielseitig, ebenso massiver Stein wie Marmor, Schiefer oder Granit, die sich gut als Abstellfläche für heiße Töpfe neben dem Kochfeld eignen und als kühle Arbeitsfläche zum Kneten von Teig.

* ***Glas ist ein schickes Oberflächenmaterial in der Küche, beispielsweise als Spritzschutz hinter dem Kochfeld oder als Auflage für die Frühstückstheke.***

* ***Edelstahl hat einen professionellen Touch und macht sich gut in einer modernen Küche. Wählen Sie zwischen der gebürsteten und der Hochglanzvariante.***

* ***Ein Materialmix steht fast jeder Küche gut. In einem Ambiente mit viel Holz empfehlen sich unterschiedliche Holzarten oder Einlegearbeiten, die für Abwechslung sorgen.***

* ***Wenn Sie Küche oder Kochbereich mit dem Essbereich kombinieren, beschränken Sie sich auf ein oder zwei verbindende Elemente, damit nicht zwei identische Raumhälften entstehen.***

OBEN **Naturmaterialien bringen eine selbstbewusste Farbigkeit mit, die auch dominant wirken kann, wenn man sie nicht gezielt einsetzt. In diesem Raum sind die in kühlem Grau gehaltenen Kücheneinbauten und der Betonboden ein angemessenes Gegengewicht zu der holzgetäfelten Wand und dem Vintage-Tisch mit Stühlen im Industriestil.**

RECHTS **Eine Gestaltung Weiß in Weiß ist umso überzeugender, wenn verschiedene Materialien zum Einsatz kommen, um das Erscheinungsbild über die Art der Oberflächen zu beleben. Mit der edlen Marmorarbeitsplatte und den Metrofliesen an der Wand ist in dieser Küche eine spannende Kombination gelungen.**

In der perfekten Küche fällt Licht durch ein großes Fenster und beleuchtet jede Oberfläche bestmöglich. Im wahren Leben brauchen die meisten Küchen dafür ein wenig Unterstützung. Daher ist Kunstlicht von enormer Bedeutung und wird von Anfang an in die Planung einbezogen.

BELEUCHTUNG

Wie in allen Räumen ist auch in der Küche eine Mischung aus Arbeits- und Raumbeleuchtung ideal – von Neonleisten unter den Oberschränken über die Beleuchtung der Arbeitsfläche bis zu verstellbaren Schwanenhalslampen über den Schränken. Arbeitsleuchten strahlen auf intensiv genutzte Flächen und sind vor Ihrem Körper angebracht, damit Sie nicht in Ihrem eigenen Schatten arbeiten. Am häufigsten wird direkte Beleuchtung am Herd, über den Arbeitsflächen und vor den Schränken benötigt. Neonleisten unter Hängeschränken sind sinnvoll, oder aber ein Schienensystem an der Decke, durch das Strahler nach Bedarf ausgerichtet werden. Beziehen Sie auch das Tageslicht ein. Wenn Ihre Küche nur wenig oder gar kein Tageslicht hat, verwenden Sie reflektierende Farben und Oberflächen, um das Beste herauszuholen, und schaffen Sie Lichtinseln durch Deckenfluter und Strahler.

OBEN **Eine praktische Lösung für Arbeitslicht, etwa über dem Esstisch oder einer Arbeitsfläche, sind niedrig gehängte Pendelleuchten. Scheuen Sie auch großformatige Modelle nicht, denn zum einen streuen sie das Licht weiter und zum anderen ist ihr optischer Effekt einfach unwiderstehlich.**

LINKS **Deckenspots sind ideal, wenn es um punktgenaues Licht geht. Erkundigen Sie sich über die Wartung von LED-Leuchten, bevor Sie sie installieren lassen, und prüfen Sie verschiedene Lichtfarben, damit Sie genau die richtige für Ihre Küche auswählen.**

LINKE SEITE, UNTEN RECHTS **Für eine Küche ohne große Fenster ist ein eher blasses Farbschema die richtige Wahl, um das Beste aus dem vorhandenen Tageslicht zu machen. Vorteilhaft sind auch glatte Oberflächen und natürlich der Verzicht auf Sichtschutz am Fenster.**

OBEN **Als Arbeitslicht sind Pendelleuchten absolut geeignet – solange sie weder zu dicht an der Wand angebracht sind, sodass sie zu wenig von der Arbeitsfläche beleuchten, noch so weit davon entfernt, dass Sie sich selbst im Licht stehen.**

- ***Dimmer sind in der Küche eine feine Sache, da Sie damit Stimmung und Intensität des Lichts im ganzen Raum regulieren können.***
- ***Wenn Sie hübsche Gläser in einer Vitrine arrangieren möchten, lohnt sich vielleicht die Installation einer Hinterleuchtung.***
- ***Auch ein Raum mit viel Tageslicht braucht Arbeitsleuchten und Umgebungslicht für den Abend.***
- ***Beleuchtung ist heute eine Wissenschaft und Kunst. Fachleute können ein Lichtkonzept entwickeln, das natürliches Licht zu verschiedenen Tageszeiten simuliert.***
- ***Bringen Sie eine oder mehrere Pendelleuchten über dem Esstisch an, die sich absenken lassen.***
- ***Für stimmungsvolles LED-Licht in der Küche empfiehlt sich eine relativ »warme« Farbtemperatur von etwa 2800 Kelvin mit einer guten Farbwiedergabe von 90 CRI.***

❋ Entscheiden Sie sich frühzeitig für den Bodenbelag. Am besten wird er gelegt, wenn der Raum leer ist und Putz und Elektrik fertig sind.

❋ In einer Wohnküche bietet Sisalteppich eine leichte optische Trennung zwischen Koch- und Essbereich und unterstreicht doch die räumliche Einheit.

❋ Auch in der Küche kann mehr als nur eine Art Bodenbelag zum Einsatz kommen. In der unmittelbaren Umgebung von Herd und Spüle wird oft eine robustere Oberfläche benötigt als im Rest des Raums. Geeignet sind Kombinationen aus Linoleum und Fliesen, Stein und Holz oder Kautschuk und Terrakotta.

❋ Kautschukboden wird als Meterware oder als Fliesen verkauft und ist eine moderne, günstige Alternative.

❋ Die Farbpalette von Linoleumböden ist inzwischen wirklich groß. Dieses natürliche Material ist auch in Form von Fliesen erhältlich, die sich zu einfachen und dekorativen Mustern legen lassen – beispielsweise ein durchlaufendes Schachbrettkaro oder ein zentrales Ornament mit Bordüre.

❋ Polierter und lackierter Industrieestrich ist eine relativ günstige, strapazierfähige Oberfläche, die sehr cool aussehen kann. Allerdings ist bei diesem Werkstoff unter Umständen Fußkälte ein Thema.

DIESE SEITE **Fugen- und nahtloser Bodenbelag ist eine besonders hygienische Option und leicht zu reinigen – allerdings muss er auch regelmäßig poliert werden, um seinen Glanz zu erhalten. Zu bedenken ist überdies, dass ein rutschfester Boden in der Küche eventuell sicherer ist.**

Der Boden ist ein wichtiges Element der Küche. Treffen Sie die Auswahl in Abstimmung mit der restlichen Ausstattung.

BODENBELÄGE

Besonders harmonisch wirkt es, wenn sich Küchenboden, Schränke und Geräte optisch ergänzen. Außerdem ist wichtig, dass der Boden pflegeleicht, für die Füße angenehm und sehr strapazierfähig ist, denn schließlich ist die Küche ein stark beanspruchter Ort.

Holz wirkt immer warm, ob alt oder neu, hell oder dunkel. Naturbelassen braucht es eine Versiegelung, eine Alternative ist vorbehandeltes, ökologisch gebeiztes Material.

Stein und Marmor, Granit und Schiefer – wunderschön und ewig haltbar. Großflächig verlegt, ist ein Natursteinboden allerdings fußkalt, da lohnt sich eine Fußbodenheizung. Ebenso übrigens bei Keramikfliesen. Terrakotta, besonders schön in einer klassischen oder einer Landhausküche, ist wärmer als Stein und recht robust.

Weitere natürliche Bodenbeläge sind Linoleum, Kork und Kautschuk. Mit synthetischen Stoffen wie Vinyl wird mittlerweile so gut wie jedes Material von Holz bis Marmor imitiert, manche Kunststoffe haben aber auch für sich genommen einen tollen Effekt.

GANZ LINKS **In diesem Holzhaus sieht der robuste, langlebige Natursteinboden fantastisch aus und passt zum traditionellen Ambiente. Da das Material porös ist, sollte die Oberfläche regelmäßig versiegelt werden, damit sie nicht fleckig wird.**

LINKS **In einem Zimmer mit neutralen Wänden und Möbeln kommt ein gemusterter Boden groß raus und verleiht dem Raum Charakter. Dekorative Muster lassen sich aus drei- und viereckigen Fliesen legen, es gibt aber auch eine große Auswahl an gemusterten Bodenbelägen.**

OBEN **Historische Bodendielen müssen nicht teuer sein und sind besonders schön – aber damit sie richtig gut aussehen, bedarf es auch einiger Arbeit. Ein professioneller Abschliff und mehrere Schichten Wachs oder Öl sind unabdingbar.**

Überall wird Stauraum benötigt, aber wohl nirgendwo dringender als in der Küche. Oft ergibt sich die Lösung wie von selbst.

STAURAUM

Nichts ist frustrierender, als wenn in der Küche nicht alles seinen angestammten Platz hat. Dabei muss der Stauraum für die verschiedensten Dinge geeignet sein, Nahrungsmittel, frisch, getrocknet oder in der Dose, Kochutensilien und -geräte, Porzellan, Besteck und Gläser in allen Formen und Größen.

Vieles verschwindet in den üblichen Unter- und Wandschränken. Planen Sie logisch: Verstauen Sie die Gegenstände dort, wo sie gebraucht werden, und bringen Sie die Sachen, die Sie meist gleichzeitig verwenden, nahe beieinander unter. Kochtöpfe stehen am besten in der Nähe von Kochfeld und Backofen, Geschirr für den täglichen Gebrauch bei Spüle und Geschirrspüler, frische Lebensmittel kommen ohnehin in den Kühlschrank. Die schwer erreichbaren Schränke sind gut für das Sonntagsgeschirr und Küchengeräte, die nicht jeden Tag im Einsatz sind.

✻ ***Wenn Sie sich für ein Kochfeld ohne Ofen entscheiden, bleibt unter der Arbeitsplatte Platz für ein oder zwei hohe Schubladen, in denen Sie Töpfe und Pfannen verstauen können, ohne sie zu stapeln.***

✻ ***Wurzelgemüse lagert besser an einem dunklen Ort in gut belüfteten Schilf- oder Weidenkörben als im Kühlschrank.***

✻ ***Eine breite, flache Schublade mit Einteilungen in der Nähe des Kochfeldes ist praktisch für sperrige, aber unverzichtbare Utensilien wie Bratenwender, Schöpfkelle und Schaumlöffel. Dadurch sparen Sie auch wertvollen Platz auf der Arbeitsfläche.***

✻ ***Lassen Sie genügend Steckdosen einbauen, damit Sie Ihre Küchengeräte flexibel nutzen können, während Wasserkessel und Toaster am Rand der Arbeitsfläche stehen und immer einsatzbereit sind.***

UNTEN LINKS **In Regalen ist immer alles griffbereit, sie eignen sich daher am besten für Dinge des täglichen Gebrauchs. Andere Sachen, die darin stehen und weniger häufig benutzt werden, könnten allerdings eine kleine Staubschicht ansetzen.**

UNTEN RECHTS **Für viele Dinge sind Schubladen wesentlich praktischer als Schränke – nichts verschwindet in der Tiefe der Fächer, und so kann der gesamte Stauraum optimal genutzt werden. Diese Kücheninsel verfügt über jede Menge tiefer Schubladen für Geschirr, Besteck, Töpfe, Pfannen und andere Utensilien.**

RECHTE SEITE **Wenn der Stauraum Ihrer Einbauküche nicht ganz ausreicht, können Sie vielleicht Platz schaffen, indem Sie freistehende Elemente hinzuziehen. Hier kommt eine dekorative Leiter zum Einsatz, an der die hübschen Kupferpfannen mit einfachen Fleischerhaken aufgehängt sind und dadurch toll zur Wirkung kommen.**

KOKKEBOGEN
JAMIE OLIVER

SAL de IBIZA

Cream of Tartar
Bicarb. of Soda
Plain flour
Sugar

LINKE SEITE, OBEN LINKS **Natürlich ist die Küche ein Arbeitsraum, aber es wäre doch zu schade, sie durch und durch funktional zu gestalten. Ein wunderschönes Bild gibt zum Beispiel dieses Ensemble aus nützlichen und zugleich hübschen Dingen ab – ein silbernes Salzfässchen, Salatbesteck aus Horn und ein Mörser aus Marmor.**

LINKE SEITE, OBEN RECHTS **Darf's ein bisschen glamouröser sein? Damit wartet auch in der schlichtesten Küche ein reflektierender Spritzschutz auf, etwa aus Edelstahl, Spiegelglas oder Metallfliesen. Je minimalistischer die Küche, desto überraschender der Luxuseffekt.**

LINKE SEITE, UNTEN LINKS **Wenn Sie leidenschaftlich gern kochen, kommt die Deko fast wie von selbst: Exotische Gewürze und andere Zutaten sind oft besonders schön verpackt. Auch Weckgläser sind sehenswert und können mit Klebeetiketten individuell gestaltet werden.**

LINKE SEITE, UNTEN RECHTS **Mit wenig Aufwand werden auch alltägliche Utensilien zum Ausstellungsstück. Holen Sie schön gealterte Schneidebretter und Ihre Messerkollektion ans Tageslicht. Besonders edel sieht es aus, wenn die Gegenstände farblich verwandt sind, wie hier durch Braun, Beige und Schwarz.**

RECHTS OBEN **Mit frischen Blumen liegen Sie auch in der Küche immer richtig, solange sie nicht die Arbeitsfläche blockieren. Dieses lockere Arrangement mit gelben Highlights macht sich prächtig vor der dunklen Wand im Hintergrund.**

RECHTS **Wählen Sie Accessoires entsprechend den Akzentfarben in Ihrer Küche aus, dann wirkt der Raum auch im Alltag sorgfältig und professionell gestaltet. Hier passen die Zitronen zu den beiden gelben Hockern, zusammen schmücken sie das ansonsten grau-schwarze Design der Küche mit einer frischen Note.**

✻ Den letzten Schliff liefern nicht nur die Utensilien – lackierte Schranktüren in Limettengrün, Gelb oder Orange setzen leuchtende Farbakzente und gestalten den Arbeitsbereich ganz individuell.

✻ Wenn sich in der Küche auch ein Essplatz befindet, stellen Sie hier ein kleines Bücherregal auf. Mit Kochbüchern und beispielsweise einem guten Nachschlagewerk ausgestattet, sieht es nicht nur nett aus, sondern ist auch noch sehr zweckmäßig.

✻ Sie haben eine Schwäche für Designer-Toaster oder professionelle Kaffeemaschinen? Gönnen Sie sich etwas Hochwertiges. Gute Geräte halten viele Jahre und machen Ihnen jeden Tag Freude – und sie verleihen Ihrer Küche das gewisse Etwas.

✻ Locker arrangiert, wirken Blumen in der Küche ungemein sympathisch – in einem Regal ebenso wie auf der Arbeitsfläche.

Der letzte Schliff verleiht der Küche Persönlichkeit und unterscheidet sie vom Musterstück; dekorative Extras verwandeln den Raum in etwas Besonderes.

DER LETZTE SCHLIFF

In der Küche ist der letzte Schliff immer eine Frage der Details. Es ist die wohlüberlegte individuelle Note, die die Küche zu Ihrem persönlichen Reich macht. Kleinigkeiten verleihen dem Normalen das gewisse Extra, seien es die Zierleisten an der offenen Regalwand, die abgerundete Kante einer Marmorfläche, die neben dem Kochfeld eingelassenen Metallstäbe für heiße Töpfe oder aber das maßgefertigte Weinregal in einer ansonsten ungenutzten Ecke. Lassen Sie sich auf Haushaltsmessen, von Zeitschriften und Büchern anregen. Sie werden überrascht sein, wie günstig originelle Zutaten oftmals zu haben sind.

Bei der Dekoration sind Fantasie und Mut gefragt. Originell eingesetzte Farben, exotische Souvenirs oder einzigartige Bilder können der Küche nicht nur Ihren persönlichen Stempel aufdrücken, sondern sie auch einladender und gastfreundlicher machen.

LINKS **Die Schranktüren aus roh belassenem Holz mit schmiedeeisernen Scharnieren geben dieser Küche im Landhausstil einen extrem rusikalen Touch. Die in freundlichem Ocker gestrichenen Wände strahlen etwas Mediterranes aus und machen den Raum gemütlich.**

RECHTS **Die Einfachheit der traditionellen Küchen in Griechenland ist einfach unübertroffen. Typisch sind die gekalkten Einbauten aus Beton, die hier veredelt werden durch kühle graue Metallfarben und das warme Braun der diversen Holzelemente.**

Die Landhausküche ist fast schon eine Lebenseinstellung. Sie vereint das Traditionelle mit Gemütlichkeit und sieht in der Stadt so gut aus wie auf dem Land.

LANDHAUSKÜCHEN

Was genau schwebt Leuten vor, die sich eine Landhausküche wünschen? Zuerst einmal sind die Materialien wichtig: Nach allgemeinem Konsens glänzen in einer Landhausküche nicht Edelstahl und Plexiglas, auch wenn moderne technische Extras ausdrücklich erlaubt sind – allerdings versteckt hinter Schranktüren. Die Materialien der Landhausküche sind traditionell: Hauptsache Holz, vom Boden bis zu den Schränken, manchmal auch an den Wänden und bei den Utensilien. Für die harten Oberflächen wird Stein in allen Erscheinungsformen bevorzugt, von Schiefer bis Sandstein, dazu irdenes Geschirr und Email. Aber eine Landhausküche ist dennoch keineswegs von gestern: nichts gegen einen leisen Geschirrspüler und einen großen Kühlschrank, der bei entsprechendem Platzangebot in einer praktischen Speisekammer verschwindet! Auch ein modernes Induktions- oder Cerankochfeld ist durchaus denkbar, die meisten Menschen verbinden mit einer Landhausküche dagegen einen entsprechenden Herd, der eine warme, gesellige Atmosphäre verbreitet. Früher wurden die Herde mit Holz, Festbrennstoff oder Öl beheizt; heutzutage kommt auch hier Gas oder Strom zum Einsatz, viele sind auf dem neuesten Stand der Technik, die gut im traditionellen Gehäuse verborgen ist.

Fast immer leben Landhausküchen auch von der Farbe, sei es an den Wänden oder den Schränken. Die Farbtöne sind eher sanft, manchmal nur ein Hauch von Gelb oder Terrakotta. Das Holz darf gern Patina haben, entweder durch natürliche oder künstliche Alterung. Die Grundfarbe wird durch bunte Gegenstände belebt, die der Landhausküchenbesitzer mit Vorliebe sammelt, Dekoratives von Bildern bis zu getöpferten Schüsseln, manche alt, andere neu, doch immer in antikem Design.

In erster Linie vermitteln Landhausküchen Wärme – man kann sie sich nicht kalt vorstellen. Wer sich für diesen Stil entscheidet, der möchte eine offene, freundliche Küche, die eine gewisse Behaglichkeit und Gastlichkeit verströmt.

* ***In eine Landhausküche gehören antike Holzmöbel. Eine Kommode aus Kiefernholz eignet sich für Töpfe und Deckel und ein antiker Wandschrank nimmt alles andere auf, vom Geschirr bis hin zu Lebensmitteln.***
* ***Nutzen Sie Wandborde zur Aufbewahrung und als Schaufläche für hübsche Tassen und Küchenzubehör – praktische Lösung mit Dekoeffekt.***
* ***Wählen Sie entweder eine helle, klare Farbe oder einen der zahlreichen historischen Farbtöne, die beim Fachhändler erhältlich sind.***
* ***Dekorieren Sie Ihre Küche auf originelle Weise mit alten Küchengeräten, skurrilen kleinen Bildern oder ausgefallenen Drucken vom Flohmarkt.***
* ***In der Landhausküche werden Lebensmittel oft nicht hinter Türen versteckt, sondern dienen als Dekoration. Das Gleiche gilt für Porzellan, Glas und Küchenzubehör – eine klassische Anrichte setzt all das perfekt in Szene.***

DIESE SEITE **Weiß getäfelte Wände und helle Bodendielen sind die perfekte Kulisse für naturbelassenes Holz in warmen Farbtönen. Hier nimmt ein robuster Tisch auf Rollen den Mittelpunkt ein, aber auch die wie abgenutzt wirkenden Fronten der Unterschränke tragen zur charaktervollen Ausstrahlung der Küche bei.**

SAN CAYETANO

Sie möchten sich beim Küchendesign nicht auf eine Stilrichtung festlegen? Müssen Sie ja auch nicht! Mit ein paar einfachen Regeln ist es kinderleicht, einen stimmigen persönlichen Look zu kreieren.

KÜCHEN MIT STILVIELFALT

Wir alle haben wohl unsere ganz eigene Vorstellung davon, was uns gefällt, und das ist das Fantastische am gezielten Stilmix: Alles ist erlaubt. Nun ja, vielleicht nicht absolut alles. Damit das Ganze nicht beliebig wirkt und ein ausgewogens Gesamtbild entsteht, orientieren Sie sich am besten an diesen Faustregeln:

Zunächst ist es wichtig, nur solche Stücke auszuwählen, die in den Proportionen zum Raum passen – auch wenn kleine Abweichungen, etwa ein riesengroßer Lampenschirm, natürlich gerade toll aussehen. Außerdem ist entscheidend, dass Möbel, Accessoires, Oberflächen und Geräte miteinander harmonieren, sei es im Maßstab oder in der Farbe.

Zentral für den eklektischen Look ist aber auch das Thema Kontrast, vor allem wenn Sie es ein wenig dramatisch mögen. Stellen Sie nicht Dinge zusammen, die nur ein bisschen verschieden sind, sondern solche, die sich richtig deutlich unterscheiden – hängen Sie zum Beispiel einen klassischen Kronleuchter über die Arbeitsplatte aus Beton oder stellen Sie einen Biedermeier-Esstisch ins minimalistische Küchenambiente.

Wenn Sie nicht sicher sind, ob Ihnen der eklektische Stil auch wirklich gelingt, gehen Sie erst einmal nach Farben vor: Kombinieren Sie Dinge der gleichen Farbe oder Farbfamilie, und Weiß in Weiß funktioniert immer. Am besten kombinieren Sie außerdem nicht mehr als drei Stilrichtungen, damit der Raum am Ende nicht einfach zusammengewürfelt und unruhig wirkt.

*✻ **Der einfachste Ansatz beim eklektischen Stil ist eine Variation von Farben oder Materialien für die Küchenfront. Wenn Sie beispielsweise drei verschiedene Blautöne für die ansonsten identischen Schranktüren wählen, bringt das schon Schwung ins Design.***

*✻ **Nur Mut, mischen Sie Antiquitäten mit aktuellen Accessoires. Umgekehrt lassen sich die strengen Linien und glatten Oberflächen einer modernen Küche wunderbar durch Objekte mit Geschichte auflockern.***

*✻ **Schon mit wenigen markanten Farbtupfern oder einem exquisiten Material hier und da wirkt ein Raum interessanter. Suchen Sie unerwartete Akzentfarben aus oder eine Oberfläche für ein Küchenelement, die aus dem Rahmen fällt. Ansonsten kann das Design eher zurückhaltend ausfallen.***

*✻ **Für einen wirklich individuellen Küchen-Look schauen Sie sich nach gebrauchten Möbeln aus Läden oder Fabriken um. Meist passen sie optimal zur klaren Ästhetik moderner Einbauküchen und kommen vor diesem Hintergrund besonders gut zur Geltung.***

LINKE SEITE **Mit der Wand in Bonbonrosa, den Bildern, Parfümflakons und dem ovalen Spiegel erinnert in dieser herrlichen Einrichtung eigentlich nichts mehr an eine Küche. Chrom und Marmor sprechen eindeutig die Sprache des Luxus, gleichzeitig regiert auch hier der Pragmatismus in Form von Spüle und Spritzschutz aus Edelstahl.**

RECHTS **In dieser gut gelaunten Küche mit Essbereich treffen origineller Vintage-Stil und Industriedesign aufeinander. Der klassische Fifties-Tisch ist kombiniert mit abgenutzten, bunt lackierten Metallstühlen, im Hintergrund gehen die moderne gelbe Armatur, Accessoires und die Sprossen des Innenfensters eine farbliche Allianz ein.**

GANZ RECHTS **Spannend ist hier der Kontrast zwischen dem antiken Schrank mit Kassettentür und dem ansonsten vorherrschenden Industriestil dieser offenen Küche mit Backsteinwand, Betonboden und Metallmöbeln. Als »roter Faden« dient das monochrome Farbschema in Grau und Weiß.**

RECHTS **Man könnte meinen, dass alles, was mit »Industrie« zu tun hat, besonders schwer und wuchtig wirkt. Diese scheinbar über dem polierten Betonboden schwebende Zeile aus Edelstahl beweist das Gegenteil. Sie wird von der originalen Eisenstütze gehalten und verbirgt geschickt alle Leitungen in ihrem Inneren.**

RECHTE SEITE **Elemente aus Großküchen oder Fabriken brauchen keine Halle, um ihre Ästhetik zu entfalten. Auch die Kochnische in einem kleinen Apartment ist ein perfektes Umfeld. Stahl und Beton werden hier der edel weiß verputzten Wand gegenübergestellt, schlichtes Geschirr in Grün und Blau sorgt für Farbakzente auf den Wandborden.**

Praktisch, robust und langlebig – bei der Küche im Industriestil geht es nicht nur um Ästhetik. Es ist auch eine extrem sinnvolle Stilentscheidung, wenn Sie gern ambitioniert kochen.

KÜCHEN IM INDUSTRIESTIL

Noch nie war industrielle Ästhetik so populär wie heute, Spuren davon finden sich fast in jedem Bereich des Haushalts. Allerdings ist dieser Stil nirgendwo besser geeignet als in der Küche: Unempfindliche Oberflächen und pragmatisches, schnörkelloses Design – einfach perfekt für Köche, die richtig arbeiten wollen.

Die wichtigsten Stilmerkmale gehen auf die Fabrikarchitektur des 19. und frühen 20. Jahrhunderts zurück, etwa Backsteinwände, Beton, Stahl, Keramikfliesen und unbehandeltes Holz. Alles muss einfach und nützlich sein, ziehen Sie also Tischplatten auf Böcken, große Lampenschirme aus Glas oder Metall, Rollwagen und robuste Stahlregale sowie Vintage-Hocker aus Holz und Metall in Betracht.

Offene Wohnflächen und die architektonischen Gegebenheiten – frei im Raum verlaufende Rohre, Ziegelwände und Betonböden – finden sich natürlich in Fabriklofts, die als Immobilie zu haben sind. Aber der Industriestil ist effizient und sparsam und lässt sich daher ebenso gut in bescheideneren Grundrissen und kleinen Küchen umsetzen.

Wenn Sie dieser Ästhetik eine zeitgenössische Note verleihen wollen, setzen Sie auf Kontraste. Statten Sie zum Beispiel eine grobe Industriespüle mit erlesenen Armaturen aus oder setzen Sie ein paar kantige Akzente in einem Ambiente im edlen Vintage-Look.

* ***Eine relativ kostengünstige Option für den Industriestil sind Elemente von Küchenherstellern für den professionellen Bereich, die auch in puncto authentischer Look unschlagbar sind.***

* ***Wenn ein polierter Betonboden sich nicht realisieren lässt, entscheiden Sie sich für Fliesen in Feinsteinzeug, die eine ähnliche Optik und Oberfläche besitzen. Alternativen für oft schwer aufzutreibende originale Accessoires und Möbel sind gut gemachte Reproduktionen, die im Handel erhältlich sind.***

* ***Reinigen Sie Edelstahl nie mit groben Scheuerschwämmen, damit die Oberfläche nicht verkratzt. Verdünnte Essigsäure und Seifenlauge tun hier ihren Dienst, oder investieren Sie in Spezialreiniger. Wasserflecken vermeiden Sie mit einem weichen Microfaser-Trockentuch.***

* ***Jedes Detail zählt: Von Drahtlampen über Muschelgriffe für Schubladen bis zu Türbeschlägen aus Eisen – Metall in jeder Form, ob Fifties-Chrom, Schmiedeeisen oder mattierte Bronze, trägt zum überzeugenden Look im Industriestil bei.***

LA
BRE

Weiß ist unendlich anpassungsfähig. Es macht sich in großen Küchen ebenso gut wie in kleinen und sieht im Altbau perfekt aus, aber auch im Townhouse.

WEISS IN WEISS

Als die ersten Einbauküchen vorgestellt wurden, waren sie nur in einer einzigen Farbe erhältlich, natürlich nicht in Schwarz wie Henry Fords berühmte Automobile, sondern in Weiß. Weiß war die Farbe von Moderne und Fortschritt; es stand für Sauberkeit, Effizienz und Hygiene. Mit der Zeit wuchs die Auswahl, und Küchenmodule wurden auch in anderen Farben und Materialien gefertigt. Für viele ist eine weiße Küche aber bis heute das einzig Wahre.

Weiß – das ist keine Farbe, es ist ein Stil. Es ist nicht der Mode unterworfen, ist zeitlos und daher niemals in oder out. Weiß ist die richtige Wahl für die Hochglanz-Traumküche mit allen technischen Finessen ebenso wie für einen klassischen praktisch-funktionalen Raum. Entscheiden Sie sich für Weiß, wenn Sie eine gemütliche, offene Landhausküche einrichten möchten, aber Weiß ist auch die perfekte Lösung, um ein wenig zusammengewürfelte, nicht standardisierte Elemente einer frei stehenden Küche miteinander in Einklang zu bringen.

Weiß ist bescheiden, wo nötig rückt es völlig in den Hintergrund und lässt andere Charakteristika eines Raums und architektonische Details zur Geltung kommen. Darum ist es bestens geeignet für die große, offene Küche mit Wohnbereich.

Ebenso ist Weiß die perfekte Lösung für eine kleine Küche, denn es öffnet den Raum und lässt ihn größer erscheinen. Was bei dem Angebot an erfrischenden Farben leicht in Vergessenheit gerät: Für dunkle Räume ist Weiß das A und O. Durch seine reflektierende Eigenschaft fängt es jeden Lichtstrahl ein und wirft ihn zurück, noch dazu, wenn die Wand auf Hochglanz poliert ist. Ein heller Boden verstärkt diesen Effekt noch.

Wenn Sie eine alte oder abgenutzte Küche modernisieren möchten, hier einer der einfachsten und kostengünstigsten Tricks: Bringen Sie einfach neue Türen an Unter- und Oberschränken an. Weiß laminiertes oder lackiertes Material gibt es für alle Standardgrößen.

LINKE SEITE **Ein Design ganz in Weiß ist nicht automatisch streng und minimalistisch. Hier wurde mit verschiedenen Weiß- und Grauschattierungen eine freundliche, einladende Küche im Landhausstil mit skandinavischem Touch gestaltet. Den Eindruck prägen Nut-und-Feder-Küchenfronten, großzügige Wandborde mit schlichtem Alltagsgeschirr und Glas sowie Details aus Metall und naturbelassenem Holz.**

RECHTS **Esstisch und Stühle in Weiß verschwinden optisch fast in diesem Ambiente mit weißen Wänden, weißem Boden und weißen Schränken – ein beliebter Kunstgriff, wenn es darum geht, einen Raum größer wirken zu lassen als er ist.**

MITTE **Der wunderschöne Herd in Taubenblau kommt in dieser Küche groß raus, denn die farbige Emailfläche hebt sich klar vom weißen Umfeld ab. Akzente in Chrom und Zink ebenso wie das Design der Hängeleuchten und die Beschläge tragen zum Retro-Flair bei.**

UNTEN **Helles Holz ist der ideale Partner für eine weiße Küche. Der warme Farbton wirkt belebend, Holzarten wie Birke, Buche, Ahorn oder gebleichte Eiche sind aber nie dominant. In dieser Küche bringen die pastellfarbenen Töpfe im Hintergrund dezente Tupfer ins Bild.**

***** ***Wenn Sie mit kleinem Geldbeutel eine neue Küche einrichten, wählen Sie am besten ein weißes Modell, das sieht immer gut aus. Einfache Fronten ohne Verzierungen, schlichte Griffe und Armaturen bestimmen das Bild, ergänzt durch eine Arbeitsplatte aus Holz in einem warmen Farbton.***

***** ***Stimmen Sie Esstisch und Stühle auf die weiße Küche ab. Naturbelassenes Holz setzt einen angenehmen Kontrast zum weißen Hintergrund.***

***** ***Es gibt kalte und warme Weißtöne, und von beiden unzählige Variationen. Richten Sie Ihre Farbwahl danach, wie viel Tageslicht in die Küche fällt.***

***** ***Wenn die Küche ins Esszimmer übergeht, verwenden Sie dort ebenfalls Weiß, wählen aber weichere, kräftigere Nuancen derselben Produktlinie. Mit Stoffen und Möbeln kann man zudem Akzente setzen, die auf die unterschiedlichen Funktionen der Bereiche verweisen.***

Seit Jahrhunderten ist die Küche der lebendigste Raum im Haus – im Palast ebenso wie im Bauernhof. Noch heute versammelt sich hier die ganze Familie.

FAMILIENKÜCHEN

Früher war die Küche isoliert vom Rest der Wohnung, selbst zum Essen war oft nicht genug Platz. Heute ist die Wohnküche fast zum Standard geworden, das Esszimmer ein Auslaufmodell. In der Küche versammeln sich Familie und Freunde, hier wird geredet, gespielt, gelacht – und natürlich auch gekocht und gegessen.

Wer diesen Lebensstil mag, für den kann die Küche gar nicht groß genug sein. Ein großer Tisch wird schnell zum Lieblingsort zum Zeitunglesen, zum Erledigen der Hausaufgaben oder Plaudern. Passt kein normaler Tisch in die Küche, können diese Rolle eine Kochinsel oder eine Theke mit Barhockern übernehmen, die den Blick auf den Kochbereich freigibt. So verbindet sich das Praktische mit dem Geselligen – beides wichtige Aspekte des Familienlebens.

Eine Familienküche ist nicht der Ort für klinisches, stromlinienförmiges Design. Frische Farben und eine Ausstattung mit persönlicher Note machen sie einladend und stilvoll zugleich. Wenn genug Platz ist, integrieren Sie einfach ein paar typische Wohnraummöbel – nicht als Ersatz, sondern als Erweiterung des Wohnzimmers. Das kann ein bequemer Sessel sein oder, noch besser, ein kleines Sofa und ein Bücherregal für eine gemütliche Ecke zum Kaffeetrinken oder Schmökern. Das alles bringt die Menschen zusammen, und das ist ja der Sinn einer Familienküche.

✻ In einer familiengerechten Küche werden auch Dinge gebraucht, die nichts mit Kochen oder Essen zu tun haben, planen Sie also Schubladen für Papier und Stifte und Regale für Bücher und Zeitschriften ein.

✻ Flexibler, mobiler Stauraum ist sehr nützlich in einem Raum mit unterschiedlichen Funktionen und Nutzungsarten: Große Körbe, in denen Spielzeug und anderes Platz findet, sind nicht nur praktisch, sondern außerdem noch dekorativ.

✻ Gute Beleuchtung nicht vergessen: verstellbare Arbeitsleuchten und parallel dazu gutes Raumlicht, um die funktionale in eine gemütliche Atmosphäre zu verwandeln.

✻ Gläser, Tassen und Becher sollten schnell zur Hand sein, ohne dass Sie dafür erst Topf und Pfanne zur Seite räumen müssen.

✻ In einer Familienküche machen sich Bilder und Fotos von gemeinsamen Erlebnissen sehr schön, an der Wand wie im Regal.

LINKS **Robuste und pflegeleichte Oberflächen sind ein Muss in jeder Familienküche. Am besten wählen Sie also einen Stil, der nicht unter ein paar Kratzern leidet – etwa mit nachsichtigen Vintage-Möbeln, die von Gebrauchsspuren leben, statt mit glatten Hochglanzflächen im luxuriösen Minimalismus.**

RECHTE SEITE **Der eklektische Stil, vor allem in der lichterfüllten, weißen Variante, eignet sich besonders gut für junge Familien, denn in einem solchen Ambiente sind auch bunte Spielsachen kein Störfaktor, und der Kinderstuhl fügt sich bestens in die Riege verschiedenartiger Sitzgelegenheiten um den großen Esstisch.**

Culinaria
Culinaria

WOHNZIMMER

DIESE SEITE **Schöne Bücher und dekorative Objekte sind ein ansprechender Blickfang. Damit ein ausgewogener und lockerer Eindruck entsteht, ist sorgfältige Auswahl gefragt. Die Regalfächer sollten nicht ganz ausgefüllt sein, denn etwas Freiraum bringt die einzelnen Gegenstände erst richtig zur Geltung.**

OBEN LINKS **Wenn Sie ein dezent gestaltetes Zimmer auffrischen wollen, stellen Sie Stücke in modernen, leuchtenden Farben auf. Hier bilden die braunen Ledersessel und das Sofa in Türkis sowie der kobaltblaue Sessel Kontraste, die sich in einigen der Accessoires wiederfinden.**

OBEN RECHTS **Ein lichtdurchfluteter Raum ist immer fantastisch. Bei Ausrichtung nach Süden geht es aber darum, Licht und Wärme auch in verträglichen Grenzen zu halten. Dafür sind Vorhänge oder Rollos aus Naturstoffen eine ebenso wirksame wie stilsichere Lösung.**

DESIGN & DEKORATION

Das Wohnzimmer ist ein Ort für die ganze Familie – und es ist »neutrales Terrain«, der Raum, in dem jeder sich aufhalten kann, allein oder in Gesellschaft. Idealerweise spiegelt sich seine Vielseitigkeit in Design und Möblierung wider.

Die Gestaltung spielt hier eine große Rolle, denn nicht zuletzt präsentieren wir uns Besuchern durch unser Wohnzimmer. Aufmerksame Gäste registrieren genau, welche Farben Sie gewählt, welche Möbel Sie gekauft und wie Sie alles arrangiert haben. Wie sind Bilder, Bücher und Musik integriert? Ihr Wohnzimmer ist Ihre Visitenkarte.

Aber in erster Linie spiegelt das Wohnzimmer nicht die Vorstellungen anderer, sondern die Vorlieben und Abneigungen der Menschen, die es am meisten benutzen. Es erfüllt die täglichen Bedürfnisse aller Bewohner und stellt einen Ort dar, wo Sie ruhigen wie geselligen Beschäftigungen nachgehen können, vom Leseabend bis zur rauschenden Silvesterparty. Gleichzeitig kann es Arbeitszimmer und Essbereich sein – das sind ziemlich viele Aufgaben für einen einzigen Raum!

Die Voraussetzung für ein überzeugendes Design ist eine gründliche Planung, für die Sie hier viele Vorschläge finden. Ein gemütliches und einladendes Wohnzimmer ist weder allzu bombastisch inszeniert noch zu individuell oder introvertiert, sondern einfach anregend und freundlich.

OBEN **Sie haben gerne viele Gäste? Dann denken Sie über flexible Sitzgelegenheiten nach. Auf dieser maßgefertigten Eckbank findet eine größere Gruppe Platz, und mit den kuscheligen Kissen ist sie auch perfekt für einen Abend allein oder zu zweit.**

Bevor Sie sich mit den Farben, Materialien, Möbeln und der Dekoration Ihres neuen Wohnzimmers beschäftigen, nehmen Sie das Wichtigste in Angriff: die Planung des Raums. Sie umfasst das große Ganze und reicht bis ins kleinste Detail.

PLANUNG

Maßstab und Proportionen sind es, die ein Wohnzimmer charakterisieren. Ganz konkret kommt es also darauf an, Möbelstücke in der angemessenen Größe zu wählen und alle Stücke so ansprechend wie praktisch anzuordnen. Welche Möbel brauchen Sie? Welche Art von Sitzgelegenheiten und Tischen? Wie viel Stauraum wird hier benötigt, und wie soll die Dekoration aussehen? Das Ziel sind Harmonie und Ausgewogenheit aller Bestandteile.

Jeder Raum braucht einen optischen oder gefühlten Mittelpunkt, ein weitläufiger Raum möglichst sogar zwei. So ein Fokus kann zum Beispiel der Kamin sein, weniger vorteilhaft ist der Fernseher. Gruppieren Sie als Zentrum lieber einen runden Tisch mit ein oder zwei Stühlen oder ein Sofa mit Sesseln um einen Couchtisch. Die anderen Bereiche brauchen eine visuelle und auch praktische Verbindung zum Mittelpunkt. Achten Sie darauf, dass die Bewegungsfreiheit im Raum nicht eingeschränkt wird.

Zeichnen Sie einen Grundriss und legen Sie mit Schablonen die besten Standorte für Ihre Möbel fest. Besser als mit jeder Liste verschaffen Sie sich so schnell einen optischen Eindruck des Raums.

OBEN **Dieses stilvolle Wohnzimmer ist ganz auf Mediennutzung ausgerichtet: Die Deckenstrahler über dem Sofa fungieren als Leselampen, und gegenüber ist ein Flachbildschirm an der Wand montiert.**

RECHTS **Sehr weitläufige Räume können meist eine Gliederung vertragen, um wohnliche Ecken zu schaffen – wer möchte es sich schon auf dem Sofa gemütlich machen, wenn sich das Zimmer eher wie eine Hotellobby anfühlt? Regale ohne Rückwand erfüllen den Zweck gleich dreifach: Sie dienen als Raumteiler, bieten jede Menge Stauraum und genug Platz, um ein paar Lieblingsstücke zur Schau zu stellen.**

RECHTE SEITE, OBEN LINKS **Wenn die Bauweise es zulässt, lohnt es sich oft, eine Wand zu entfernen, um aus zwei kleinen einen großzügigen Raum zu machen. In diesem alten Fachwerkhaus sind die tragenden Elemente nun das besondere Schmuckstück des Dachzimmers.**

RECHTE SEITE, UNTEN LINKS **Zwei gleiche Sofas, die einander gegenüberstehen, sorgen für eine entspannte Gesprächsrunde, und außerdem ist die Symmetrie angenehm fürs Auge. In diesem Beispiel wird der Effekt noch dadurch verstärkt, dass die Sofas parallel zum Fenster und im Mittelpunkt des Raums platziert wurden.**

RECHTE SEITE, OBEN RECHTS **Achten Sie darauf, dass die Möbel proportional zum Raum passen. Beim Stil haben Sie dagegen mehr Spielraum. In diesem stuckverzierten Salon mit portalähnlichem Türrahmen setzen die beiden schwarzen Corbusier-Sofas ein markantes, zeitgemäßes Gegengewicht.**

RECHTE SEITE, UNTEN RECHTS **Sie halten sich eher im Wohnzimmer auf, wenn Sie Gäste haben, und nicht, um dort zu lesen, fernzusehen oder andere Medien zu nutzen? Dann ist eine Sitzgruppe aus bequemen Sofas und Sesseln mit einem großen Couchtisch für Weingläser oder Kaffeetassen ein ideales Konzept.**

LINKS **Alte Häuser mit einer Holzkonstruktion verfügen oft über kleinere Fenster als ihre modernen Pendants. Hier dreht sich also alles darum, das vorhandene Tageslicht optimal zu nutzen. Damit solche Räume sonnig und einladend wirken, wählen Sie eine helle Farbpalette und lassen Sie Glastüren einbauen.**

EIN NEUER LOOK FÜRS WOHNZIMMER

Wenn Sie Ihr Wohnzimmer veränderten Anforderungen anpassen möchten, gehen Sie neue Wege und denken Sie ganz einfach einmal gegen den Strich!

Wie schön wäre es, wenn jedes Wohnzimmer genau die richtige Größe und Dimension hätte, wenn für alles Platz wäre und man sich, ohne einen Handschlag zu tun, darin wohlfühlen könnte … Aber bekanntlich ist das leider nur selten der Fall.

Bevor Sie die Verschönerungskur in Angriff nehmen, schauen Sie, was aus finanziellen oder bautechnischen Gründen nicht verändert werden kann. Meist betrifft das Fenster, Türen und tragende Wände. Wenn diese Elemente dennoch stören, lassen sie sich leicht verbergen oder »wegdekorieren«: An ungenutzte Türen zum Beispiel können Sie Bilder hängen, oder Sie stellen ein Möbelstück davor. Geschickt eingesetzte Rollos oder Vorhänge lassen Fenster nach Bedarf kleiner oder größer erscheinen. Nutzen Sie tote Ecken durch Einbauregale oder -schränke – das wirkt sich positiv auf das Raumgefühl aus. Frei stehende Möbel beeinflussen die optische Wirkung eines langen, schmalen Raums, wenn man sie quer positioniert und nicht entlang der Längsachse. Für neue Ideen ist ein unbefangener Blick eine unschätzbare Hilfe: Bitten Sie eine Freundin, deren Geschmack Sie schätzen, um Rat und Anregungen für die beste Lösung.

LINKE SEITE, OBEN **Bei einer Modernisierung sind manchmal kreative Lösungen gefragt, vor allem wenn das Platzangebot begrenzt ist. In diesem Zimmer steht der Holzofen zwar im Fokus, doch wegen der geringen Raumgröße konnte er nicht mittig platziert werden, denn sonst wäre nur ein ungünstiges Arrangement der Möbel möglich gewesen.**

LINKE SEITE, UNTEN LINKS **Wenn keine Möglichkeit besteht, einen sehr schmalen Raum zu erweitern, sollten die Möbel besonders sorgfältig ausgewählt und arrangiert werden. In diesem Fall bietet das großzügige Sofa viel Sitzfläche, der kleine Sessel sorgt für eine angenehme Gesprächssituation, und dennoch wird der Raumfluss nicht blockiert.**

LINKE SEITE, UNTEN RECHTS **Die Möbel so weit wie möglich an die Wände zu rücken, schafft selbstverständlich den meisten Platz. Wichtig ist außerdem, dass die Wege im Raum nicht blockiert werden. Hier ist die Seekiste, die als Couchtisch dient, etwas aus dem Zentrum zwischen den Sofas gerückt, damit man problemlos zur Balkontür gelangt.**

FAMILIENGERECHT

Familienleben hat auch viel mit Kompromiss- und Anpassungsbereitschaft zu tun – Fähigkeiten, die nicht nur in zwischenmenschlichen Beziehungen wichtig sind, sondern auch in der Gestaltung der Lebensräume.

In der Regel muss das Wohnzimmer den unterschiedlichen Interessen verschiedener Familienmitglieder gerecht werden – das ist nicht immer eine leichte Aufgabe. Aber mit ein wenig Überlegung wird auch dieses Zimmer zum Multifunktionsraum. Die Planung erleichtern Sie sich, indem Sie alle Mitglieder des Haushalts nach ihren konkreten Vorstellungen befragen.

Flexible Möbel und Raumaufteilung entsprechen diesem Konzept. Tische, auf denen nicht nur das Weinglas, sondern auch das Notebook Platz findet, oder Polstermöbel, die als Sitzgelegenheit oder Couchtisch dienen können, haben hier ihr Einsatzgebiet.

Planen Sie auch genügend Stauraum ein. Hier reicht das Spektrum von schlichten Kisten und Körben bis zu maßgefertigten Vitrinen. Besorgen Sie Regale mit verstellbaren Böden und mit der richtigen Tiefe für Bücher verschiedener Formate, DVDs und CDs. Wenn Sie thematische Gruppen bilden – Spielzeug in den unteren Regalfächern, CDs neben der Stereoanlage –, verleihen Sie dem Raum ohne große Mühe eine einheitliche, harmonische Wirkung.

LINKE SEITE, OBEN **Schöne Spielzeugbehälter sind das A und O, wenn Sie das Wohnzimmer abends wieder in einen Erwachsenenbereich verwandeln wollen. Geflochtene Kunststoffkörbe sind hübsch bunt, sodass selbst die Kleinsten vielleicht beim Aufräumen helfen mögen.**

LINKE SEITE, UNTEN **Kindermöbel sind oft unförmig und einfach nur praktisch – dabei gibt es viele gute Designs und sogar Miniaturausgaben berühmter Klassiker, die auch bezahlbar sind. Manchmal genügt aber auch ein Anstrich in einer schönen Farbe, um aus einem kleinen Möbelstück ein Kindermöbel zu machen.**

DIESE SEITE **Kinder lieben es, wenn sie ihren eigenen Bereich im gemeinschaftlichen Wohnzimmer haben. Hier haben die Eltern ein selbstgebautes Tipi in der Ecke platziert, das an dieser Stelle als wohlige Lesehöhle genutzt wird oder zum Spielen einfach mitten in den Raum geschoben werden kann.**

Wie bringen wir die allgegenwärtige Unterhaltungselektronik am besten unter und nutzen sie optimal?

TECHNIK

Das Design technischer Geräte hat sich extrem verbessert: Fernsehbildschirme sind flach und dadurch weniger aufdringlich, CD- und DVD-Spieler sind inzwischen klein und kompakt. Nur wird das Angebot immer größer, sodass in vielen Wohnzimmern heute nicht nur Fernseher und Stereoanlage Platz finden sollen, sondern auch noch Spielkonsole, Computer und Beamer.

Mit einer Entscheidung können Sie viele Probleme lösen: Soll die Technik offen sein oder verdeckt, und wie soll die »Tarnung« aussehen? Idealerweise durchdenken Sie das in der Planungsphase, damit alle notwendigen Kabel unsichtbar verlegt werden können. Ein Fernseher verschwindet einfach in einem Einbauschrank oder einer umfunktionierten Antiquität. Innenarchitekten empfehlen auch ein Schienen- oder Klappsystem, durch das sich ein Gemälde vor den Fernseher schieben lässt.

Die extrovertierte Lösung ist es, den Bildschirm an die Wand zu hängen, auf einen Schrank oder in entsprechender Höhe ins Regal zu stellen. Dabei muss er vor allem gut zugänglich und zu sehen sein, denn wer will schon die Möbel verrücken, um den Fernseher zu bedienen?

LINKE SEITE **Eine Arbeitsecke im Wohnzimmer ist manchmal nicht zu vermeiden. Halten Sie nach einem eleganten Bildschirm Ausschau, der sich optisch nicht aufdrängt. Oder Sie arbeiten nur am Laptop, der nach getaner Arbeit ganz aus dem Blickfeld verschwindet.**

OBEN LINKS **Technik muss keineswegs versteckt werden – sie sagt ebensoviel über die Vorlieben der Bewohner aus wie ein Kunstwerk an der Wand. Neben der Stereoanlage signalisieren die CDs und Schallplatten und die Gitarre an der Wand ein klares Bekenntnis zur Musik.**

OBEN RECHTS **Wenn Sie den Fernseher dagegen verstecken wollen: Flachbildschirme lassen sich im TV-Möbel versenken, und es gibt auch Vorrichtungen, die den Monitor bei Bedarf von der Decke herabschwenken. Die einfachste Lösung ist ein Vorhang wie in diesem Beispiel.**

MÖBEL

Jedes Wohnzimmer braucht eine Einrichtung – aber nicht irgendeine. In diesem Raum wünschen wir uns eine einladende und entspannende Atmosphäre. Manche Wohnzimmer wirken allerdings eher wie Abstellräume für ausrangierte, ungeliebte Möbelstücke.

Keine Frage: Möbel sind nun einmal unverzichtbar, wenn man ein Dach über dem Kopf hat. Und für das Herzstück der Wohnung ist die richtige Auswahl das A und O. Von den Sitzgelegenheiten über Beistelltische bis hin zu Leuchten und dekorativen Accessoires – jedes Teil trägt zum Erscheinungsbild bei und sollte mit Sorgfalt platziert werden.

An erster Stelle stehen natürlich Couch & Co. Was am besten funktioniert, ist eine gewisse Vielfalt der Stile, die den unterschiedlichen Bedürfnissen und Vorlieben der Bewohner und Gäste entgegenkommt – schließlich haben viele Leute ganz bestimmte Vorstellungen davon, wie sie am liebsten sitzen. Manche versinken gern in weichen Polstern, andere fühlen sich nur in einem Sessel mit gerader Lehne wohl. Umso besser also, wenn eine gewisse Auswahl bereitsteht.

Praktisch sind Stühle oder Hocker in Reichweite, die eine Sitzgruppe bei Bedarf erweitern oder sich als Abstellfläche für ein Tablett mit Tee und Kaffee nützlich machen. Bedenken Sie bei jeder Kaufentscheidung jedoch den Stil des Wohnzimmers als Ganzes, mit dem jedes Stück harmonieren sollte. Besonders wichtig sind Größe und Proportion, das gilt besonders für Sofas: Nichts wirkt ungemütlicher als ein kleines Sofa in einem riesigen Raum.

Wo Sitzmöbel sind, werden auch Tische gebraucht oder jedenfalls Flächen in bequemer Reichweite, auf denen Getränke, Lampen oder Bücher Platz finden. Aber machen Sie einen großen Bogen um den klassischen Wohnzimmer-Look vergangener Tage und halten Sie Ausschau nach ganz unterschiedlichen Tischen oder Kisten oder auch kleinen Schränken, die vielleicht neben dem Sofa an der Wand stehen können.

OBEN **Nichts spricht gegen den klassischen Dreisitzer – und noch weniger dagegen, sich von solchen Konventionen zu lösen: Einbaumöbel, Bodenkissen, Liegen und sogar hängende Sitzkugeln haben jeweils ihre ganz eigenen Vorzüge, einmal abgesehen vom unschlagbaren Stil-Statement, das damit einhergeht.**

UNTEN **Eine Holz- oder Eisenbank ist nicht nur eine praktische zusätzliche Sitzgelegenheit (gerne mit extra Kissen!), wenn Sie mal mehr Besuch haben, sondern sie kann auch als Beistelltisch im Wohnzimmer oder Ablage im Flur eingesetzt werden.**

RECHTE SEITE **Sie lieben den coolen Stil der 50er- und 60er-Jahre? Dann ist ein Ensemble aus Sofa und Sesseln mit schrägen Beinen und asymmetrischem Couchtisch bestimmt das Richtige für Sie. Für dieses Arrangement wurden Sessel etwas unterschiedlicher Machart gewählt, damit es nicht monoton wirkt. Großartig ist der Effekt der geschwungenen Möbellinien mit der strengen Architektur des Neubaus.**

K

SAMMELN & PRÄSENTIEREN

Jeder Sammler hat Vergnügen daran, seine Stücke täglich zu sehen. Wo wäre eine Sammlung daher besser aufgehoben als im Wohnzimmer? Hier kann man entspannen und dabei schöne, interessante Dinge betrachten.

Als geselliger Raum, in dem Sie sich auch mit Gästen aufhalten, eignet sich das Wohnzimmer gut zur Ausstellung von Bildern oder Objektsammlungen. Eine Kollektion ist meist über die Jahre gewachsen und somit ein wichtiger Teil der eigenen Biografie. Oder Sie haben einfach ein paar Dinge zusammengestellt, die Sie mögen und die etwas gemeinsam haben – ein ähnliches Design, die Herkunft, ein Thema oder Material.

Wie auch immer Ihre Sammlung aussieht: Ordnen Sie die Gegenstände so an, dass sie sich von ihrer besten Seite zeigen. Das muss nicht kompliziert, aufwendig oder teuer sein. Entscheidend ist eine interessante, stimmige Inszenierung der Objekte. Manche Dinge machen sich besonders gut in offenen Regalen oder Kästen, andere kommen auf einem kleinen Podest besser zur Geltung. Fast jede Sammlung von mehr als zwei Teilen wirkt in räumlicher Nähe angeordnet am besten, ob an der Wand oder auf einer Stellfläche. Gezielt eingesetztes Licht ist viel wert, am überzeugendsten aber ist die Zusammenstellung passender Formen und Größen.

Bevor Sie Ihre Bildersammlung an die Wand hängen, ordnen Sie sie zuerst auf dem Boden an, um zu sehen, wie Formate, Motive und Rahmen am besten zueinanderpassen. Probieren Sie verschiedene Gruppierungen aus.

LINKE SEITE, OBEN **Wenn Sie mehr Kunst haben, als Sie aufhängen können, sorgen Sie für regelmäßige Wechselausstellungen. Hier wurde hinter dem Sofa eine Wandleiste angebracht, auf der große Bilder stehen und nach Belieben ausgetauscht werden können.**

LINKE SEITE, UNTEN LINKS **Für leidenschaftliche Sammler von Porzellan, Glas und Dekoobjekten sind Vitrinen eine gute Wahl. Darin kommen alle Stücke schön zur Geltung – und sie müssen nicht so oft abgestaubt werden.**

LINKE SEITE, UNTEN RECHTS **Ein toller Blickfang ist die sogenannte Petersburger Hängung – Bilder unterschiedlicher Formate dicht an dicht. Am besten gelingt sie, wenn Sie die Anordnung der Bilder vor dem ersten Hammerschlag mit Schablonen ausprobieren, damit ein ausgewogenes Ganzes entsteht. Ähnliche, aber nicht gleiche Rahmen schaffen einen Zusammenhang.**

LINKS **Einen starken Auftritt verschaffen Sie Ihrer Bildersammlung durch eine Rasterhängung. Die Ähnlichkeit zwischen den Werken wird so noch hervorgehoben, thematische und stilistische Gemeinsamkeiten sind der rote Faden. Ideal ist diese Anordnung in Räumen, deren Einrichtung insgesamt auf Symmetrie beruht.**

RECHTS OBEN **Nicht nur besonders ästhetische oder kostbare Dinge sind sammelnswert, auch eine kuratierte Auswahl von Alltagsgegenständen kann sehr dekorativ sein. Hier wurden alte Holzkisten zu einem Setzkasten im Großformat kombiniert – einen passenderen Ausstellungsort könnte es für die vielfältigen Vintage-Schätze wohl nicht geben.**

RECHTS UNTEN **Mit etwas Fantasie kommt man auf die originellsten Ideen für die Präsentation außergewöhnlicher Objekte. Hier präsentiert sich eine Seeigel- und Korallensammlung auf einem Glasteller mit Fuß, der sie besonders kunstvoll wirken lässt.**

GANZ LINKS **In einem prächtigen alten Gebäude ist es naheliegend, Farben der entsprechenden Epoche zu verwenden. In diesem Salon strahlen die verputzte Wand und die Holzelemente die Grandezza eines italienischen Palazzos aus, ohne das historische Vorbild sklavisch nachzuahmen.**

LINKS **Das Wohnzimmer sollte ein entspannender Ort sein, aber auch nicht allzu ruhig und damit uninteressant. Hier entsteht durch Grau- und Cremetöne eine relaxte Grundstimmung, schimmernde Oberflächen und kostbare Stoffe sorgen dafür, dass der Raum nichts Eintöniges hat.**

LINKS UNTEN **Manchmal genügt ein einziger leuchtender Akzent, um eine Raumgestaltung in gedeckten Farben lebendiger zu machen. Sie können den Look von jetzt auf gleich aktualisieren, indem Sie das Farbaccessoire einfach austauschen.**

RECHTE SEITE **Wiederkehrende Farben stiften einen Zusammenhang zwischen den unterschiedlichen Gegenständen in einem Raum. Hier besteht eine Verbindung zwischen dem lichten Braun der Naturholzelemente und dem gelben Taxi in der Collage an der Wand.**

FARBKONZEPTE

Eine überzeugende Farbpalette im Wohnzimmer soll jederzeit zu allen Situationen passen – nicht mehr und nicht weniger.

Als wichtigster Raum des Hauses stellt das Wohnzimmer hohe Ansprüche an Farben und Strukturen. Der Raum soll zum Lesen, Fernsehen, Musikhören oder zum Gespräch anregen, vielfach wird hier auch gearbeitet oder gegessen. Daher soll die Atmosphäre zwar behaglich und entspannt sein, aber auch Zweckmäßigkeit ist gefragt. All diese unterschiedlichen Aspekte lassen sich durch Farbe und Material unter einen Hut bringen.

Ideal ist es, wenn die Farbpalette allen Benutzern des Raums gefällt, eine Familie verzichtet also besser auf einen betont weiblichen oder männlichen Stil. Entwerfen Sie ein Farbkonzept, das sich nicht aufdrängt, einladend wirkt und das auch mit einer festlichen Dekoration gut aussieht. Das klingt nach einer großen Herausforderung, doch wenn Sie alle möglichen äußeren Faktoren einbeziehen, erleichtern Sie sich die Wahl und finden schnell die richtigen Farbtöne. Am wichtigsten ist das Licht: In welcher Himmelsrichtung liegt der Raum, wie viel Licht fällt herein, bekommt er direkte Sonne oder herrscht dort eher kühles Licht? Ein nach Norden ausgerichtetes Zimmer profitiert von warmen Farben, ein nach Süden gehendes Zimmer mit vielen Fenstern verträgt auch kühlere Töne.

ACHTUNG
100 m
chweizer Grenze
FIGUIER

LINKE SEITE **Wer hätte gedacht, dass Blumenkissen so gut zu einem Teppich mit ethnischen Mustern passt? Die Kombination ist deshalb so überzeugend, weil ähnliche gedeckte Farbtöne im Spiel sind. Auch die ansonsten eher ruhige Gestaltung des Raums trägt zum Gelingen dieses Konzepts bei.**

LINKS **Sparen Sie nicht bei den Kissen! Zu wenige sehen schnell verloren aus und sind auch nicht so gemütlich. Variieren Sie außerdem ein wenig in Muster oder Material, Form oder Format, anstatt viele identische Kissen zu drapieren.**

RECHTS **Eine hübsche Tagesdecke steigert den Wohlfühlfaktor im Wohnzimmer erheblich, denn sie kaschiert nicht nur auf dekorative Weise kleine Makel im Sessel- oder Sofabezug, sondern schützt ihn auch und ist überdies herrlich an langen Winterabenden auf der Couch.**

STOFFE & POLSTER

Individualität findet im Wohnzimmer ihren Ausdruck durch eine gute Auswahl der Textilien. Mit dem richtigen Material kommen wie von selbst Farbe und Lebendigkeit hinein.

Neben Tapete und Farbe für die Wanderneuerung lässt sich ein Raum am schnellsten, wirkungsvollsten und oftmals sogar günstigsten mit Textilien persönlich und behaglich gestalten. Alte Möbelstücke lassen sich damit aktualisieren, neue Designermodelle bekommen einen individuellen Touch – denn Stoffe sind für jede Einrichtung das Tüpfelchen auf dem i. Preisunterschiede und Auswahl sind so groß, die Muster so zahlreich, die Farbpalette so ausufernd, dass die Wahl der Polsterstoffe für Sofas und Sessel zu den angenehmsten, aber auch anspruchsvollsten Aufgaben bei der Planung eines Raums gehört.

Was das Design der Stoffe betrifft, sind die Proportionen des Musters im Vergleich zur Größe des Möbelstücks ein wichtiger Gesichtspunkt: Ein großformatiges Muster passt nicht zu einem kleinen Stuhlkissen. Berücksichtigen Sie außerdem die anderen Farben im Raum, an Wänden und Fenstern, damit die Stoffe sich ergänzen. Die schönste Wirkung erzielt ein Dekorationskonzept, wenn alles harmoniert, aber nichts identisch ist. Sollten Sie bei größeren Möbelstücken gedeckte Farben bevorzugen, legen Sie als Kontrast bunte Kissen in neuen oder Vintage-Stoffen dazu.

***** *Bei Stoffen gilt: Sie sind ihr Geld meist auch wert. Ein etwas teureres, wirklich tolles Muster macht einen Sessel zum Blickfang, an dem Sie sich noch jahrelang erfreuen, wenn Sie die Kosten längst vergessen haben.***

***** *Besätze können bei einfachen Polsterstoffen oder Bezügen von Sofas und Sesseln wahre Wunder wirken. Die Palette reicht von schlichten Zöpfen, Paspeln oder Bändern bis zu aufwendiger Posamentierarbeit.***

***** *Sehr effektvoll lassen sich alte Textilien einsetzen. Wenn der Stoff nicht für einen ganzen Sessel ausreicht, können Sie auch nur die Sitzfläche damit beziehen oder einen Akzentstreifen in der Mitte über Rückenlehne und Sitz verlaufen lassen.***

***** *So wie bei preiswerter Kleidung das Schlichte oft am besten wirkt, empfehlen sich bei günstigen Bezugsstoffen einfache Farbkombinationen mit maximal zwei oder drei Tönen und schlichte Muster wie Streifen oder Karos. Dezenz wirkt in dem Fall besser als bunte, aufwendige Designs.***

***** *Die blitzartige Verjüngung eines Zimmers bewirken neue, witzige Kissen oder ein neuer Lampenschirm in schönen Farben.***

* Fenster mit Innenläden brauchen keine Vorhänge, sehen aber auch mit toll aus. In diesem Fall befestigt man die Gardinenstange mit etwas mehr Abstand zum Fenster, damit sich die Läden leicht schließen lassen.

* Es gibt eine große Auswahl an Gardinenstangen – von antikem Messing mit kunstvollen Abschlusselementen bis zu schlichtem Holz. Holzstangen kann man so lackieren, dass sie farblich zum Raum passen.

* Bei Gardinen vor hohen Fenstern achten Sie darauf, dass das Köpfchen hoch genug ist, damit die Proportionen stimmen.

* Bei hohen Fenstern wirken Vorhänge oder Rollos in einem gewagten, großflächigen Muster einfach fantastisch, selbst wenn das Zimmer ansonsten zurückhaltend eingerichtet ist. Der Kontrast durch ein ins Auge fallendes Design gibt dem Zimmer eine besonders lebendige Note. Kleinteilige Muster dagegen eignen sich besser für Räume mit kleineren Fenstern.

* Verwenden Sie so viel Stoff, wie es Ihr Budget erlaubt. Ein üppiger Vorhang wirkt großzügig und verleiht jedem Raum eine besonders einladende Atmosphäre.

OBEN **Achten Sie immer darauf, dass die Gardinenstangen oder -schienen lang genug sind, damit die Vorhänge vollständig zur Seite geschoben werden können und der Stoff das Fenster frei lässt, wenn sie geöffnet sind. Nur so kann sich das Tageslicht ungehindert in den Raum ergießen.**

UNTEN **Jalousien oder Rollos sind bei Erkern eine Alternative zu Gardinen, die an solchen Stellen schnell zu unruhig wirken. Rollos gibt es aus blick- oder UV-dichten Materialien, Faltrollos lassen sich auch von unten nach oben öffnen, und Jalousien regulieren den Lichteinfall graduell.**

RECHTE SEITE **Sparen Sie nicht am Vorhangstoff, besonders wenn Sie einen üppigen Faltenwurf erzielen möchten. Rechnen Sie bei gekräuseltem Gardinenband mindestens die doppelte Breite der Schiene für den Stoff, bei Ösen oder Haken bis zu anderthalbmal die Breite der Stange.**

RUND UMS FENSTER

Im Wohnzimmer wünschen wir uns so viel Tageslicht wie möglich. Mit der richtigen Fensterverkleidung wirkt der Raum dabei dennoch gemütlich und warm.

Früher wurden die Räume mit mehreren schweren Vorhängen übereinander abgedunkelt – dagegen sind heutige Fenster geradezu leicht bekleidet. Das Stichwort lautet Schlichtheit. Vorbei die Zeit der schweren Blenden, Girlanden und Drapierungen. Gardinen hängen an Stangen oder unauffälligen, fast unsichtbaren Befestigungen. Verbreitet sind Rollos, schmal oder breit, und in vielen Altbauten werden die Fensterläden restauriert und wieder genutzt.

Eine Lösung wirkt aber erst dann überzeugend, wenn alles harmonisch ist und die Proportionen stimmen. Achten Sie beim Vorhangkauf darauf, dass sie weder zu lang noch zu breit sind und das Fenster nicht erdrücken – zu kurz dürfen sie aber auch nicht sein.

Jalousien vermitteln einen gepflegten, reservierten Eindruck. Flexibel und zugleich dekorativ sind Rollos oder Faltrollos. Letztere wirken am besten, wenn das Fenster den Stoff in seiner vollen Breite zur Geltung bringt; glatte Rollos passen optimal zu kleineren Fenstern oder zu mehreren Fenstern unterschiedlicher Größe.

❋ Wählen Sie Leuchten aus, die Ihnen persönlich gefallen und die nicht nur gutes Licht geben, sondern auch einen eigenen Charakter haben.

❋ Kronleuchter in jeder Form und Größe sind wieder sehr modern und ein wunderbarer Deckenschmuck. Damit das Prunkstück aber nicht immer funkeln muss, planen Sie weitere Lichtquellen für den Raum ein.

❋ Achten Sie bei Tischlampen darauf, dass nicht alle gleich hoch sind und unterschiedlich große Lichtkegel werfen.

❋ Auch ein dezenter Deckenfluter in schlichter Zylinderform ist nicht zu verachten. Dezent in einer dunklen Ecke positioniert, verleiht er dem Raum Tiefe und vergrößert ihn unmerklich.

❋ Dimmer sind leicht zu montieren und ein großer Gewinn für die stimmungsvolle Wohnzimmerbeleuchtung.

❋ Streng geometrisch platzierte Lampenpaare wirken meist ein wenig zu ernst. Verteilen Sie sie so im Raum, dass sie korrespondieren, aber nicht sofort als Paar ins Auge fallen.

LINKE SEITE **Ein Lampenschirm in Übergröße ist ein starker Eindruck im Raummittelpunkt – ein so niedrig gehängtes Exemplar bringen Sie am besten über einem Tisch an, damit sich niemand den Kopf daran stößt. Für durchsichtige Leuchten auf Augenhöhe empfiehlt sich eine wohldosierte Wattzahl, damit das Licht nicht blendet.**

RECHTS **Großmutters Stehlampe mit konischem Stoffschirm hat einen langen Weg hinter sich. Heutige Modelle mit flexiblen Armen und Leuchten auf verschiedenen Höhen machen sie zum Multitasking-Wunder.**

RECHTS OBEN **Bogenlampen sind die beste Wahl, wenn eine Stehlampe dort keinen Platz findet, wo das Licht benötigt wird. Der oft besonders elegante Sockel besteht meist aus Stein oder Metall, manche Entwürfe arbeiten auch mit einem hängenden Gegengewicht.**

Die optimale Einrichtung im Wohnzimmer nutzt jeden Winkel, dazu trägt perfekte Ausleuchtung bei. Das ideale Lichtkonzept ist individuell, persönlich und effektiv.

BELEUCHTUNG

Wie in jedem Raum des Hauses empfiehlt sich auch hier eine Kombination verschiedener Leuchten. Am besten können Sie Ihren Bedarf analysieren, wenn Sie auflisten, was im Wohnzimmer alles stattfinden soll. Auf jeden Fall brauchen Sie Arbeitsleuchten – oder, einfach ausgedrückt, spezielle Lampen zum Lesen oder Schreiben. Mischen Sie die Formen: Tischlampen, Stehlampen, Strahler. Lichtquellen in unterschiedlichen Stilen und Helligkeiten tragen zum Charakter eines Raums bei.

Neben dem Funktionslicht ist Stimmungslicht ganz zentral, um damit zu jeder Tageszeit die gewünschte Atmosphäre zu schaffen – sei es für eine rauschende Party oder einen gemütlichen Abend. Viele Leuchten und Lampen sind schon für sich genommen dekorative Gegenstände. Es gibt moderne und traditionelle Varianten, die man in ihrer ganzen Pracht genießen kann. Trauen Sie sich also, Lampen aufzustellen, die Sie wirklich mögen, selbst wenn sie nicht wesentlich zur Beleuchtung des Raums beitragen.

Der Boden ist die Basis, auf dem Sie den Wohnraum inszenieren. Im Idealfall bemerkt man ihn gar nicht, dafür fällt ein unpassender Boden umso mehr auf.

BODENBELÄGE

Der richtige Bodenbelag fürs Wohnzimmer ist vor allem Geschmackssache, aber auch eine Frage der Beanspruchung. Diese Überlegungen gehen der Auswahl voraus: Soll der Boden hart oder weich sein? Sind Kinder im Haus, die noch auf dem Boden spielen? Soll der Boden eher kühl sein, weil der Raum viel Sonne erhält, oder möchten Sie einen Belag, der für warme Füße sorgt? Kommen auch Fliesen infrage oder nur Parkett oder historische Dielen?

Vielen gilt der Holzboden als das Nonplusultra, und er hat ja auch viele Vorteile. Holz sorgt für eine wohlige Atmosphäre, und die Auswahl an Hölzern ist riesig – von dunklem Mahagoni bis zu heller Pinie. Bei guter Pflege hält ein Holzboden ein Leben lang. Abgeschliffen und versiegelt, sieht er immer wieder aus wie neu.

Doch nicht für jeden ist Holz die perfekte Lösung. Besonders wenn das Auslegen oder die Aufarbeitung eines Holzbodens zu kostspielig sind, empfehlen viele Inneneinrichter einen Bodenbelag wie Sisal oder Seegras oder einen flach gewebten Wollteppichboden. Ein dekorativer Läufer setzt einen schönen Akzent. Natürlich wirken auch Naturstein oder Terrakotta, während polierter Beton oder weichere Stoffe wie Gummi und Linoleum einen urbanen Look haben.

✻ Bei unebenem Untergrund kann es erforderlich sein, vor dem Verlegen des Bodenbelags Hartfaserplatten unterzulegen.

✻ Sisal, Seegras und andere Naturfaserteppiche sollten mit einem ökologischen Fleckenschutz vorbehandelt sein, da sie sonst nur schwer zu säubern sind.

✻ Vor dem Einzug in einen Altbau könnte es sich lohnen, den Holzboden abzuschleifen und mit Wachs oder Öl zu behandeln. Wenn sich der Aufwand nicht mehr lohnt, ist Beize oder Fußbodenlack eine einfache, schnelle Möglichkeit, den Raum aufzuwerten.

✻ Liebhaber traditioneller Böden investieren in Dielen oder altes Parkett, die bei Abrissen oder Kernsanierungen gerettet und aufgearbeitet werden. Firmen für historische Baustoffe finden Sie im Netz, oder suchen Sie nach Fachbetrieben, die auf antik gearbeitete Hölzer anbieten.

✻ Wenn die Erneuerung des Bodens ansteht, denken Sie über den Einbau einer Fußbodenheizung nach. Damit werden auch von Natur aus kalte Böden wohlig warm.

LINKE SEITE, OBEN **Wenn Sie eine zurückhaltende Ästhetik bevorzugen, entscheiden Sie sich für einen hellen Teppichboden, möglichst verwandt mit der Wandfarbe. Allerdings ist ein solcher Boden selbst mit Fleckenschutz relativ schmutzanfällig – wenn Sie kleine Kinder haben oder eine Vorliebe für Rotwein, bedenken Sie diese Wahl also lieber genau.**

LINKE SEITE, UNTEN LINKS **Fliesen sind durchaus nicht nur etwas für Küche oder Bad, es kommt nur darauf an, das richtige Material und die passende Farbe auszusuchen. Hier wurden Fliesen in gedämpften Rosatönen verlegt, die gut mit den Elementen aus Naturholz in dem hohen Raum harmonieren.**

LINKE SEITE, UNTEN RECHTS **In Kombination mit einem minimalistischen, modernen Stil ist geschliffener Beton inzwischen sehr beliebt, auch um dem Ganzen einen Hauch Industrie-Look zu vermitteln. In diesem Raum passt er sehr gut zur reduzierten Einrichtung, auch wenn der modernisierte Bau eher an eine Kapelle erinnert als an eine Fabrikhalle.**

OBEN LINKS **Ein Teppich mit poppigem Muster kann den Stil des Wohnraums entweder aufgreifen oder bewusst sprengen. Dieses Exemplar ist ein Paradebeispiel, denn die Farben und selbst die Ornamentform kehrt im Raum wieder, sodass ein überzeugender Gesamteindruck entsteht.**

LINKS **Besonders wohnlich werden historische Dielen, wenn ein Teppich darauf liegt. Nicht nur sorgt er für weniger Zugluft und mehr Fußwärme, sondern er kann auch dazu beitragen, ein stilechtes Ambiente zu schaffen. Orientteppiche sind zwar eine Investition, aber handgeknüpft aus Wolle und Seide ihren Preis wert und bei sorgsamer Behandlung über Generationen haltbar.**

Ein Wohnzimmer ohne Stauraum ist schlichtweg unpraktisch. Bringen Sie hier Sachen unter, die Sie zum Wohlfühlen brauchen und die der vielfältigen Nutzung des Raums entsprechen.

STAURAUM

Etwas zu verstauen kann bedeuten, dass man es unterbringt, bis man es irgendwann einmal braucht. Aber das Wohnzimmer ist nicht der Ort für langfristige Lagerung, in diesem geselligen und persönlichen Raum hat nur Platz, was Sie dort auch regelmäßig brauchen. Natürlich darf der undekorative Kleinkram in einem kleinen Schrank verschwinden, aber offener Stauraum ist hier die bessere Lösung. Ein Regal kann zugleich als Raumteiler eingesetzt werden. Als ideal erweist sich oft eine Kombination aus Einbaumöbeln und frei stehenden Stücken wie einem schönen Bücherschrank, einer alten Kommode oder einem Sideboard. Einbaumöbel wirken am besten, wenn sie sich in den Raum integrieren, und eine Nische lässt sich durch kein vorgefertigtes Möbelstück so gut ausnutzen wie mit einer Maßanfertigung. Verbreitet sind Unterschränke mit Regalaufsatz. Praktisch und dekorativ ist es, den Schrank ein Stück in den Raum ragen zu lassen, das schafft zusätzliche Abstellfläche für eine Lampe oder eine Blumenvase.

OBEN **Fest montierte Wandregale sind die beste Option für eine große Bibliothek, denn so lässt sich die gesamte Fläche zwischen Boden und Decke für die Büchersammlung nutzen.**

GANZ LINKS **Lassen Sie Ihre Möbel ruhig ein wenig für Sie arbeiten, indem sie mehrere Funktionen erfüllen: Stauraum und Präsentation. Dieser schwarz lackierte Glasschrank hebt sich selbstbewusst von der weißen Wand und den grauen Dielen ab, und die hübschen Objekte kommen darin gut zur Geltung.**

LINKE SEITE, UNTEN RECHTS **Es ist kein Zufall, dass die traditionelle Anordnung von Schränken mit Regalfächern im oberen Teil noch heute so beliebt ist – der Platz ist kaum besser nutzbar, und überdies schmeichelt die symmetrische Struktur dem Auge.**

OBEN **Auch wenn die klassische Anrichte mit dem Esszimmer in Verbindung gebracht wird, macht sie sich auch im Wohnzimmer hervorragend. Mit seiner geringen Höhe ist dieses Stück ein schöner Platz für Familienfotos und hübsche Accessoires, und außerdem bieten Schrankfach und Schubladen jede Menge Stauraum.**

In einem Wohnzimmer im Landhausstil hat ein Buffet, ob natur oder lackiert, seinen großen Auftritt. In den Tiefen dieses Küchenklassikers kann man von Büchern über Vasen bis hin zu Decken für die kühle Jahreszeit alles verstauen.

Elektronische Medien und Spiele können Sie im Wohnzimmer auch in einem antiken Schrank unterbringen. Mit Glastüren ausgestattet, braucht er noch nicht einmal geöffnet zu werden, wenn Sie fernsehen – vorausgesetzt, die Boxen sind separat aufgestellt.

Einbauschränke wirken am schönsten, wenn sie farblich auf die übrigen Hölzer im Raum abgestimmt sind. Schmuckelemente wie Zierleisten oder Hohlkehlen sehen etwas dunkler abgesetzt fabelhaft aus.

Dekorative Weidenkörbe sind die ultimative Lösung, um Zeitschriften, Zeitungen und andere Dinge schnell aufzuräumen – gut platziert in der Ecke oder am Fenster, sind sie immer ein schöner Blickfang.

Bücher können einen Raum wirklich wohnlich machen, und das Wohnzimmer ist der ideale Ort zur Aufbewahrung schöner Bildbände und Romane. Unverzichtbar und auch optisch eine gute Option: Wählen Sie Regale mit verstellbaren Böden, damit jedes Format Platz darin findet.

Als frei stehende Möbel eignen sich auch eine Kommode oder ein Schrank. Statt eines Couchtischs kommen ein Bodenkissen, eine Truhe oder ein schöner alter Koffer infrage.

YASUZO NOJIMA
Avedon: Murals & Portraits
EERO SAARINEN: FURNITURE FOR EVERYMAN
Eileen Gray

LINKE SEITE, OBEN **Besonders interessant wird ein Raum durch ein bestimmtes Thema, das die Kunst hineinbringt. Die Bilder in diesem Wohnzimmer sind thematisch, aber auch durch die geringe Farbigkeit verbunden, auch wenn die Bildtechniken stark variieren.**

LINKE SEITE, UNTEN LINKS **Am überzeugendsten sind Arrangements dekorativer Gegenstände, wenn sie gezielt zusammengestellt wirken, dabei aber spannende Unterschiede aufweisen. Diese geometrischen Steinobjekte auf dem Marmortischchen sind in der Machart ähnlich und kontrastieren mit dem abstrakten Gemälde darüber – dieses wiederum passt zu dem schwarzen Tischfuß.**

LINKE SEITE, UNTEN MITTE **Manchmal ist weniger zwar mehr, trotzdem kommt es auf das richtige Größenverhältnis der Dekoration an. Der reich verzierte Spiegel gibt diesem ansonsten zurückhaltenden Raum etwas Opulentes, doch wäre der Look nicht halb so gelungen, wenn er die Kaminwand nicht ganz füllen würde.**

LINKE SEITE, UNTEN RECHTS **Sogar Alltagsgegenstände verfügen oft über dekoratives Potenzial. In diesem Haushalt wird der Papierkram in hübschen Ordnern und Sammelboxen aufbewahrt und ist so nicht nur gut organisiert, sondern die Bürohelfer in Rot, Pink und Blau verbreiten auch eine freundliche Atmosphäre.**

OBEN LINKS **Wenn Sie ein eher ruhiges Ambiente schaffen wollen, achten Sie darauf, dass die Dekoelemente keine zusätzlichen Stilrichtungen einführen. Diese rustikale Weinkiste erhält eine edle Note durch die kunstvoll getrockneten Pflanzen, die aber farblich und thematisch zum Raum passen, in dem Naturleinen und -teppiche das Bild bestimmen.**

OBEN RECHTS **Schnittblumen und blühende Gewächse sind vielleicht üblicher, aber auch andere Pflanzendekorationen haben großen Charme. Die feinen Linien dieses trockenen Astes statten den Raum mit seiner strengen Ästhetik mit einer klaren, natürlichen Note aus.**

- ***Kombinieren Sie Gegenstände aus verschiedenen Kulturen und Zeiten, Altes und Neues, verbunden durch Form oder Farbe.***

- ***Gruppieren Sie verschiedene Stücke auf einem kleinen Tisch oder einem niedrigen Schrank, etwa Vasen, eine Obstschale und interessante Glasobjekte oder ein, zwei Bilder, die Sie an die Wand lehnen.***

- ***Wählen Sie für Tische im selben Raum unterschiedliche Materialien.***

- ***Die Beleuchtung ist wichtig: Setzen Sie eine markante Lampe ein oder Kerzen, um einem sorgfältig arrangierten Stillleben Gestalt zu geben.***

- ***Das Unerwartete hat einen besonderen Reiz. So macht eine optische Brechung den Raum interessanter, beispielsweise ein Farbtupfer in einem Ambiente in ansonsten zurückgenommenen Tönen.***

- ***Das Geheimnis guter Dekoration sind Dimension und Maßstab. Mehrere Gegenstände derselben Größe und Form wirken monoton. Der Blick muss zur Seite und nach oben gelenkt werden, um etwas als harmonisch zu empfinden.***

- ***Alles, was Ihnen optisch gefällt, kann dem Wohnzimmer einen raffinierten Touch geben.***

DER LETZTE SCHLIFF

Die dekorativen Details zu arrangieren macht am meisten Spaß – sie verleihen dem Raum das gewisse Extra.

Zimmer ohne Dekoration wirken steril und ungastlich. Durch die liebevoll ausgesuchten Details unterscheidet sich ein mit Leben erfüllter Raum von einer Musterwohnung. Überlegen Sie daher genau, wie Sie Ihre Lieblingsstücke bestmöglich in Szene setzen. Dekorativ sind dabei nicht nur Gegenstände, die einen materiellen Wert haben, sondern auch die Kleinigkeiten, die Sie mögen und die dem Raum Persönlichkeit verleihen – Ihre Persönlichkeit.

Ziergegenstände sind Bilder und alte Porzellanteller, aber auch das eine oder andere Kitschobjekt. Kissen sind sehr dekorativ, ebenso Spiegel, Blumen und Pflanzen. Alte und neue Dekostücke runden das Bild ab, auch Bücher und Glasobjekte, gerahmte Fotos, Tischlampen, Kerzenständer und Armleuchter.

Besonders stilvoll ist eine Art Tischlandschaft, eine Anordnung hübscher Gegenstände, die den Blick quer durch den Raum auf sich zieht. Das Arrangieren unterschiedlicher Objekte, ihre harmonische Gruppierung, ist eine angenehme und sehr befriedigende Beschäftigung – Interior Design en miniature.

* ***Auf Vorhänge für Fenster und Glastüren können Sie beim modernen Landhausstil verzichten, erst recht in hübscher ländlicher Umgebung. Unverzichtbar sind dagegen Fenster, durch die es nicht zieht.***

* ***Setzen Sie Accessoires sparsam ein, das Wohnzimmer im modernen Landhausstil eignet sich nicht für anspruchsvolle Kunst. Beschränken Sie sich auf Natürliches, Dezentes, das nicht zu viel Aufmerksamkeit auf sich zieht.***

* ***Kombinieren Sie alte und neue Möbel; auch wenn schlichte Stücke gut zum aktuellen Landhausstil passen, fügt sich das eine oder andere markante Element gut ein, zum Beispiel ein fantasievoll gestalteter Tisch oder Stuhl.***

* ***Sorgen Sie immer für eine angenehme Raumtemperatur. Nutzen Sie die vorhandenen Kamine und Öfen. Ziehen Sie auch in Erwägung, eine Fußbodenheizung einzubauen oder massive altmodische Heizkörper aufzustellen.***

UNTEN LINKS **Räume in vorwiegend natürlichen Farben können eine Variation von Materialien gut vertragen. In diesem Fall harmonieren die Erdtöne der rauen Holzvertäfelung mit der Farbe des Naturfaserteppichs, das Schaffell auf dem weißen Stuhl setzt dem etwas Luxuriöses entgegen.**

RECHTS **Auch in einem eher rustikalen Gebäude muss die Innenausstattung beim modernen Landhausstil nicht grob sein. Die helle Täfelung und die eher geradlinigen Möbel in diesem entspannten Dachzimmer erinnern an die skandinavische Ästhetik.**

RECHTE SEITE **Spielen Sie mit Kontrasten, um den Landhaus-Look zu aktualisieren. Diese bestickten Kissen passen zum Country-Stil, setzen sich aber lebendig von der dunklen Holzwand und dem Steinboden ab.**

Der moderne Landhausstil vereint lieb gewonnene Klassiker mit neuem Denken. Entspannt und schlicht, dabei stilvoll und gemütlich, passt er ebenso gut in die Stadt wie ins Dorf.

MODERNER LANDHAUSSTIL

Es ist wohl keine Übertreibung zu sagen, dass der klassische Landhausstil in den letzten Jahren eine Art Verjüngungskur gemacht hat und jetzt frischer daherkommt denn je. Der klare, moderne Landhausstil ist dabei die zeitgenössische Interpretation des traditionellen rustikalen Motivs, ein unkomplizierter, entspannter Look, der vor allem in der Stadt beliebt ist.

Obwohl es in diesem Stil fast so viele Varianten gibt wie Häuser, in denen er zum Einsatz kommt, gibt es ein paar grundlegende Gemeinsamkeiten zeitgenössischen Landhausdesigns. An erster Stelle steht Schlichtheit: einfache Formen, Textilien und Muster, schlichte Farben und unkomplizierte, »ehrliche« und möglichst nachhaltige Werkstoffe. Die idealen Farben für den Landhausstil sind nach wie vor weich und harmonisch, wobei strukturierte, matte Oberflächen hier besser passen als auf Hochglanz polierte Materialien.

Wählen Sie bewusst eine Mischung aus Polstermöbeln und anderen Sitzgelegenheiten mit kombinierten Kissen und Überwürfen. Diese Art Bezüge wirkt weniger streng als maßgefertigte Polster auf allen Stühlen und Sesseln und erinnert ein wenig an die lose fallenden Möbelhüllen in leer stehenden Sommerresidenzen, die wir aus Filmen kennen. Lässige, moderne Schonbezüge bestehen aus hellen, schlichten Stoffen, die in der Maschine waschbar sind – noch ein Grund für den weiten Schnitt, denn er lässt mehr Spielraum, sollte der Stoff noch eingehen.

Wolldecken sind eine unverzichtbare Zutat, um den klassischen Landhausstil zu inszenieren – in der modernen Variante laufen sie zur Hochform auf. Von hochwertigen Kaschmirdecken bis zu Omas Plaid, ob geblümt, uni oder gestreift – alte wie neue Decken, auf Sofarücken und Sesseln verteilt, verleihen dem Raum viel Farbe und Struktur und wärmen kalte Füße und Schultern.

Auch wenn dieser Stil nicht teuer sein muss, verlangt er mindestens ebenso viel Sorgfalt wie ein extravagantes Wohnkonzept, wenn nicht noch mehr. Auf dem Boden genügt vielleicht ein Läufer vor dem Kamin, aber bringen Sie den vorhandenen Belag, ob Holz oder Fliesen, in den bestmöglichen Zustand, denn auch im Landhausambiente ist der Fußboden die Visitenkarte des Bewohners.

* Setzen Sie auf wirkungsvolle Überraschungseffekte und wählen Sie einzelne markante Einrichtungsstücke aus. Das Hervorstechende macht einen Raum interessant, nicht ein flächendeckender Wow-Effekt.

* Einige der berühmtesten Designs des 20. Jahrhunderts sind aus Glas oder Keramik. Eine Sammlung solcher Highlights können Sie leicht zusammenstellen, wenn auch nicht mehr so preisgünstig wie vor zehn Jahren. In kleinen Gruppen arrangiert oder einzeln, etwa vor dem Fenster, präsentiert, sind diese Teile echte Schmuckstücke.

* Manche Designerstühle oder -sessel aus dem 20. Jahrhundert haben skulpturalen Charakter. Sie verdienen einen besonderen Platz – in einer hellen Ecke oder am Fenster –, wo sie für sich wahrgenommen werden, aber dennoch ihre Funktion als Sitzmöbel erfüllen.

DIESE SEITE **Midcentury-Sofas mit Holzgestell sind perfekt für eher kleine Räume und manchmal auch noch zu einem vernünftigen Preis zu haben. Natürlich sind sie nicht ganz so bequem wie moderne Sitzlandschaften, darum brauchen Sie einen ganzen Stapel Kissen, um es sich gemütlich zu machen.**

RECHTE SEITE, OBEN **Verschiedene Vintage-Epochen lassen sich gut kombinieren, wenn sie in Farbe und Proportion zusammenpassen. Hier ergänzen sich die Ockertöne von Couchtisch und Kommode gut mit dem gemusterten Teppich, die gelben Sessel steuern die sonnige Farbe bei.**

Das Wohnzimmer ist der perfekte Ort, um Alt und Neu im lebendigen Kontrast zu inszenieren. Mit Gespür für gutes Design entsteht so ein moderner, origineller Raum.

VINTAGE

Der Begriff »Vintage« ist durch Werbung und Magazine inzwischen arg strapaziert – wer Vintage sagt, meint oft einfach nur Secondhand, manche Autoren beschreiben damit so gut wie alles, das nicht nagelneu ist.

Doch ebenso wie in der Mode, wo man zuerst von Vintage sprach, versteht man darunter im Bezug auf Einrichtung Möbel, Objekte und Muster, die noch nicht antik sind – also noch nicht älter als 100 Jahre –, vor allem auch nicht auf antik getrimmt, aber auch nicht mehr brandneu. Im engeren Sinne sind damit Stücke aus den 1920er- bis 1980er-Jahren gemeint.

Wie bei jedem Epochenstil gibt es auch im Vintage-Bereich Gutes und Schlechtes, aber bekanntlich war das 20. Jahrhundert eine Ära, in der manche Möbel- und Stoffdesigner extrem originelle, ja brillante Produkte entwarfen. Vieles davon hat inzwischen einen hohen Marktwert. Darüber hinaus beeinflusst es auch heutige Designansätze und damit ganz unmittelbar unsere Wohnwelt. Die Stoff- und Tapetenmuster etwa sind alles andere als dezent, sie springen mit knalligen Farben und psychedelischen Mustern ins Auge und machen einen ansonsten im Stil des 21. Jahrhunderts eingerichteten Raum besonders reizvoll.

Wie bei jeder Kombination unterschiedlicher Stile besteht der Trick darin, sich für eine gute Auswahl an Mustern oder Formen zu entscheiden und sie dann mit Bedacht einzusetzen. Werten Sie Ihren Raum mit ein paar ungewöhnlichen Farben und Mustern aus vergangenen Jahrzehnten auf, aber vermeiden Sie dabei visuelle Reizüberflutung.

Die bevorzugten Farben des 20. Jahrhunderts waren klar und kräftig, teils mit einer Tendenz ins Schrille. Diese Palette wirkt in kleinen Portionen auch heute noch fantastisch, auf jeder sich nur bietenden Fläche eingesetzt, ist sie eher anstrengend. Streichen Sie also nicht gleich alle Wände in Ihrer Lieblings-Fifties-Farbe, sondern belassen Sie es bei einer – oder verwenden Sie den Ton als Kontrastfarbe für Türen und Fensterrahmen.

RECHTS **Am einfachsten ist ein eklektischer Stil herzustellen, wenn man sich auf zwei oder drei Richtungen beschränkt. Aber Sie können die Regeln auch einfach über Bord werfen und Ihrem Instinkt folgen. Dieser Kugelsessel von Eero Aarnio hat sich zu zwei extrem unterschiedlichen alten Schränken gesellt.**

GANZ RECHTS **Möbel aus den 70ern mit Teak- oder Rosenholzfurnier sind von einer schlichten Eleganz, die gut mit dem modernen Minimalismus kombinierbar ist, aber ebenso auch mit einem Vintage-Stilmix. Preislich ist die Spannbreite relativ groß, je nachdem, ob es ein Originalstück sein soll oder die hochwertige Reproduktion einschlägiger Hersteller.**

Hängen Sie nur Bilder auf, die ins Konzept passen. Bei diesem Stil sind die Wände nicht mit Kunst gepflastert.

Zusätzliche Schonbezüge, die problemlos ausgetauscht werden können, sind eine gute Lösung, um kostbare Möbelstücke in hellen Farben vor frühzeitigem Verschleiß zu schützen.

Stellen Sie statt eines konventionellen Couchtischs eine Kiste auf – passt zum Stil und schafft noch mehr Stauraum.

Die Beleuchtung ist in einem solchen »Salon« von zentraler Bedeutung: Verwenden Sie Tischlampen unterschiedlicher Höhe und Form sowie eine regulierbare Hintergrundbeleuchtung, die der Stimmung angepasst werden kann. Geben Sie dem Tageslicht freie Bahn: Vorhänge dürfen nicht zu schwer sein, damit sie das Licht nicht verschlucken.

Einfache Blumenarrangements passen gut zu diesem Stil – Dekoration in natürlicher Form ist erlaubt.

Wir alle haben dann und wann Sehnsucht nach dem unkomplizierten Leben, vor allem zu Hause. Einfach und klar, das heißt noch lange nicht karg – der Beweis: das schlichte, elegante Wohnzimmer.

SCHLICHTE ELEGANZ

Zur Erleichterung vieler scheint sich das derzeitige Design vom strengen, manchmal eher freudlosen Minimalismus der letzten Jahre des 20. Jahrhunderts allmählich zu befreien. Damals wurde die Reduktion zum Selbstzweck, und sie hatte alle Produktbereiche erfasst. Der neue Look ist zwar nach wie vor zurückhaltend und schnörkellos, vermittelt aber mehr Behaglichkeit und Wärme. Sieht so das perfekte Wohnzimmer aus? Auf jeden Fall können sich damit viele identifizieren.

Dieser Einrichtungsstil hat eine gewisse Noblesse, ohne barock oder gekünstelt zu wirken. Die Eleganz kommt leicht daher, erzielt durch sorgsame Auswahl und durch das geschickte Arrangement der Details.

Alles in diesem schlichten, gepflegten Wohnzimmer, von Sofas und Sesseln über Bilder bis zu den Dekorationen, hat eine individuelle Wirkung, wurde aber auch wegen dem Zusammenklang mit den anderen Elementen ausgewählt. Es hängt also viel davon ab, auf welche Weise Einrichtungsgegenstände und Accessoires kombiniert werden.

Oberflächen tragen viel zum Gesamteindruck bei, das schließt Möbel und Boden ein. Je klarer die Linienführung der Möbel, desto angenehmer sollten die Polsterstoffe sich anfühlen. Der Boden bleibt am besten frei sichtbar, höchstens mit ein oder zwei schlichten Teppichen geschmückt, die sich in Farbgebung und Muster nicht in den Vordergrund drängen.

So wichtig wie die Oberflächenstruktur ist die Farbwahl. Eine ruhige Stimmung ist charakteristisch für das schlichte Wohnzimmer, dem entspricht eine Palette aus neutralen Farbtönen. Dabei hat es sich bewährt, Variationen innerhalb eines Spektrums zu wählen, zum Beispiel Farben mit grauer, rosa oder gelber Schattierung, sowie die Kombination verschiedener Nuancen innerhalb dieser Gruppe. Kontraste werden zurückhaltend eingesetzt, entweder durch eine kräftigere Farbe oder ein besonderes Objekt.

Vor allem herrscht im schlichten Wohnzimmer Ordnung. Alles, was nicht aktuell gebraucht wird, findet Platz in Schränken oder notfalls in großen Körben oder Kisten.

LINKS **Dieses prächtige Erkerzimmer erstrahlt ganz in Weiß. Wände, Holzvertäfelung, Fensterrahmen sowie der Boden und sogar der Kaminrahmen sind im selben Weißton gehalten. Der Ledersessel aus den 70ern hebt sich elegant davon ab und ist über weitere braune Akzente im Raum verankert.**

OBEN LINKS **Der schlicht dekorierte Raum mit einer zurückhaltenden Farbigkeit in Neutraltönen wirkt dank der verwendeten Materialien und Oberflächen alles andere als steril: Dafür sorgen das samtbezogene Sofa, der kunstvoll gearbeitete Parkettboden und die Wände in einem leicht gewölkten Grau.**

LINKS **Zu einem ruhigen Gesamteindruck trägt auch Symmetrie bei, denn sie schafft visuelle Ordnung und nichts wirkt zufällig oder unkoordiniert. Ein solches ordnendes Element sind hier die beiden Hängeleuchten über dem Couchtisch, die genau zwischen den beiden einander gegenüber positionierten Sofas angeordnet sind.**

OBEN **Ein unschlagbares Rezept für einen schlichten Look ist selbstverständlich eine extrem reduzierte Farbpalette. Die wenigen bunten Akzente in diesem Wohnzimmer finden sich in den Buchumschlägen auf dem Tisch und dem Lampenschirm aus Korbgeflecht – alles andere ist Schwarz oder Weiß, wobei die verschiedenen Materialien diesem Konzept eine gewisse stilistische Bandbreite verleihen.**

Weiß, egal ob kühl oder warm, ist die dezente Lösung par excellence. Es ist anpassungsfähig und kann, je nach Bedarf, raffiniert oder schlicht wirken.

HELL UND LEICHT

Ein rein weißes Zimmer, das klingt einfach wunderbar – das kann es auch sein. Doch um den perfekten weißen Raum zu gestalten, braucht es ein wenig Überlegung und Erfahrung. Am wirkungsvollsten ist eine Einrichtung, die nicht durch und durch weiß ist und die dennoch eine lichte, luftige Atmosphäre verbreitet. Dies erreicht man mit einer geschickten Kombination verschiedener Weißtöne.

Weiß ist kein klar definierter Farbton, das sehen Sie auf jeder Farbkarte. Es gibt kühle Varianten wie Perlweiß und Alabaster und warme Nuancen wie Eierschale und Elfenbein. Entscheiden Sie möglichst früh, welche Palette Ihrem Stil entspricht, und erweitern Sie das Farbspektrum auf dieser Basis um zwei oder drei Schattierungen. Auch raue oder aber hochglänzende Oberflächen tragen zur Weißvielfalt bei. Weiße Zimmer wirken erst richtig gut, wenn sie hier und da einen Farbtupfer erhalten – keine starken Kontraste, nur ein paar Kleckser wie Kissen, Vorhänge oder einfach einen Blumenstrauß.

Weiß ist natürlich hell, und seine reflektierende Eigenschaft sorgt dafür, dass das verfügbare Tageslicht noch verstärkt wird. Prinzipiell ist das ein wünschenswerter Effekt, in südlicheren Gefilden, wo das Licht deutlich stärker ist als im Norden, braucht Weiß aber einen kleinen Dämpfer. Altweiß und ähnlich gebrochene Töne sind hier die richtige Wahl. Das Kunstlicht spielt in einem weißen Raum womöglich eine noch entscheidendere Rolle als bei anderen Farbkonzepten. Im Raum verteilte, unterschiedliche Lichtquellen wirken nie grell und schaffen warme, gemütliche Inseln.

Weiße Räume reagieren gut mit unterschiedlichen Materialtexturen. Überlegen sie daher, welcher Boden und welcher Polsterstoff am besten wirken. Möbeloptik ist hier zentral, in einem rein weißen Ambiente wirkt die Einrichtung schnell klobig oder aber unsichtbar, wenn auch die Bezüge weiß sind. Lackierte Möbel sind daher gut geeignet und bringen eine attraktive Note in das weiße Reich.

Es versteht sich von selbst, dass ein weißes Wohnzimmer aufgeräumt ist. Unordnung passt nicht zu der Stimmung, die von einem solchen Ort der Sammlung ausgehen sollte.

LINKE SEITE **Eine minimalistische Farbwahl kann sehr modern wirken, passt aber auch im Altbau – dafür sorgen in diesem fast vollständig weißen Raum das klassische Sofa, der leicht antik wirkende Wandanstrich und die kreidig grünen Akzenten in Form des Wandschranks und der Streifen im Möbelstoff.**

OBEN **Warme Weißtöne und der weiche Schimmer von Perlmutt und anderen glänzenden Flächen sorgen in diesem Wohnzimmer dafür, dass man sich geborgen und willkommen fühlt. Noch verstärkt wird diese Atmosphäre der Weiträumigkeit und Ruhe durch die kahlen Wände.**

* ***Der Lieblings-Allrounder des Interior-Spezialisten ist nicht etwa das grelle »Brillantweiß«, das optische Aufheller enthält, sondern ein sanftes Weiß mit einem leichten Gelbstich, das wärmer wirkt. Entsprechende Farbkarten weisen es als Antikweiß oder Altweiß aus.***

* ***Ein weißer Raum wirkt nur dann wirklich überzeugend, wenn auch die Accessoires passen. Lassen Sie zunächst das undekorierte Zimmer auf sich wirken und fügen Sie erst nach und nach Dekoobjekte hinzu, damit ein in sich stimmiges Ganzes entsteht.***

* ***Ein in Weiß gehaltener Raum ist eine fantastische Kulisse für moderne Möbel – die klaren Linien von Glas, lackiertem Holz und Kunststoff heben sich gut von dem neutralen Hintergrund ab.***

* ***Weiß ist auch für Sammelobjekte oder Bilder ein hervorragender Hintergrund. Mit einfachen weißen Regalen können sie fast schon professionell in Szene gesetzt werden.***

* ***Wenn Sie nicht gezielt einen kühlen, klinischen Effekt kreieren wollen, vermeiden Sie Hochglanzflächen in Weiß.***

MASKULIN MONOCHROM

Nicht jedes Wohnzimmer muss feminin oder kinderfreundlich wirken – einige der besten Raumkonzepte überzeugen durch das Schnörkellose und Kantige.

Ist es ein Relikt der glorreichen Zeit der Herrenklubs oder die Erinnerung an das einstige Heiligtum des Hauses, das Arbeitszimmer? Für die meisten modernen Männer hat die Vorstellung von dem nach maskulinem Geschmack eingerichteten Wohnzimmer etwas Unwiderstehliches.

Klischees hin oder her – der größte Unterschied zwischen einem nach dem Stilempfinden eines Mannes gestalteten Wohnzimmer und einem Raum, der eher den Vorstellungen von Frauen entspricht, ist ein weitgehender Verzicht auf Textilien – nirgends bunt gemusterte Baumwollbezüge oder gar gerüschte, bodenlange Vorhänge –, außerdem Geradlinigkeit und Ordnungsliebe. Vervollständigen Sie dieses Bild durch eine relativ nüchterne, aber nicht langweilige Farbpalette und eine gewisse Strenge in puncto Muster, Design und Oberflächen, und Sie haben das perfekte Herrenzimmer, in dem sich letztlich jeder gern aufhält.

Der zeitgemäße maskuline Look setzt auf eine klare Raumaufteilung. Zweckmäßigkeit hat höchste Priorität, jeder Gegenstand steht an seinem Platz, alles wird intelligent verstaut. Dafür nimmt »Mann« gründliche Planung in Kauf, etwa die Aufrüstung mit Steckdosen für allerlei technisches Equipment.

Das Erscheinungsbild eines solchen Raums wird durch die Möbel nicht nur geadelt, vielmehr steht und fällt es mit der richtigen Auswahl. Zunächst einmal braucht man einen bequemen Platz zum Sitzen und Lesen, beispielsweise Sofas und Sessel mit tiefer Sitzfläche und hoher Rückenlehne. Wählen Sie volle, dunkle oder kühle und klare Farben für Wände und Polster. Wie immer stellt auch hier der Fußboden das verbindende Element im Raum dar. In einem Umfeld, in dem Design und Farbe mehr Gewicht haben als dekorative Accessoires, ist ein visueller Mittelpunkt sinnvoll, etwa ein Kamin oder Kaminofen oder aber eine Sitzgruppe um einen niedrigen Tisch.

Als gemeinsamer Nenner dieser Charakteristika des maskulinen Wohnzimmers kristallisiert sich der Wunsch nach maximalem Komfort heraus.

OBEN LINKS **Kräftige Erdtöne und schlanke Formen im Stil der 70er-Jahre sind die richtige Wahl, wenn Sie Ihren Räumen eine männliche-re Note verleihen möchten. Im Unterschied zu den eher weichen, gedämpften Farben, die man vielleicht mit einem weiblichen Einrichtungsstil verbindet, wurden hier Variationen von Olivgrün und Orange mit Details in Schwarz eingesetzt.**

OBEN **Der maskuline Stil ist nicht zwingend ultramodern, Sie brauchen auch keinen Bogen um klassische Möbelformen oder weiche Polster zu machen. Es geht lediglich darum, sehr sparsam und gezielt mit dekorativen Accessoires zu arbeiten, eine klare Geometrie zu bevorzugen und schlichte Farben oder Muster einzusetzen. Hier wurden klassische Sessel und ein Zweisitzer kantigen Couchtischen und dem schlichten Kamin gegenübergestellt.**

✱ Ein Holzboden, der nicht nur eine warme Tönung hat, sondern sich auch warm anfühlt, ist oft die beste Lösung für einen multifunktionalen Raum. Dielen oder Parkett schaffen eine einheitliche Atmosphäre und lassen das Zimmer großzügiger wirken.

✱ Ein schlichter, durchgeplanter Raum ist das ideale Ambiente für ein oder zwei moderne Klassiker, seien es Designersessel oder einzigartige Leuchten, die sich in den vergangenen rund fünf Jahrzehnten bewährt haben.

✱ Viele verschiedene, kleinere Lichtquellen sorgen für ausreichend Arbeitslicht bei diversen Tätigkeiten.

✱ Wenn Sie ein maskulines Einrichtungskonzept mit Farben verschönern möchten, wählen Sie eher herbstliche Töne – die satten Farben reifer Früchte und fallender Blätter. Frühlings- oder Sommerfarben passen in diesem Kontext weniger gut.

SCHLAFZIMMER

LINKE SEITE **Der Charme des Vintage-Stils kann sich in diesem modernen Ambiente voll entfalten, in dem Materialien und Gestaltung eine spannende Ergänzung der eher nüchternen Architektur darstellen. Von bestechender Schönheit sind die Glaswände, die Einblick in die Privaträume gewähren und bei Bedarf durch Vorhänge blickdicht werden.**

RECHTS **Luxuriöse Texturen wie Brokat, Leder, Stickereien und ein Schaffell verleihen diesem ehrwürdigen Schlafraum einen sehr exquisiten Touch. Das kräftige Grün der Wände unterstreicht die warmen, herbstlichen Farben des Teppichs, der Tagesdecke, der Vorhänge und der Möbelhölzer.**

UNTEN **Der Einrichtungsstil kann auch zu einer guten Nachtruhe beitragen. Klare Linien und neutrale Farben sorgen für eine entspannende Atmosphäre. Schaffen Sie also genügend Stauraum, um alle Kleinigkeiten unterzubringen, und wählen Sie Farben aus, die sich dem Auge nicht aufdrängen.**

DESIGN & DEKORATION

Bei der Wohnungsplanung kommt das Schlafzimmer oft zu kurz. Denn anders als die »öffentlichen« Räume Wohnzimmer und Küche ist es selten fremden Blicken ausgesetzt – und schon rutscht es auf der To-do-Liste ganz nach unten.

Was wäre schöner, als ein entspannendes Wochenende im Boutique-Hotel. Und gibt es eine schönere Erinnerung als Omas geblümte Daunendecke, in die man sich als Kind so gern eingekuschelt hat …? Nehmen Sie sich die Zeit, solche positiven Bilder für die Einrichtung des Schlafzimmers zu entwickeln, damit es so sinnlich und behaglich wird, wie Sie es haben möchten.

Kaum zu glauben, wie viel Zeit wir im Schlafzimmer verbringen – wer 50 Jahre alt ist, hat mehr als 16 davon geschlafen. Dem Schlafzimmer gilt jeden Tag unser erster und letzter Blick. Ein schön gestalteter Raum kann viel dazu beitragen, dass Sie entspannt in den Tag gehen und abends gut in den Schlaf finden. Das Schlafzimmer ist mehr als Bettstatt und Kleiderkammer – es ist ein Ort zum Relaxen, zum Lesen oder Tagträumen.

Der intime Charakter des Schlafzimmers eröffnet jede Menge Gestaltungsmöglichkeiten. Hier ist sogar Platz für Experimente wie die dramatische Tapete oder den Flokati. Hier können Materialien, Oberflächen und Farben toll aussehen, die in keinem anderen Raum funktionieren.

Wer sagt, dass ein Schlafzimmer weniger durchgeplant sein muss als Küche oder Bad? Vorausschauende Planung und kreative Stauraumlösungen machen aus dem schlichten Schlafplatz ein wunderschönes, funktionales Zimmer.

PLANUNG

Wird das Schlafzimmer nur zum Schlafen genutzt oder müssen noch andere Funktionen eingeplant werden? Vielfach dient es auch als Lese-, Fernseh- oder Arbeitszimmer. Zeichnen Sie verschiedene Möglichkeiten der Raumaufteilung auf. Wie kann der Platz optimal genutzt werden? Wo stehen die Möbel am besten? Bringt ein Einbauschrank Raumgewinn? Könnte das Bett mitten im Zimmer stehen? Müssen die Kleider hier untergebracht werden oder kommt dafür auch ein anderer Raum infrage? Die Beschäftigung mit diesen und ähnlichen Fragen kann Ihnen viel Mühe und Kosten ersparen.

Auch hier spielen Stilfragen eine Rolle. Manche Räume geben die Richtung schon vor. Ein Schlafzimmer mit geringer Deckenhöhe in einem Häuschen auf dem Land würden viele besonders gemütlich einrichten. Ein klares Rechteck in einem Neubau verträgt einen moderneren, urbanen Stil. Einige Fragen lösen sich von allein – nämlich über das Budget. Fallen Kosten für größere Maßnahmen an – Einbauten, Elektroarbeiten, Bodenbelag und Klempner? Kalkulieren Sie auch Farbe, Tapete, Stoffe und Teppich ein sowie Leuchten, Bettzeug, Spiegel und möglicherweise Kunstgegenstände.

UNTEN **Ein geradliniges, aufgeräumtes Raumdesign können Sie recht unkompliziert durch Einbauschränke kreieren. Beauftragen Sie eine Maßanfertigung, damit die Gestaltung auch in jedem Detail Ihren Vorstellungen und Bedürfnissen entspricht – sei es ein klassisches Modell wie in diesem Beispiel oder ein moderner Schrank mit Schiebetüren.**

OBEN **Viele sind der Meinung, dass das Bett nicht am Fenster stehen sollte, doch das kann im Gegenteil gerade gut funktionieren. Vor allem in kleineren Räumen lässt diese Position etwas mehr Spielraum für die übrige Einrichtung. Die Streben am Betthaupt dieses weißen Gestells lassen das Tageslicht ungehindert durchs Fenster gelangen.**

RECHTE SEITE **Die Deckenschräge im ausgebauten Dachstuhl – ob im historischen Altbau oder einem modernisierten Einfamileinhaus aus den 50ern – verhindert in großen Bereichen das aufrechte Stehen. Bedenken Sie daher bei der Einrichtungsplanung, wie Sie sich durch den Raum bewegen, wo das Bett idealerweise steht und welches der günstigste Standort für die Kleiderschränke ist.**

er

TEN

LINKE SEITE, OBEN LINKS **Für ein dezentes Design müssen Sie sich nicht auf Grau-, Weiß- oder Braunschattierungen beschränken. Ein gedämpftes Kaki spendet in diesem Fall etwas Wärme, während ein paar Accessoires den Farbton in frischeren Varianten aufgreifen.**

LINKE SEITE, OBEN RECHTS **Ein schlichter, neutraler Stil ist nicht gleichbedeutend mit blassen Farben. Einen behaglichen Kokon gestalten Sie durch warme, dunkle Töne – eine Wahl, die übrigens empfehlenswert ist, auch wenn der Raum wenig Tageslicht erhält.**

LINKE SEITE, UNTEN LINKS **Eine beruhigende und entspannende Stimmung strahlt der Raum aus, wenn Sie Farben auswählen, die einander gut ergänzen. Kontraste können Sie über unterschiedliche Materialien hineinbringen, etwa Leinenbezüge und glatte Keramik wie in diesem Bild.**

LINKE SEITE, UNTEN RECHTS **Für einen sonnigen Start in den Tag gibt es nichts Besseres als Polsterstoffe und Bettzeug in frischen, fröhlichen Farben – das hilft sogar in lichtarmen Nordzimmern. Der auffällige Blumendruck in Blau auf Gelb dominiert hier das Erscheinungsbild, dazu passen edle Textilien in etwas sanfteren Tönen auf dem Bett.**

OBEN **Think pink! Die Farbe lädt zum Ausruhen ein, und wenn man sie geschickt einsetzt, kommt auch kein »Mädchenzimmer-Look« auf. Verwenden Sie statt Bonbonrosa eher zartere Töne wie Muschel- oder Puderfarben und kombinieren Sie sie mit Neutraltönen, wenn das Schlafzimmer ein elegant-feminines Flair verströmen soll.**

RECHTS **Pastellfarben sind oft wie geschaffen für ein Interior im legeren, weißen Strandhausstil. Wichtig ist dabei nur, dass die Farbtöne zurückhaltend und zart sind und nicht süßlich. Dieses Zimmer in Grau, Weiß und Blau gewinnt durch den hellrosa Bettbezug an Frische.**

Zurückhaltende Farben sind der Favorit im Schlafzimmer – das bedeutet aber nicht, dass Sie vollständig auf frische Farbakzente verzichten müssen.

FARBEN IM SCHLAFZIMMER

Farbe ist etwas sehr Subjektives. Einen Farbton, der Ihnen grell erscheint, mag jemand anders als gedeckt empfinden, heute wirkt eine Farbe warm und schon morgen einfach nur matt. Regeln für die Farbgebung im Schlafzimmer gibt es nicht. Nur stimulierende Töne sind ungünstig, denn sie können den Schlaf beeinträchtigen.

Die Farbe Ihrer Wahl sehen Sie im Schlafzimmer in erster Linie am Morgen und abends, dann meistens bei künstlichem Licht. Suchen Sie daher einen Farbton aus, der mit beiden Extremen zurechtkommt. Neutrale Farben brauchen ein Gegengewicht in Form verschiedener Texturen – Läufer, Tagesdecke oder Wandbespannung. Dunkle Farben wie Olivgrün, Blaugrün und Schokoladenbraun sorgen in Räumen mit hohen Decken für Behaglichkeit. Wessen Herz an einem leuchtenden Farbton hängt, der kann mit Bettwäsche, Gardinen oder Betthaupt entsprechende Akzente setzen.

MÖBEL

Spartanische Schlafstatt oder reich möblierter Wohnraum – wie soll Ihr Traumschlafzimmer aussehen?

Richten Sie Ihre Aufmerksamkeit zunächst auf das Wichtigste: das Bett. Eine gute Matratze ist ein Muss, aber auch bei der Entscheidung für das Bettgestell Ihrer Wünsche haben Sie die Qual der Wahl. Modelle mit integriertem Stauraum haben große Vorteile, aber auch unter nostalgischen Eisenbetten oder französischen geschnitzten Holzrahmen ist reichlich Platz. Oder lassen Sie sich im Möbelgeschäft moderne Varianten des eleganten Schlitten- oder Himmelbetts zeigen.

Das Bett braucht nicht der Hingucker im Zimmer zu sein. Vielleicht möchten Sie lieber einen großen antiken Kleiderschrank oder eine hohe Kommode ins Blickfeld rücken? Als zusätzlicher Stauraum kommen Truhen, Holzkästen und Körbe infrage. Als Nachttisch kann alles Mögliche dienen: Tischchen, Hocker, Hutschachtel, Stuhl … auch Wandborde sind eine Alternative. Am Fuß des Betts stand früher meist eine Truhe, optisch überzeugt auch eine Bank, eine Ottomane oder ein Tisch.

Auf eine bequeme Sitzgelegenheit sollten Sie nicht verzichten, wenn das Zimmer groß genug ist. Ein Lehnstuhl oder eine Chaiselongue verführen tagsüber zum Lesen, Entspannen oder einfach zum Träumen.

OBEN LINKS **Lassen Sie Ihrer Fantasie freien Lauf, wenn es um den Nachttisch geht – solange er die richtige Höhe hat und eine ebene Ablagefläche. Die Rinde des Baumstamms ist ein willkommener, etwas rustikaler Kontrast zu den leichten Vorhängen und der weißen Bettwäsche in diesem Schlafzimmer.**

OBEN RECHTS **Wenn der Platz es erlaubt, ist ein kleiner gemütlicher Sessel ein wunderschönes Detail, das zum entspannten Schmökern einlädt. Dieses Modell aus dem 19. Jahrhundert wurde früher beim Stillen genutzt und nun durch einen schlichten weißen Bezug, der die schön geschwungene Lehne hervorhebt, aktualisiert.**

LINKS **Besonders in kleinen Schlafzimmern ist ein praktischer Tabletttisch eine gute Idee, denn wenn er nicht benötigt wird, klappt man ihn einfach zusammen, und auf dem Tablett genießt man Frühstück im Bett. Diese Tische kommen nie aus der Mode, darum gibt es sowohl antike als auch moderne Modelle.**

DIESE SEITE **Ein echtes Biedermeierbett ist selbstverständlich nicht die kostengünstigste Lösung, aber bei guter Pflege eine Anschaffung fürs Leben. Möglicherweise jedoch passt eine Matratze im Standardformat nicht hinein, sodass Sie eine Maßanfertigung benötigen.**

2

✻ Lassen Sie sich beim Matratzenkauf nicht von der Kennzeichnung »orthopädisch« abschrecken. Sie ist lediglich ein Hinweis des Herstellers auf die etwas festeren Ausführungen und zielt nicht nur auf Menschen mit Rückenleiden.

✻ Verlängern Sie die Lebensdauer Ihrer Matratze durch einen Matratzenschoner, den Sie regelmäßig waschen.

✻ Kissen- und Deckenfüllungen aus 100 Prozent Daune sind unvergleichlich weich, da Daunen einen sehr kurzen Federkiel haben und daher flexibler sind als andere Federn. Sibirische Gänse bilden besonders große Daunen aus, darum sind sie am begehrtesten und teuersten.

✻ Daunen- und Federbetten müssen regelmäßig gelüftet und aufgeschüttelt werden, damit die Füllung nicht zusammenhaftet und Klumpen bildet.

✻ Achten Sie beim Kauf von Baumwollbettwäsche auf die Fadendichte, also die Anzahl an Kett- und Schussfäden pro Quadratzoll. Die Standardqualität hat einen Wert von rund 150, gehobene Ware weist 180 auf, und alles ab 200 ist Luxusgewebe.

✻ Allergikerbettwäsche ist atmungsaktiv, undurchlässig für Hausstaubmilben und kann bei 60 bis 90 Grad gewaschen werden. Besonders empfohlen wird Biobaumwolle oder Synthetik.

LINKE SEITE **Dekorieren Sie ein nur gelegentlich genutztes Gästebett mit vielen Kissen, um es als Sofa zu nutzen – an die Wand gerückt, hat es automatisch eine stabile Rückenlehne. Einfache blaue und weiße Bezüge passen zum relaxten Ambiente in diesem Dachzimmer.**

LINKS **Ein Futon oder ein sehr niedriges Bettgestell lässt jeden Raum größer wirken. Insbesondere Schaumstoffmatratzen sollten jedoch langfristig nicht direkt auf dem Boden liegen, sonst kann die Luft nicht zirkulieren.**

OBEN **Kissen und Tagesdecken sind die perfekte Bettdeko, vor allem wenn es darum geht, weiße Bettwäsche mit ein paar Farbtupfern zu beleben. Damit sie nachts nicht einfach auf dem Boden landen, stellen Sie eine hübsche Kiste ans Fußende, in der sie zur Schlafenszeit verschwinden.**

Die Qualität des Schlafzimmers steht und fällt mit der Optik und dem Komfort des Betts. Das einfachste Rezept: Kombinieren Sie schönes Bettzeug mit einer hochwertigen Matratze.

BETTWÄSCHE & MATRATZE

In einem bequemen Bett schläft man durchschnittlich 42 Minuten länger als in einem ungemütlichen. Es zahlt sich also aus, in eine möglichst hochwertige Matratze zu investieren. Scheuen Sie sich nicht, vor dem Kauf ausgiebig probezuliegen. Testen Sie verschiedene Härtegrade und Materialien.

Bettdecken gibt es in breiter Auswahl. Deshalb legen Sie am besten vorher fest, was Sie ausgeben möchten. Die erste Entscheidung fällt zwischen natürlichen Federn und Synthetikfüllung. Naturmaterialien fühlen sich großartig an, sie sind atmungsaktiv und leiten Feuchtigkeit vom Körper weg. Im Allgemeinen halten sie auch länger als Kunststoff. Die einfachste natürliche Füllung sind Entenfedern, die je nach Stärke des Bezugsstoffs aber hier und da ein wenig piksen. Leichter und noch kuschliger sind hochwertige Eiderdaunen. Die Vorteile einer Synthetikdecke bestehen darin, dass sie leicht waschbar ist und nicht in den Trockner muss. Das i-Tüpfelchen ist die Tagesdecke, die ein wenig Farbe ins Spiel bringt oder, wenn Sie es lieber klassisch weiß mögen, dem ganzen Raum eine edle Note verleiht.

Das Schlafzimmer ist der Ort für romantische Fensterdekorationen – die aber zugleich das Morgenlicht draußenhalten und die Privatsphäre schützen sollen.

RUND UMS FENSTER

Wählen Sie das passende Material für Ihre Jalousien, Rollos oder Vorhänge: Weiche, lichtabsorbierende Stoffe haben eine warme Ausstrahlung, glänzende Materialien schaffen ein eher kühles, glamouröses Ambiente. Besonders üppig wirken extralange Vorhänge, die auf dem Boden Falten werfen. Stoffe für südseitige Schlafzimmer sollten besonders lichtecht sein, oder Sie gehen gleich auf Nummer sicher und wählen helle, dichte Stoffe.

Rollos oder Plissees eignen sich am besten für kleinere Fenster, denn mehrere davon nebeneinander lassen meist störende Lichtritzen. Beim Schlafzimmerfenster bewährt sich das Schichtprinzip: Montieren Sie ein Rollo gegen die Morgensonne und neugierige Blicke dicht an der Scheibe. Mit etwas mehr Abstand können fließende Vorhänge, dekorative Stores oder üppige Schals hängen.

Ein nach Osten ausgerichtetes Fenster lässt die Sonne im Sommer allzu früh ins Schlafzimmer. Bringen Sie hier lichtundurchlässige oder aber gefütterte Vorhangstoffe zum Einsatz, wenn Sie es vorziehen, nicht von den ersten Sonnenstrahlen aufgeweckt zu werden.

LINKS **Außergewöhnliche Fensterformen sind zu schade, um sie hinter Vorhängen zu verstecken, erst recht, wenn sie sich wie hier auf ungewöhnliche Weise öffnen. Wenn es um Sichtschutz geht, behelfen Sie sich mit Fensterfolie oder ein paar hochgewachsenen Topfpflanzen an der Außenseite.**

OBEN **In Räumen, die mit verschiedenen Mustern dekoriert sind, ist ein schlichtes Faltrollo die beste Lösung fürs Fenster – ebenso in Zimmern mit verwinkeltem Zuschnitt. Der klassische Streifenstoff ist ein schönes geometrisches Gegengewicht zu den romantischen Blumenmustern in diesem Schlafzimmer.**

RECHTE SEITE **Innenfensterläden mit verstellbaren Lamellen wirken fantastisch in einem schlicht eingerichteten Zimmer. Sie reichen nicht über die Fensterbreite hinaus und können durch den entsprechenden Anstrich an die Farbpalette des Raums angepasst werden. Selbst wenn die Lamellen Licht durchlassen, bieten die Läden noch guten Sichtschutz von außen.**

* ***Hochwertiger lichtundurchlässiger Stoff verdunkelt nicht nur, sondern ist auch thermobeschichtet. So wird es im Sommer nicht zu warm im Schlafzimmer, und im Winter isoliert der Stoff zusätzlich.***

* ***Holzjalousien sind eine stilvolle Alternative zur Stoffdekoration. Die verstellbaren Lamellen überlassen Ihnen die Lichtregie.***

* ***Vertikale Lamellen sind vielseitig und preiswert, passen aber besser ins Büro. Die konventionellen Jalousien aus farbigem Metall oder Holz filtern das Licht, dunkeln aber auch recht gut ab.***

* ***In einer Parterrewohnung könnte Sichtschutzfolie auf dem Fensterglas eine Überlegung wert sein: Sie ist lichtdurchlässig, hält aber neugierige Blicke fern.***

* ***Moderne Spitzenmodelle unter den Rollos bieten Sonnenschutz, sodass Bodenbeläge oder Möbel nicht ausbleichen, und halten Hitze ab.***

* ***Inzwischen gibt es auch Plissees, die am unteren Rand des Fensters befestigt und nach oben geschlossen werden: Durch die obere Fensterhälfte fällt genügend Licht, unten ist dennoch Sichtschutz garantiert.***

1

Im Schlafzimmer sind verschiedene Lichtqualitäten gefragt – für die morgendliche Kleiderwahl, fürs Lesen im Bett und für alles dazwischen.

BELEUCHTUNG

Das Schlafzimmer ist ein Ort der Erholung und zur Vorbereitung auf den Schlaf – dafür ist sanftes Licht wünschenswert. Vielfach dient der Raum aber auch als Ankleide und um morgens das Make-up aufzulegen, und dafür braucht man helles Licht. Flexibilität ist für diesen Spagat die Lösung: Versehen Sie fest installierte Leuchten mit Dimmer und kombinieren Sie dazu Stehlampen.

Eine zentrale Deckenleuchte streut das Licht gleichmäßig, wirkt aber flach und allzu neutral. Ergänzen Sie diese Beleuchtung durch Deckenfluter für relaxtes, blendfreies Licht. Strahler liefern eine gleichmäßige Grundbeleuchtung, sollten aber nicht über dem Bett angebracht werden, damit Sie nicht geblendet werden. Für die Bettlektüre ist eine Tischleuchte gut geeignet, oder Sie nutzen eine schicke Gelenkleuchte. An der Wand montierte Leselampen lassen mehr Platz auf dem Nachttisch.

* ***Eine Leuchte im Schrank oder direkt davor erleichtert die Suche nach dem richtigen Kleidungsstück.***
* ***Wandleuchten auf beiden Seiten des Betts sind eine elegante Lösung – aber erst anbringen, wenn Sie sicher sind, dass das Bett auch so stehen bleibt!***
* ***Identische Nachttischlampen auf beiden Seiten des Doppelbetts wirken besonders stilvoll. Noch perfekter sieht ein solches Arrangement aus, wenn die Leuchten mit den Möbeln zusammenpassen.***
* ***Die zentrale Hängeleuchte wird im Schlafzimmer selten benötigt. Mit einem funkelnden Kronleuchter oder übergroßen Schirm versehen, sieht sie trotzdem gut aus.***
* ***Lichtschläuche mit LEDs erzeugen einen warmen Schein und sind daher eine wunderschöne Idee fürs Schlafzimmer. Probieren Sie den Effekt auch unter dem Bett oder auf einem Wandbord aus.***
* ***Kerzenlicht ist verführerisch und entspannend, genau das Richtige zur Schlafenszeit. Duftkerzen lassen alle Sinne zur Ruhe kommen. Sie dürfen nur nicht vergessen, sie vor dem Einschlafen zu löschen!***

LINKE SEITE, OBEN LINKS **Ersetzen Sie eine konventionelle Tisch- oder Stehleuchte durch eine Hängelampe, um Platz auf dem Nachttisch zu sparen. Wichtig ist dabei, den richtigen Stil zu treffen, damit die Leuchte nicht das Gesamtbild stört.**

LINKE SEITE, OBEN RECHTS **Eine klassische Gelenkstehleuchte erfüllt mehrere Zwecke, denn sie spendet nicht nur Leselicht, sondern lässt sich auch so ausrichten, dass sie den Raum mit wohnlichem indirektem Licht erfüllt. Dieses Modell passt zum Industriestil und erinnert an Schreibtischlampen aus dem frühen 20. Jahrhundert.**

LINKE SEITE, UNTEN **Der Vintage-Stil in diesem Schlafzimmer wirkt durch die symmetrische Anordnung der beiden Nachttischlampen durchgestaltet und geradlinig. Ideal sind sie als Leseleuchten, wenn der Rand des Lampenschirms tief genug liegt, dass die Glühlampe nicht blendet.**

RECHTS OBEN **Leuchten am Bett sollten beweglich sein: Manchmal brauchen Sie möglichst viel Licht im Raum, beispielsweise wenn Sie sich ankleiden, dann wieder ist Leselicht gefragt oder sanftes, diffuses Licht. Wenn Sie flexible Lampen mit Dimmer installieren, können Sie stets für die gewünschte Beleuchtung sorgen.**

RECHTS UNTEN **Kerzen sind eine romantische Ergänzung für elektrisches Licht – sie sollten im Schlafzimmer aber nur in einem stabilen Kerzenleuchter und mit ausreichend Abstand zu leicht entflammbaren Materialien verwendet werden. Wem das dennoch zu heikel ist, der kann auf LED-Kerzen ausweichen, die auch ihren Charme haben.**

BODENBELÄGE

Beim Fußboden geht es meist vor allem um praktische Aspekte. Fürs Schlafzimmer dürfen Sie endlich einmal etwas wählen, das sich so gut anfühlt wie es aussieht.

Schlafzimmerböden werden wenig strapaziert und selten mit Straßenschuhen betreten. Gönnen Sie sich hier ein helles Material oder einen hochflorigen Teppichboden – dieser ist allerdings wegen der Milbengefahr nicht für Allergiker geeignet. Auch wenn Sie gern Ihrer Vorliebe für ein Sonntagsfrühstück im Bett fröhnen, spricht das eher gegen Langflor – jeden Faden einzeln von Toastkrümeln zu befreien, ist keine Freude.

Naturfasern wie Kokosbast, Seegras und Sisal sind robust und sehen toll aus, nur barfuß sind sie nicht gerade ein Luxus. Eine gute, wenn auch kostspieligere Alternative ist ein Teppichboden aus Wolle, der in einer ähnlichen Optik wie Naturfasern lieferbar ist, sich aber wesentlich weicher anfühlt. Einen besonders hohen Wohlfühlfaktor haben auch Parkett oder aufgearbeitete Holzdielen im Schlafzimmer, die auch optisch warm sind.

Läufer sind auch im Schlafzimmer der Allrounder. Sie sorgen für einen weichen, warmen Untergrund und bringen Farbe und Muster hinein. Eine schöne Begrüßung am Morgen ist ein flauschiges Schaffell oder ein Flokati als Bettvorleger.

OBEN LINKS **Für ein Raumdesign im Vintage-Stil sind historische Dielen natürlich die beste Wahl. Achten Sie darauf, dass die Planken möglichst dicht verlegt werden, denn da man im Schlafzimmer oft barfuß läuft, stellen breite Ritzen eine Verletzungsgefahr dar.**

OBEN RECHTS **Die relativ düstere Palette aus Kohlenschwarz und Anthrazit in diesem Schlafzimmer wird durch einen marokkanischen Beni-Ourain-Teppich aufgehellt. Das Muster kommt durch die Verdopplung in dem an die Wand gelehnten Spiegel mit Rahmen in Bronzeoptik umso schöner zur Geltung.**

RECHTE SEITE, OBEN **Auf einem harten Fußboden – ob Parkett, Stein oder Fliesen – sind ein oder zwei hübsche Teppiche ein echtes Plus, sowohl ästhetisch als auch in Hinblick auf Behaglichkeit. Besonders beliebt sind hochflorige Exemplare als exklusiver Bettvorleger.**

RECHTE SEITE, UNTEN **Bodenbeläge aus Naturfasern gibt es in großer Vielfalt. Jute ist am weichsten und darum eine gute Wahl fürs Schlafzimmer. Das Material wird auf ganz unterschiedliche Weise verarbeitet, von fein gewebt bis Bouclé und in einem Spektrum von Grautönen bis hin zu leuchtenden Naturfarben.**

* Teppichboden gibt es in vielen verschiedenen Qualitäten: gewebt, getuftet, aus Schlingflor, Velours, gedrehter Florfaser und mehr. Am robustesten ist die Variante mit dem dichtesten Flor. Plüsch-, Velours- und Flauschteppiche sind einfach ein Genuss.

* Setzen Sie die Farbe des Bodenbelags bewusst ein. Helle Farben lassen die Wände zurücktreten und passen gut in einen kleinen Raum. Dunkle Töne lassen die Wände optisch näherrücken und erzeugen Behaglichkeit.

* Eine gute Unterlage verlängert die Lebensdauer des Teppichs. Hier also nicht an der Qualität sparen. Einen neuen Teppichboden sollte am besten der Profi verlegen.

* Holzdielen zu lackieren ist eine einfache und günstige Methode, um verfärbtes Holz und Astlöcher zu überdecken. Fußbodenfarbe ist in einer breiten Palette erhältlich.

* Wenn Sie sich einen wirklich individuellen Raum wünschen und den Preis nicht scheuen, lassen Sie einen Teppich nach Ihren Vorstellungen anfertigen.

* Nehmen Sie Proben der im Schlafzimmer verwendeten Textilien und Farben mit ins Geschäft, wenn Sie den Bodenbelag auswählen, damit er auch wirklich gut passt.

* Großhändler verkaufen auch günstige Teppichreste in hoher Qualität – genau das Richtige für einen kleinen Raum.

- Kaufen Sie gepolsterte oder Holzbügel. Drahtbügel aus der Wäscherei dehnen die Kleider und bringen sie aus der Form.

- Planen Sie bei der Bestellung von Einbauschränken auch kleine Strahler ein, die über den Fächern und Kleiderstangen angebracht werden.

- Kiefernholzmöbel sind ein wenig aus der Mode gekommen, aber mit einem frischen Anstrich wirken sie wie neu. Zuerst abschleifen, dann grundieren, zum Schluss matte Farbe nach Wahl auftragen.

- Mehr Platz im Kleiderschrank: Verwahren Sie selten oder nur saisonal gebrauchte Kleidung in durchsichtigen Boxen oder lockeren Kunststoffhüllen an einem trockenen, lichtgeschützten Ort.

- Misten Sie die Kleiderschränke im Schlafzimmer wenigstens einmal im Jahr aus. Was Sie in diesem Jahr nicht getragen haben, geben Sie in die Altkleidersammlung.

LINKE SEITE **Eine Wand mit großzügigen Regalfächern erlaubt eine übersichtliche Ordnung der Garderobe und praktischen Zugriff, wenn es einmal schnell gehen muss. Die legere Kleidung wird gestapelt, für leicht knitternde und elegante Stücke ist eine Kleiderstange unverzichtbar. Um alles vor Sonnenlicht zu schützen, bringen Sie eventuell einen farblich passenden Vorhang an.**

LINKS **Vor allem im Altbau finden sich manchmal kleine Nischen, die Sie am besten für einen Kleiderschrank nutzen können, der woanders wertvollen Platz rauben würde. Diese Antiquität wurde durch einen modernen grauen Anstrich mit roter Verzierung aktualisiert.**

RECHTS **Günstiger als Schiebetüren, aber ebenso praktisch sind Vorhänge, um eine Nische in einen Kleiderschrank zu verwandeln. Hier sind Kleider- und Vorhangstange farblich aufeinander abgestimmt, was sehr elegant wirkt.**

UNTEN **Die Stauraummöbel in diesem Schlafzimmer verschmelzen mit den Wänden, weil dieselben Farbtöne gewählt wurden. Der wandhohe Einbauschrank ist wie die angrenzende Fläche in Weiß gehalten, während das kleine Sideboard rechts das Petrol des Hintergrundes aufgreift.**

Das Schlafzimmer ist als entspannender Rückzugsort gedacht, hier kleidet man sich an, liest – und schläft natürlich. Stauraum ist darum ein wichtiges Thema, denn nichts stört die Atmosphäre dieses friedvollen Refugiums mehr als herumliegende Kleider und Schuhe.

STAURAUM FÜR KLEIDUNG

Das wichtigste Stauraummöbel in jedem Schlafzimmer dürfte der Schrank sein. Entscheiden Sie frühzeitig zwischen Einbaulösung und frei stehendem Schrank. Was viele nicht wissen: Maßanfertigungen sind nicht unbedingt teurer als Fertigmöbel. Außerdem nutzen sie jeden Zentimeter optimal aus – das ist in einem kleinen Raum oder einem Dachzimmer besonders wichtig. Sie können den Stauraum ganz auf Ihre Bedürfnisse zuschneiden lassen: zum Beispiel mit zwei Kleiderstangen übereinander oder extra vielen Fächern, wenn Ihre Kleidung vorwiegend zusammengelegt aufbewahrt wird. Frei stehende Kleiderschränke dagegen sind flexibler – Sie können sie umstellen und beim Umzug mitnehmen. Liebhaber der Vintageästhetik kommen auf Flohmärkten oder im Antikhandel auf ihre Kosten. Wofür Sie sich auch entscheiden: Planen Sie etwa 20 Prozent mehr Platz ein, als Sie derzeit benötigen, denn bekanntlich nimmt die Kleidermenge trotz guter Vorsätze immer eher zu als ab. Viel Platz zum Hängen erlaubt es, dass all Ihre Kleider ordentlich aufgehängt und schneller zu finden sind.

DER LETZTE SCHLIFF

Wie hätten Sie's denn gern, Boutique-Hotel oder Landhausflair? Erst die Details erwecken das Schlafzimmer zum Leben.

Der Spiegel ist ein essenzieller Bestandteil des Schlafzimmers, es sei denn, es ist absolut spartanisch eingerichtet. Damit Sie Ihr Erscheinungsbild überprüfen können, muss das gute Stück bis zum Boden reichen. Bringen sie ihn auf der Innenseite einer Schranktür an oder lehnen ihn an die Wand. Achten Sie von Anfang an darauf, was das Spiegelbild zeigt – Aufbewahrungsboxen und Krimskrams unter dem Bett sind nicht das Motiv der Wahl. Halten Sie in Antiquitätenläden und auf Flohmärkten die Augen auf nach einem prunkvollem Rahmen und schön gealtertem Glas.

Bilder verleihen jedem Zimmer Persönlichkeit. Im Schlafzimmer ist weniger in dieser Hinsicht allerdings mehr. Halten Sie sich an schlichte Motive oder kleinformatige Drucke. Die setzen schöne, aber nicht allzu starke Akzente. Viele empfinden eine ungerade Anzahl an Bildern übrigens als besonders angenehm.

Da das Schlafzimmer ein sehr privater Raum ist, können Sie hier Fotos oder Objekte unterbringen, die Ihnen besonders am Herzen liegen. Da nur wenige Menschen den Raum betreten, nehmen zerbrechliche Stücke außerdem weniger leicht Schaden.

LINKE SEITE, OBEN **Zwei Fliegen mit einer Klappe: Hängen Sie Ihren Schmuck an einer Garderobenleiste auf. So verknoten sich die Ketten und Armbänder nicht und sind dadurch schneller zur Hand, außerdem werden sie auf diese Weise zum attraktiven Blickfang.**

LINKE SEITE, UNTEN **Symmetrie kann Wunder wirken – aber achten Sie darauf, das Schema nicht allzu rigide umzusetzen. Dieses großzügige Bett ist mit identischen Decken und Kissen ausgestattet, seitlich wurde jeweils eine Nische als Ablage in die Wand eingelassen, auch die Lampen sind paarweise angebracht. Die drei sehr unterschiedlichen Bilder auf dem Wandvorsprung fügen sich nicht ins Raster und sorgen dafür, dass das Ensemble nicht monoton wirkt.**

RECHTS **Wenn Sie über einen Kamin im Schlafzimmer verfügen, nutzen Sie ihn als Fokus und arrangieren Sie kleine Kunstgegenstände und andere Lieblingsstücke auf dem Sims. Diese Auswahl ist durch ähnliche Farben und warme Metalltöne verbunden.**

UNTEN LINKS **Manchmal genügt schon ein gemustertes Teil, um einem Raum Charakter zu verleihen. Ohne das kleine Kissen mit Dreiecksmuster, das die Farben im Raum aufgreift, wäre das Arrangement ein eher gewöhnlicher Anblick.**

UNTEN RECHTS **Riesige Spiegel sind nicht nur praktisch und schmeichelhaft, sondern mit einem dekorativen Rahmen bringen sie auch eine Spur Grandezza mit, und außerdem machen sie jeden Raum heller.**

* *Frische Blumen sind eine einfache und günstige Möglichkeit, dem Schlafzimmer mehr Farbe und Schönheit zu verleihen. Besonders hübsch und angemessen ruhig wirken Sträuße aus einer Blumenart.*

* *Ein Paravent ist ein elegantes Accessoire fürs Schlafzimmer. Stil- und stimmungsvoll kann er vor dem Fenster stehen.*

* *Statt Schmuck in Schachteln zu verstecken, lassen Sie ihn dekorativ zur Geltung kommen. Drapieren Sie Halsketten an Haken, am Bilder- oder Spiegelrahmen.*

* *Ihre besonders geliebten Kleidungsstücke und Textilien können Sie als wechselnden Raumschmuck einsetzen und über einer Schneiderpuppe oder am Bügel präsentieren.*

* *Nicht alle Dekoobjekte müssen speziell fürs Schlafzimmer gedacht sein: Etageren aus Kristall, hübsche Teetassen und Vasen sehen auch toll als Schmuckkästchen aus. Alte Holzboxen, Hutschachteln oder Koffer dienen als Stauraum und statten auch ein einfaches Zimmer mit antikem Flair aus.*

* *Ein angenehmer Duft ist ein besonders wichtiges Detail im Schlafzimmer. Lassen Sie ab und zu Aromakerzen brennen oder sprenkeln Sie ein wenig Eau de Cologne auf die frische Bettwäsche.*

k. x. b. c. p. z. f. d. s. t. j. l.
go ga gu ga go gu go ga
lé gu me. ri go le. li ga tu re. é ga ré.
du ma la ga. la ga mi ne. ré ga le.
ly my dy py vy by ry xy
my o pe. va lé ry. to my. py ra mi de.
ha ho he hé hi hè hu hê
hé lè ne. ca hu te. ha bi tu é. hu i le.
ABCDEFGHIJKL
MNOPQRSTUVXYZ
Jé rô me a su li re vi te. Imi te-le.
ce. ci. ço. gé. gea. tion.
craie. ma la die. jonc. flanc. blond. nid.
ha reng. doigt. champ. ta pis. bre bis.
goût. lit. croix. prix. rhu me. dah li a.
nos grands pa rents. les pe tits en fants.
Les pe-tits en-fants ai-ment les jeux.
Les chats dé-vo-rent les sou-ris et les rats.
gref fe. ef fec tu é. ga mel le. bre tel le.
ser re. ter ri ble. ga let te. ra quet te.
né gres se. com tes se. ki lo gram me.
com men cer. gom me. An na. Ma ri an ne.
ton ner. bon ne. Em ma. en ne mi. ren ne.
Mon cou sin Hen ri est un jeu ne
gar çon très ai ma ble. com plai sant.
tou jours prêt à ren dre ser vi ce.
Il ai me beau coup son pè re et sa
mè re et ne leur fait ja mais de pei ne.
Ai-mez et res-pec-tez vos pa-rents.

LINKE SEITE **Vintage-Stücke und wiederverwertete Materialien gehören zur modernen Version des Landhausstils. Auch Elemente im Industriestil passen gut dazu. In diesem Schlafzimmer sorgen drei verschiedene Fabriklampen für atmosphärisches Licht, und die metallischen Oberflächen setzen Akzente zwischen den gedeckten Farben.**

RECHTS **Landhausstil ist nicht gleichbedeutend mit grob und rusikal. Der blütenweiße Bettüberwurf greift die Farbe der Ziegelwände und der Holzdecke auf. Naturtöne kommen durch das gedrechselte Bettgestell und die flauschige Decke hinzu.**

GANZ RECHTS **In diesem Schlafzimmer im Stil einer Gartenlaube wurde das Betthaupt aus unbehandelten Ästen gebaut, die im spannenden Kontrast zur Wellblechwand stehen. Die Bettwäsche und die hübsche handgearbeitete Tagesdecke bringen eine weichere Note ins Spiel, die aber mit dem Naturthema des Raums harmoniert.**

Eine gelungene Verjüngungskur für den behaglichen Landhausstil kombiniert dessen bequeme, entspannte Rustikalität mit einer zeitgemäßen Frische.

LANDHAUS AKTUELL

Der moderne Landhausstil mischt die schönsten Elemente dieser Tradition mit aktuellen Trends. Natürliche Materialien sind ein Muss, damit der Gesamteindruck authentisch ist – Baumwollbettwäsche, Wolldecken, gewebte Läufer und viel Holz. Ein Schlafzimmer im gelungenen Landhausstil vermittelt den Eindruck eines gewachsenen Raums mit einer eigenen Geschichte – die Möbel stehen scheinbar zufällig an ihrem Platz, Dekorationen sind mit der Zeit dazugekommen. Dieser organische Stil wirkt nie gestylt oder aufgesetzt, sondern vor allem persönlich und einladend. Die Farben sind überwiegend neutral oder gedeckt, die Wände monochrom. Frische, moderne Farben werden als Akzente gesetzt – eine bunte Tagesdecke, ein gemusterter Läufer oder Blümchentapete an einer Wand.

Stoffe, die in einem Schlafzimmer im traditionellen Landhausstil nichts zu suchen hätten, können in der aktualisierten Version gerade überzeugen. Mischen Sie lichtreflektierende Seide, üppigen Samt oder ethnische Stoffe dazwischen. Pailletten oder Glasperlen bringen Kissen oder Überwürfe zum Glitzern.

Das Bettgestell im antiken Landhausstil ist aus Eisen oder geschnitztem Holz. Die moderne Variante ist dezenter. Ein einfacher Diwan oder ein zierliches Himmelbett übernehmen den leichten, unkomplizierten Grundton. Statt stapelweise Woll-, Daunen- und Steppdecken kommt klassisch-schlichte Bettwäsche in Weiß oder Creme zum Einsatz. Dazu passen Wolldecke oder Überwurf in einem warmen Farbton.

Stöbern Sie auf dem Trödelmarkt nach Stücken, die schon etwas vom Leben gesehen haben und lässiges, warmes Country-Feeling verströmen. Eine Truhe, alte Bilder und Spiegel verleihen dem Raum Charakter. Dann bringen Sie noch das eine oder andere moderne Stück ins Spiel – eine effektvolle Stehlampe, ein Designerstuhl oder ein Teppich verankern den Raum stilistisch im Hier und Jetzt.

* ***Trennen Sie sich von der Symmetrie, die in so vielen Schlafzimmern vorherrscht, und probieren Sie ein zwangloses Arrangement. Setzen Sie Nachttische unterschiedlicher Höhe und Stilrichtung ein, Lampen mit verschiedenen Füßen und Schirmen oder stellen Sie das Bett quer in die Ecke.***

* ***Geblümte Stoffe sind im Landhaus eine feste Größe. Heute sind jedoch eher moderne Muster, Toile-de-Jouy, kleine Stickereien oder klassische Streifenstoffe angesagt.***

* ***Wählen Sie eine schlichte Fensterdekoration, zum Beispiel ein Rollo, das farblich zum Wandanstrich passt und keinen eigenen Akzent setzt.***

* ***Auch ein schlichter einfarbiger Wandanstrich entspricht der zeitgenössischen Ästhetik.***

* ***Eine Woll- oder Tagesdecke sorgt für zusätzliche Wärme und unterstreicht den Landhauseffekt. Am besten passen Karo- oder Streifenmuster in sanften Farben zu diesem Stil.***

* ***Halten Sie Ordnung im Schlafzimmer und geben Sie Ihren Lieblingsmöbeln einen Ehrenplatz. Textur, warmes Holz, Muster oder Farbe verhindern ganz von selbst, dass der Raum steril wirkt.***

Weiß ist einfach und beruhigend – eine tolle Wahl fürs Schlafzimmer und genau das Richtige, wenn es um die Regenerierung aller Kräfte geht.

WEISSE NÄCHTE

Über komplett weiße Einrichtungen existieren viele Vorurteile: Sie verströmen eine kalte, sterile Atmosphäre, sind unpraktisch und passen nicht zu jedem Raum. Nichts davon ist wahr. Wenn die Teile richtig kombiniert werden, ist Weiß im ganzen Zimmer unglaublich einfach, stylish und vielseitig. Natürlich gibt es dabei ein paar Tricks.

Verwenden Sie keine glänzende Wandfarbe. Sie enthält optische Aufheller und kann deshalb, besonders im Schlafzimmer, klinisch wirken. Wählen Sie eine mattweiße oder leicht cremfarbene Dispersion. Testen Sie das Weiß genauso wie eine Farbe an der Wand: Was in der Dose weiß aussieht, kann nach dem Trocknen ins Lila- oder Pfirsichfarbene gehen oder aber grau und kalt wirken.

Für ein komplett weißes Zimmer können Sie auch die Bodendielen weiß streichen oder einen hellen Teppich verlegen. Das ist leider nicht die pflegeleichteste Variante. Wenn Sie es etwas weicher und wärmer mögen, ohne die Ästhetik zu zerstören, belassen Sie die Dielen im Naturzustand – der honigfarbene, schimmernde Boden fügt sich perfekt in ein weißes Zimmer.

Der einfache und kostengünstige Weg zu einem weißen Schlafzimmer führt über Antikmärkte, wo Sie Kommoden, Tische, Stühle und Schränke finden, die Sie einfach weiß lackieren können, falls nötig. Ganz nebenbei werden so auch kleine schadhafte Stellen unsichtbar.

Damit ein weißes Schlafzimmer nicht steril oder langweilig wirkt, beleben Sie es durch Struktur und Form. Auf dem Bett können das übereinandergeschichtete Decken sein, eine bestickte Tagesdecke oder traditionelle Quilts. Verteilen Sie Kissen mit interessanter Textur und legen Sie Teppiche aus, die Ihre Fußsohlen streicheln wie Schaffell oder ein flauschiger Flokati. Schaffen Sie reflektierende Oberflächen für ein hübsches Funkeln und Glitzern. Dafür ist ein dekorativer Spiegel geeignet, der einfach an die Wand oder auf einen Tisch gestellt wird. Wählen Sie Fotorahmen aus Glas, Perlmutt oder glänzend lackiertem Holz und hängen Sie einen kleinen Kronleuchter auf. All das gibt einer monochromen Einrichtung Ausdruck und Fülle.

RECHTS **Ein Schlafzimmer ganz in Weiß wird niemals kühl wirken, wenn Sie die Farbe in leichten Variationen einsetzen. Hier wurden Bett und Tischchen in einem grau abgetönten Weiß vor einer reinweißen Wand platziert. Warme Nuancen steuern der cremefarbene Lampenschirm, der Flechtkorb und der Holzboden bei.**

LINKS **Helle, weiße Bettwäsche – ob mit Webmuster oder auch mit einem kleinen gestickten Detail versehen – ist ein absoluter Klassiker. In Kombination mit dem weißen Bettgestell, den Wänden in derselben Farbe und den fließenden Vorhängen sorgt sie hier für ein fast schwebendes Gefühl. Ein wenig Erdung verschaffen dagegen die etwas massiveren Vintage-Stücke wie die Lampe und die dekorative Schranktür in der Ecke.**

RECHTE SEITE **Texturen sorgen verlässlich dafür, dass ein Raumdesign weder langweilig noch flach wirkt. Das gleiche bewirken verschiedene Weißtöne. Der charmant gealterte Anstrich des Stuhls und der schöne Stoff der Tagesdecke ziehen das Auge an, auch die beigefarbenen Elemente und das glänzende Metall lassen den Blick durch den Raum schweifen.**

✻ Bewahren Sie immer eine Dose mit der verwendeten Wandfarbe auf, damit Sie kleine Macken ausbessern können.

✻ Kaufen Sie ein paar alte weiße Möbel mit leichten Dellen. Die passen zum rein weißen Look, sehen aber nicht zu makellos und unterkühlt aus.

✻ Nehmen Sie es nicht allzu genau mit dem Weiß Ihres weißen Schlafzimmers – Grau oder ein helles Creme am Boden oder als Möbellack sind auch perfekt und sorgen für Abwechslung.

✻ Reinigen Sie alte Lackanstriche mit feuchten Tüchern oder Pflegepolitur.

✻ Halten Sie sich mit Mustern zurück. Eine einzelne tapezierte Wand oder eine bestickte Tagesdecke sind angenehm fürs Auge, ohne die ruhige, ausgeglichene Atmosphäre zu stören.

✻ Bringen Sie mit Pflanzen und Blumen natürliche Farbe ins Spiel. Arrangieren Sie Zweige in einem alten Krug oder Glas oder stellen Sie eine kleine, pflegeleichte Pflanze wie Efeu auf.

* Kombinieren Sie feminine, geschwungene Möbel, zum Beispiel ein französisches Bett mit geschnitztem Holzrahmen, mit Stücken, die eher maskulin wirken – einem abgewetzten Ledersessel und einer Kommode aus dunklem Holz.

* Spielen Sie mit Größenverhältnissen: Vorhänge mit übergroßen Blüten sehen vor einer Tapete mit kleinteiligem Muster aus Zweigen vor hellem Hintergrund toll aus.

* Achten Sie darauf, dass das Schlafzimmer nicht zu pink wird. Zarte Töne in Pflaume, Malve, Salbei und Aqua passen auch und werden durch Creme und Altweiß ausgeglichen.

* Ein antikes Eisenbett ist die beste Bühne für traditionelle Blümchenbettwäsche. Das klassische Gestell ist auch in modernen Versionen zu haben. Oder durchforsten Sie Antiquitätenmärkte nach einem Original.

Bei Blumenmustern denken wir oft an Omas Tapeten mit kitschigen Rosenblüten in Pink- und Rottönen, doch es gibt zahlreiche Varianten des Blumenthemas.

FLORALE ROMANTIK

Von den Blumenmustern im Stil der 1950er-Jahre bis zu modernen, abstrakten Versionen, von Zweigen, die sich auf einem reinweißen Untergrund verteilen, bis zu übergroßen Blüten in einem Meer von Farbe – für jeden Geschmack findet sich das Passende.

Blumenmuster bringen einen Hauch Romantik ins Schlafzimmer, müssen aber keineswegs ultrafeminin wirken. Wählen Sie gedeckte oder erdige Farben statt Pinktönen, oder aber ein Rankenmuster mit wenigen Blüten. So deuten Sie einen floralen Stil an, ohne Ihren Raum allzu opulent zu gestalten.

Zum blumigen Schlafzimmer gehört für viele eine Tapete, die einen schlichten Raum in eine blühende Oase verwandelt. Setzen Sie mit einer tapezierten Wand einen Akzent – oder verwandeln Sie Ihr Schlafzimmer in ein Blütenmeer, indem Sie Wände und Decken dekorieren – diese Art der Übertreibung hat auch eine witzige Note. Moderne Tapetendesigner gehen mit einem eigenen Ansatz an die klassischen Blumenmuster heran.

Geblümte Textilien gibt es in breiter Auswahl, sei es als Bettwäsche oder – weniger flächendeckend – für die Tagesdecke. Gehen Sie in Fachgeschäften oder im Internet auf die Jagd nach antiken Blumenstoffen. Auch das Fenster kann von romantischen Blüten profitieren. Vorhänge mit Zweigen oder ein Faltrollo in frechem Floralmuster, das auch hochgezogen noch zu erkennen ist, passen zu dieser Einrichtung. Oder lassen Sie das Kopfteil des Betts mit einem geblümten Stoff polstern. Achten Sie aber auf Ausgewogenheit. Zu viele unterschiedliche Blumenmuster wirken unruhig und chaotisch. Wählen Sie Muster, die farblich harmonieren, und setzen Sie sie nur punktuell ein.

Lampenschirme, Kissen, Wandbehänge oder bemalte Paravents setzen ebenfalls kleine florale Akzente. Sie runden das Erscheinungsbild ab, ohne sich aufzudrängen und den Raum enger wirken zu lassen. Und denken Sie an frische Blumen – das originale und immer noch beste romantische florale Design.

LINKE SEITE **Beim eher traditionellen Einrichtungsstil sind markante Blumenmuster meist kleineren Gegenständen wie Kissen vorbehalten, während kleinteiligere Designs eher auf größeren Flächen eingesetzt werden, zum Beispiel auf dieser Tagesdecke. In den Accessoires wiederkehrende Farben schaffen Zusammenhalt.**

OBEN **Karomuster können gut zum Vintage-Stil passen, vor allem wenn Sie einen lockeren, femininen Look anstreben. Dieses schöne alte Bettgestell ist der perfekte Rahmen für die leichten Farben und hübschen Muster von Decke und Kissen.**

RECHTS **Tapete und Bettbezug gehören nicht zuammen, sind aber verblüffend ähnlich. Fast identische Muster zu kombinieren ist ein Wagnis, aber mit Motiven in den gleichen Farben und im selben Format sind Sie meist auf der sicheren Seite. Um den Blütenteppich nicht zu stören, ist das übrige Dekor zurückhaltend.**

LINKS **Auch ein glamouröses Schlafzimmer im Boudoir-Stil kann reinweiße Bettwäsche vertragen, vorausgesetzt sie ist faltenfrei und mit hoher Fadendichte gewebt. In diesem Raum schaffen die hellen Vorhänge, der beigefarbene Lampenschirm und das weiße Bett im Kontrast zu der sehr dunklen Wand einen exquisiten und eindringlichen Effekt.**

RECHTS **Die opulenten Schmuckelemente, insbesondere der Stuckfries an der Decke, rufen förmlich nach einem deutlichen glamourösen Statement. Diverse Cremetöne, Altrosa und Puder lassen eine entspannte, feminine Atmosphäre entstehen, effektvoll akzentuiert durch die Elemente in Schwarz.**

SERIÖSER GLAMOUR

Ein Schlafzimmer verträgt auch eine glamouröse Note. Für eine wertige Optik setzen Sie auf raffinierte Details, luxuriöse Stoffe und elegante Farben.

Ein glamouröser Stil, an dem Sie länger Freude haben, verzichtet auf Weiß und neutrale Töne zugunsten von leichten, gedeckten Farben. Wässriges Blau, Altrosa, Grau- und Lilatöne, Moosgrün – nicht grell, nicht erdig. Auch Tupfer in Silber und Gold können funktionieren, sollten allerdings auf ein Minimum beschränkt bleiben, sonst wird aus Glamour schnell Kitsch. Beleben Sie Wände, Bettzeug und Accessoires durch Farben. Zum Ausgleich bleibt der Boden neutral.

Die Möbel verbinden auch im Glamourkonzept das Schöne mit dem Nützlichen. Ein Frisiertisch ist ein Muss – der perfekte Platz, um sich zurechtzumachen, und ein eleganter Blickfang. Dazu der passende Spiegel mit beweglichen Seitenteilen. Ein schönes Bett mit einem markanten, möglichst gepolsterten Kopfteil gehört ebenfalls zu den unverzichtbaren Möbelstücken. Oder machen Sie sich auf die Suche nach einem antiken französischen Bett mit gepolstertem Kopf- und Fußteil oder nach einem ungewöhnlichen Eisengestell. Das Bett muss ein glamouröses Statement sein, auch wenn es schlicht bezogen ist.

Glänzende und reflektierende Oberflächen sind ein wesentliches Merkmal dieses Stils. Frei stehende Spiegel, die an der Wand lehnen und mit funkelndem Schmuck behängt sind, sehen einfach atemberaubend aus. Eine exquisite Rarität ist ein Nachttisch mit Spiegelfront. Auch die Tapeten können Sie mit einem leichten Schimmer wählen, und eine Tagesdecke aus Satin verleiht dem Bett edlen Glanz.

Falls der Platz es erlaubt, stellen Sie einen bequemen Sessel auf. Optieren Sie auch hier für Eleganz, etwa einen französischen Polsterstuhl mit geschnitzten Verzierungen, oder auch etwas Robustes wie einen ausladenden Sessel mit Samtbezug. Nichts ist schöner, als in diesem Schlafzimmer zu verweilen, zu entspannen und in den Tag hineinzuträumen.

Kombinieren Sie üppige Stoffe wie Samt und Seide, dicke, weiche Kissen auf dem Bett, Kronleuchter oder verschnörkelte Lampe, Seidenvorhänge, die in tiefen Falten zurückgebunden werden. Alles, was Auge und Haut schmeichelt, gehört zum glamourösen Stil.

* *Spitzengardinen haben etwas Glamouröses und tauchen das Schlafzimmer in diffuses, intimes Licht.*

* *Zu diesem Stil passt ein markantes Möbelstück. Das kann das Bett sein oder aber eine gigantische Kommode, ein auffälliger Beistelltisch, auf dem Sie schöne Accessoires arrangieren, oder ein verschnörkelter Kleiderschrank.*

* *Vorhänge sind opulenter als Rollos, denn die sind für diesen Stil zu glatt und schmucklos. Ein Gefühl von Luxus stellt sich ein, wenn Vorhänge Überlänge haben und auf dem Boden aufsetzen.*

* *Bringen Sie erlesene Lichtschalter, Türklinken, Griffe und Fassungen an – Sie berühren und benutzen sie jeden Tag, und sie können das Erscheinungsbild eines Zimmers wirklich aufwerten.*

* *Beim Glamour geht es mehr um Qualität als um brandneue Materialien. Einen gelungenen Mix stellen Sie mit modernen und antiken Stücken her.*

DIESE SEITE **Gestärkte Bettwäsche, skulpturale Möbelstücke, wunderbar gerahmte Bilder und geschickter Umgang mit Farben – hier etwas Gold, dort eine schwarze Bordüre: Dieses Schlafzimmer wurde von einem Kenner des glamourösen Stils gestaltet.**

LINKS OBEN **Wenn Sie einen regelrecht spartanischen Ansatz verfolgen und auch die Details in neutralen Farben halten, erlauben Sie sich dennoch das eine oder andere opulente Detail, damit der Raum nicht allzu karg wird und zum Entspannen einlädt. In diesem sehr reduzierten Ambiente sorgt das bequeme gepolsterte Kopfteil für eine Spur Luxus.**

LINKS UNTEN **Weiße Bettwäsche ist immer modern. Ob einfarbig oder mit einem handgemachten Muster – ein leichter Streifen, schlichtes Karo oder helle Blüten –, die Investition lohnt sich, kaufen Sie also die bestmögliche Qualität. Ägyptische Baumwolle ist sehr exquisit, und was ebenfalls zählt, ist eine hohe Fadendichte.**

OBEN **Ein schlichtes Raumdesign muss nicht neutral wirken. Hier wurden verschiedene Pastelltöne für ein feminines Flair eingesetzt. Die mintfarbenen Wandpaneele verraten die Freude am Vintage-Stil ebenso wie das gepolsterte Kopfteil und der weiße Nachttisch. Eine hübsche Dekoration sind die Pfingstrosen und die Lieblingsstücke am Kleiderhaken.**

OBEN **Absolut zeitlos und auch relativ unkompliziert herzustellen ist ein Konzept ganz in Weiß. Variationen von Naturfarben wie die beiden Nachttische aus Holz und Texturkontraste – hier die leicht verzierte weiße Tagesdecke und der Schafwollteppich – verleihen dem Raum Tiefe und Lebendigkeit.**

OASEN DER RUHE

Unaufgeregt und reduziert, dabei aber absolut bequem: Der schlichte Ansatz beim Schlafzimmerdesign ist nicht nur leicht umzusetzen, sondern auch die Garantie für ein rundum entspannendes Ambiente.

Wenn Sie einen Ort des Rückzugs schaffen wollen, der Ruhe ausstrahlt, nehmen Sie erst einmal die leeren Flächen wie sie sind, ohne sie mit einem unnötigen Möbelstück oder einem Kunstwerk zu füllen. Bei diesem Stil geht es nicht darum, eine wunderbare, über Jahre aufgebaute Glassammlung vom Flohmarkt oder alte Drucke zu präsentieren. Wählen Sie wenige Dinge mit Bedacht aus, denn hier geht es um eine klare Ausstrahlung, die nicht vom Wesentlichen ablenkt.

Da diese Ästhetik weitgehend ohne Dekoration auskommt, bietet sich eine tendenziell blasse, warme Farbpalette an. Dunkle und kühle Farben hingegen können allzu hart wirken, wenn es keine Accessoires oder eine Bilderwand gibt, die den Kontrast mildern würden. Die Stile, die bei dieser Gestaltung am ehesten infrage kommen, basieren aber ohnehin auf Naturfarben – die skandinavische Moderne und der Minimalismus ebenso wie der Stil zeitgemäßer Luxushotels oder Vintage. Und trotzdem ist natürlich auch hier ein vorsichtiger Farbklecks sehr willkommen.

Wählen Sie Möbel in einfachen Formen. Ein Boxspringbett – wahlweise ohne Kopfteil oder jedenfalls mit einem glatten, unauffälligen – oder auch ein Metallbett passen hier gut ins Bild. Die Nachttische sollten klein und ebenfalls unverziert sein, im Zweifel genügt ein glatter Stuhl oder Hocker. Ideal sind Einbauschränke, die mit der Wand verschmelzen und dadurch nicht ins Auge fallen, aber auch ein formschöner, geradliniger Kleiderschrank mit passender Kommode ist eine gute Option.

Setzen Sie Muster nur sparsam ein, nicht mehr als ein oder zwei Designs. Probieren Sie stattdessen, Variation und Kontraste durch unterschiedliche Texturen einzubringen, kombinieren Sie zum Beispiel glatte Leinenbettwäsche mit einer flauschigen Tagesdecke, eine matt gestrichene Wand mit schimmernden Emaillampen oder die Backsteinwand mit unbehandelten Holzoberflächen.

* ***Dieser Einrichtungsstil darf durch einen luxuriösen Akzent gekrönt werden, aber halten Sie sich mit ausgesuchten Details zurück. Der Look soll insgesamt unprätentiös und relaxt wirken.***

* ***Wenn Sie Muster einsetzen, wählen Sie kein allzu unruhiges Design. Blümchenmuster sorgen für eine feminine Note, zu einem modernen, geradlinigen Stil hingegen passen geometrische Ornamente besser.***

* ***Mit Öl oder Wachs behandelter Holzboden ist das perfekte Fundament für einen reduzierten Stil, denn er hat eine besonders warme, aber gleichzeitig zurückhaltende Farbe und Materialität und wirkt in keiner Weise dominant.***

* ***Entscheidend ist eine gut durchdachte Lösung für die Unterbringung Ihrer Kleidung, der Bettwäsche und anderer Dinge, die im Schlafzimmer ihren Platz haben. Nichts sollte bei diesem schlichten Stil die klare Optik stören, Ordnung ist das A und O. Eine gute Idee ist ein Bett mit Bettkasten, in dem auch große Gegenstände verschwinden können.***

BADEZIMMER

DIESE SEITE **Wenn das Badezimmer mit einer hohen Decke und historischen Dekorelementen aufwartet, passt nichts besser als eine klassische frei stehende Wanne mit rundem Rand. Der Waschtisch ergänzt den nostalgischen Look und gibt dem Ganzen durch die schöne Marmoroberfläche eine luxuriöse Note.**

RECHTS **Maßgefertigte Badezimmermöbel machen das Beste aus dem zur Verfügung stehenden Platz und machen das Bad außerdem pflegeleicht. Das geradlinige Design tritt zurück, und mit aufeinander abgestimmten Materialien – hier der Spiegelrahmen und die Unterbauten – wirkt es geräumig und ordentlich.**

GANZ RECHTS **Eine bewusst zurückhaltende Gestaltung erhält durch einen markanten Spiegel einen charaktervollen Akzent als stimmiges Gegengewicht. Dieses Exemplar auf einer Baumscheibe von einem außergewöhnlich geformten Stamm setzt ein individuelles Zeichen und fügt sich doch bestens in die von Naturmaterialien geprägte Ästhetik.**

UNTEN **Weiß in Weiß kommt nie aus der Mode. Die Wanne unter dem Fenster wurde absichtlich prominent platziert und setzt sich mit dem handgearbeiteten Rand aus wundervollem dunklem Holz stilvoll von der hellen Vertäfelung ab.**

Ein Bad neu einrichten oder ein vorhandenes runderneuern – das ist eine seltene Chance. Gute Ideen fürs Bad steigern den Wert der Wohnung in mehr als einer Hinsicht. Im Mittelpunkt stehen Alltagstauglichkeit und Wohlbefinden.

DESIGN & DEKORATION

Auch heute noch muss ein Bad in erster Linie funktional sein, aber als Ort zum Wohlfühlen spielt es eine ungleich größere Rolle als noch vor zehn Jahren. Es ist Ihre ganz private Oase, in der Sie sich jederzeit entspannen dürfen. Um das Praktische mit dem Wellnessaspekt zu kombinieren, suchen Sie genau die Sanitärobjekte und Armaturen aus, die Ihre Vorstellungen am besten erfüllen.

Anregungen finden Sie in Magazinen, Büchern und auf den Homepages renommierter Anbieter. Mit Form und Größe Ihres Badezimmers vor Augen überlegen Sie, welche Auswahl bei Ihnen am besten funktioniert.

Lässt sich aus Ihrem winzigen Bad vielleicht besser eine Nasszelle machen? Oder ist ausreichend Platz für eine neue Luxuswanne? Würde eine separate Toilette das morgendliche Gedränge entzerren? Solche Fragen ersparen Ihnen bei der Umsetzung Zeit und Geld.

Erst wenn die Anordnung feststeht, denken Sie in aller Ruhe über das Design nach. Soll es ein traditionelles Bad sein oder lieber geradlinig und modern? Ein schlicht weißes Interieur oder Farben und Ornamente? Wenn Sie ein Lieblingsstück fürs Bad ausgesucht haben, gibt dieses möglicherweise schon den Ton für die Gesamtgestaltung an.

Ein Bad neu zu gestalten, kann eine fantastisch kreative Erfahrung sein. Damit hier aber auch alles funktional und sicher ist, lassen Sie zumindest die Klempner- und Elektroarbeiten unbedingt von Fachleuten erledigen.

PLANUNG

Wie stark die Profis eingebunden werden, das hängt vom Umfang der Arbeiten ab. Für größere Umbauten lohnt es sich auf jeden Fall, fachmännische Hilfe zu organisieren. Architekten, Inneneinrichter und Sanitärspezialisten beraten Sie bei der Auswahl der richtigen Ausstattung und lösen knifflige technische Fragen: Ist der Wasserdruck für diese Powerdusche ausreichend? Trägt der Boden die extragroße Wanne auch noch, wenn sie gefüllt ist? Wie hoch wäre der Aufwand zur Verlegung der Toilette?

Sie brennen vielleicht schon darauf, Fliesen zu kaufen und Farbtöne auszusuchen – nehmen Sie aber erst die wirklich wichtigen Dinge in Angriff. Wie sieht es mit der Heizung aus, lässt sich möglicherweise sogar eine Fußbodenheizung einbauen? Bedenken Sie bei allen Planungen den Verlauf der Frisch- und Abwasserleitungen. Wenn sie auf der Wand verlegt sind, wie es im Altbau häufig der Fall ist, lassen Sie eine schöne und zweckmäßige Verkleidung darum herum bauen. Bei der Gelegenheit können Sie auch gleich jede Menge bedarfsgerechten Stauraum integrieren.

Nehmen Sie sich genug Zeit für die Kostenkalkulation und legen Sie möglichst früh Ihr Budget fest, bei dem Sie auch bleiben. Holen Sie verschiedene Angebote ein und dokumentieren Sie die Arbeiten anschließend genau.

OBEN LINKS **Im Gäste-WC oder einem besonders kleinen Badezimmer haben große Doppelwaschbecken nichts zu suchen. Es gibt eine große Auswahl an edlen Minibecken wie dieses, das eine Ablage für Seife und Accessoires integriert. Dadurch ist es ebenso praktisch wie unaufdringlich.**

OBEN RECHTS **Ein großzügiges Bad gewinnt dadurch, dass die Sanitärobjekte nicht alle entlang der Wand aufgereiht werden, denn sonst bleibt eine große, leere Mitte. Hier wurde eine Wand in halber Höhe eingezogen, sodass die Badewanne im Raummittelpunkt steht und das WC dezent dahinter verschwindet.**

RECHTS **Wenn es der Grundriss zulässt und Sie eine echte Badewannenkostbarkeit besitzen, muss sie natürlich frei aufgestellt werden. Bei einem Umbau kann dies recht kostspielige Neuverlegungen der Rohre mit sich bringen – aber warum lassen Sie bei der Gelegenheit nicht noch eine bodengleiche Dusche einbauen?**

RECHTE SEITE **Eine Duschnische mit Glastür ist nicht nur ein ästhetisches Highlight des Badezimmers, sondern sie nutzt das vorhandene Raumangebot auch bestmöglich aus – erst recht, wenn sie aufgrund der identischen Bodengestaltung bruchlos mit dem übrigen Badezimmer verschmilzt.**

LINKE SEITE **Das Schlagwort für ein Familienbadezimmer lautet definitiv eher »Verkehrsknotenpunkt« als »minimalistische Wellnessoase«. Dennoch bleibt alles übersichtlich, wenn Sie genügend Stauraum einplanen. Ein Korb fürs Badewannenspielzeug, ein Wäschekorb, der nicht im Weg steht, und ein Wandschränkchen zur sicheren Aufbewahrung von Medikamenten sind Schritte in die richtige Richtung.**

RECHTS OBEN **Das Familienbad ist nicht der Ort für kostbare Oberflächen. Geflieste Wände schützen vor feuchten Wänden und Fugen, an weniger belasteten Flächen genügt auch ein wasserfester Anstrich.**

RECHTS UNTEN **Manchmal genügen wenige Kleinigkeiten, um ein Bad auch kindgerecht zu machen. Ein Handtuchhaken auf der richtigen Höhe und ein Tritthocker, um ans Waschbecken zu gelangen, verhelfen den Kleinen zu mehr Selbstständigkeit und stellen kein Sicherheitsrisiko dar.**

In den meisten Haushalten muss ein einziges Bad den Bedürfnissen – und dem Zeitplan – aller Bewohner entsprechen. Überlegen Sie, wie und wann der Raum genutzt wird, und versuchen Sie, familienfreundliche Elemente in die Gestaltung einzubringen.

FAMILIENGERECHT

Wenn Sie eine ausgetüftelte Choreografie brauchen, um das Bad morgens auch nur zu zweit benutzen zu können, kann der Einbau eines Doppelwaschbeckens schon Wunder wirken. Oder wie wäre es mit zwei Badewannen nebeneinander? Jedes Bad kann zu einem geselligen Raum werden, also lassen Sie möglichst auch noch Platz für eine bequeme Sitzgelegenheit.

Für Familien mit kleinen Kindern sind Sicherheitsaspekte besonders wichtig. Wählen Sie Badewanne und Waschbecken mit abgerundeten Ecken und schauen Sie sich nach einem Bodenbelag um, der auch bei Nässe rutschfest bleibt. Mit sorgfältiger Planung können Sie praktische Schritte unternehmen, um Unfällen vorzubeugen. Eine Fußbodenheizung zum Beispiel macht Radiatoren oder beheizbare Handtuchhalter mit frei liegenden heißen Röhren überflüssig. In einer Wanne, bei der der Abfluss in der Mitte liegt, finden zwei Kinder gleichzeitig sicher und bequem Platz.

Es gibt Mischbatterien mit Temperaturbegrenzung, sodass sich Kinder nicht verbrühen können. Eine Alternative ist die Temperaturregelung über den Warmwasserbereiter. Auch wenn Sie über eine separate Dusche verfügen, ist es sinnvoll, an der Wanne eine Armatur mit Handbrause fürs Haarewaschen zu installieren.

Sauberkeit und Ordnung sind im Badezimmer entscheidend, dazu können auch die Kleinen schon beitragen. Bringen Sie Haken in Kinderhöhe an, damit sie Handtücher und Waschlappen selbst aufhängen können, und sorgen Sie für viel leicht zugänglichen Stauraum für Quietschente, Zahnbürste & Co.

WANNE & BECKEN

Der Grundriss des Badezimmers bestimmt die Größe der Sanitärobjekte. Aber was ist mit Material und Design? Die Auswahl ist fast schon erschreckend groß.

Die Entscheidung für die Badewanne sollte ganz oben auf Ihrer Agenda stehen, denn als größtes Element bestimmt sie, wie der Raum insgesamt aussieht. Überlegen Sie, welche Form am besten passt. Eine frei im Raum platzierte Wanne kann in einem großen Bad sehr dynamisch wirken, in einem kleineren bietet sich eher ein Eck- oder Wandmodell an. Machen Sie es wie beim Matratzenkauf: Liegen Sie Probe! Schließlich zählt vor allem der Komfort.

Die meisten modernen Wannen bestehen aus Acryl. Es ist wärmer als Stahlemail und bekommt nicht so leicht Schönheitsfehler. Je nach Geldbeutel bieten sich tolle Alternativen: Stein oder Holz wirken im Bad grandios; topaktuell sind leichtgewichtige Verbundstoffe oder recycelter Kunststoff, beides in vielen Farben erhältlich.

Wählen Sie ein Becken, das zur Wanne passt, auch wenn es nicht aus demselben Programm stammt. Machen Sie sich auch über die Form des Waschbeckens Gedanken. Modelle zur Wandmontage sehen immer gepflegt aus. Wichtig hierbei: die Belastbarkeit der Wand. Wand und Boden müssen ein paar Spritzer vertragen können. Auch hochwertige Armaturen, die ästhetisch zum Bad passen, sind die Investition wert.

Eine hygienische Lösung ist das wandhängende WC, bei dem Spülkasten und Rohre unter Putz liegen. Und tun Sie bei der Gelegenheit auch etwas für unseren Planeten: Installieren Sie ein wassersparendes Spülsystem.

OBEN LINKS **Alte Gusseisenwannen sind sehr schwer, lassen Sie daher die Tragfähigkeit des Bodens prüfen, bevor Sie ein solches klassisches Modell erwerben. Auch Reproduktionen sind sehr stilvoll und wegen der heute verwendeten Materialien wesentlich leichter.**

OBEN RECHTS **Das aus einem Stein gehauene Waschbecken ruht auf einer dazu passenden Tischfläche aus naturbelassenem Holz. Einen eleganten Kontrast bildet die minimalistische Armatur an der Wand. Granit, Marmor, Onyx oder Travertin werden gern im Bad verwendet, und mehr als nur eine Spur edler sind Achat oder Amethyst.**

RECHTE SEITE, OBEN LINKS **Die klassische Löwenklauenbadewanne kann mitten im Raum stehen und benötigt dann einen ebenfalls frei stehend installierten Wasserhahn, oder sie rückt an die Wand und erhält eine konventionelle (und pflegeleichtere) Wandarmatur. Dafür kommt auch ein historischer Messinghahn infrage.**

RECHTE SEITE, OBEN RECHTS **Ein schlichtes Keramikbecken passt ideal zum Badezimmer im Landhausstil, fügt sich aber auch gut in eine eher exotische Gestaltung ein. Hier tritt es zurück hinter den marokkanischen Fliesen, deren schimmernde Glasur die schlichte Farb- und Materialwahl in diesem Bad aufwertet.**

RECHTE SEITE, UNTEN LINKS **Besonders leicht und luftig wirkt ein kleiner Waschtisch mit aufgesetztem Becken. Darunter haben Handtücher und anderes Platz. Wichtig ist bei einer offenen Lösung, dass Siphon und Rohre nicht allzu auffällig sind und aus einem möglichst ansehnlichen Material bestehen.**

RECHTE SEITE, UNTEN RECHTS **Die Wanne in diesem großzügigen Bad dient auch als raumgliederndes Element. Luxuriös ist die Wannenverkleidung aus grauem Marmor, und zugleich ist sie eine willkommene Abwechslung inmitten der minimalistisch weißen Gestaltung des Badezimmers.**

LINKE SEITE **Bei dem Wort »Nasszelle« denken die meisten wohl eher an rein funktionale, minimalistische Duschecken. Doch der Begriff wurde inzwischen ästhetisch neu definiert. Hier wurde die Wand in einer eleganten Kurve geführt und mit edel schimmernden Mosaikfliesen in einer warmen Farbe bedeckt, um auf minimalem Raum einen Wohlfühlort voller Geborgenheit zu schaffen.**

RECHTS OBEN **Eine entsprechende Rohrverlegung erlaubt diesem recht kleinen Bad einen großzügigen, luxuriösen Auftritt, auch wenn Wände und Boden im Industriestil gehalten sind. Die offene Dusche lässt der skulpturalen Wanne genügend Raum.**

RECHTS UNTEN **Je nach Raumgröße lohnt sich auch die Investition in eine Glaswand für die bodengleiche Dusche, damit die Wasserspritzer nicht in jeden Winkel gelangen. Je leichter die Montageelemente, desto offener bleibt der Gesamteindruck.**

Hier ist nicht vom Kunststoffbad aus einem Guss die Rede, sondern von offenen Räumen, in denen die Dusche zu einer Erfahrung von Freiheit und Luxus wird.

NASSZELLEN

Ob Sie einen kleinen Duschraum oder eine offene Dusche innerhalb eines größeren Badezimmers planen – in jedem Fall müssen Boden und Teile der Wand absolut wasserdicht sein. Lassen Sie diese Bereiche am besten von einem Profi mit einer wasserundurchlässigen Membran abdichten. Naturstein und Fliesen sollten ebenfalls versiegelt werden, wenn sie porös sind.

Der Boden muss im Duschbereich ein leichtes Gefälle haben, damit das Wasser sofort abfließen kann. Der Ablauf kann mittig installiert werden oder aber mit der Wand abschließen. Eine Fußbodenheizung ist gerade bei Duschen ohne Trennwand eine gute Idee.

Ein Badezimmer zu versiegeln ist eine teure Angelegenheit. Billiger wird es mit einer Duschwanne mit geringer Erhöhung über dem Boden. Hier gelten allerdings Standardmaße – oder Sie ordern eine Maßanfertigung.

Eine Nasszelle eignet sich nicht unbedingt für die Wellnessdusche mit Seitenstrahl, aber nichts geht über ein paar entspannende Minuten unter einer sanft rieselnden Regenbrause, die Sie unter der Decke oder an der Wand installieren. Als Ergänzung dazu lohnt sich eine Handbrause, die meist direkt mit der Armatur verbunden ist.

KLEINE BÄDER & DUSCHEN

Mit sorgfältiger Planung und ein paar Tricks lässt sich auch das kleinste Bad in einen Wellnesstempel verwandeln. Dabei kommt es darauf an, dass der Grundriss möglichst effizient gestaltet wird – nutzen Sie jede verfügbare Ecke.

Prüfen Sie zuerst einmal, ob sich nicht doch mehr Platz gewinnen lässt. Können Sie das Minibad zum Beispiel ins angrenzende Schlafzimmer erweitern oder ein offenes Schlaf- und Badezimmer mit Schiebetür schaffen?

Auch im kleinsten Bad brauchen Sie Stauraum, zum Beispiel einen Schrank über der Tür oder Fächer in der Wannenverkleidung. Wählen Sie Waschbecken und Toilette zur Wandmontage und investieren Sie in platzsparende Optionen – eine Eckwanne oder einen Handtuchhalter zum Hochklappen.

Ein Duschraum ist weniger platzintensiv als ein Bad mit Wanne. Wenn Sie eine Duschkabine wählen, halten Sie Ausschau nach dem größten und luxuriösesten Modell, das Sie sich leisten können. Es gibt wunderbare Kabinen mit diversen Massagedüsen, Beleuchtung, Dampfbad- und Saunaoptionen.

Kleine Feuchträume profitieren von hellen, reflektierenden Oberflächen. Spiegel wirken auch hier vergrößernd. Sollte die Wand dem Gewicht eines großen Spiegels nicht gewachsen sein, sind Spiegelfliesen eine Option.

OBEN LINKS **Ein Bad auf kleinstem Raum gewinnt enorm viel Platz durch eine Schiebetür, die in der Wand verschwindet. Wenn sich das nicht machen lässt und Sie eine konventionelle Tür anbringen müssen, achten Sie in jedem Fall darauf, dass sie sich nach außen öffnet, um nicht kostbare Fläche im Bad zu verlieren.**

OBEN RECHTS **Auch in einem kleinen Badezimmer brauchen Sie auf lebhafte Farben nicht zu verzichten. Wichtig ist dabei eine klare, schlichte Gestaltung. In diesem Fall wurde eine möglichst zurückhaltende Armatur gewählt, damit das leuchtende Blau der Wände als große, ungestörte Fläche zur Geltung kommt.**

RECHTE SEITE **Frei stehende Badezimmermöbel sind absolut kein Tabu in kleinen Bädern. Natürlich kommt es darauf an, eher kleinformatige Objekte zu wählen. Wichtig ist eine penible Vermessung von Raum und Einrichtung im Vorfeld, damit trotz allem noch genügend Bewegungsfreiheit bleibt.**

LINKE SEITE **Im Prinzip sind Naturfarben bestens untereinander kombinierbar, besonders vor einem matten weißen Hintergrund. In diesem Bad harmonieren die verschiedenen Hölzer mit dem gedeckten, warmen Grau des Waschtischs, hübsche Glanzpunkte setzen die reflektierenden Armaturen.**

RECHTS **Wenn Sie Badezimmer oder Gäste-WC in einem nostalgischen Stil halten möchten, ist eine satte, dunkle Farbe ein guter Schritt. Dieses tiefe Violett lässt das hübsche alte Waschbecken und die altmodische Spülung neben der Bildergalerie und dem ovalen Spiegel hervortreten.**

GANZ RECHTS **Das frische Hellgrün, das an Kupferoxid erinnert, ist wie geschaffen für dieses Bad im Art-déco-Design mit den antiken Sanitärobjekten wie etwa dem eckigen Becken, das auf einer Stütze ruht.**

UNTEN RECHTS **Ob antik oder neu – gusseiserne Wannen lassen sich in jeder beliebigen Farbe streichen. Stimmen Sie die Farbwahl auch auf den Wandanstrich ab, sodass ein harmonisches Gesamtbild entsteht. Fragen Sie im Fachhandel nach möglichen Wannenfarben.**

FARBEN FÜRS BAD

Bei dem Gedanken an das Badezimmer schalten viele automatisch auf Weiß – schließlich lässt es auch den düstersten Miniraum sauber und luftig erscheinen. Aber auch starke Farben und Muster funktionieren. Mut zum Experiment!

Welcher Look passt zu Ihnen: ein aktuelles Design-Statement oder eher eine dezente Einrichtung? Schauen Sie in Büchern und Magazinen, welche Farben und Oberflächen Ihnen gefallen. Besorgen Sie sich Farbproben und Materialmuster – Fliesen, Naturstein, Tapete. Dann können Sie sich am besten ein Bild davon machen, wie das Ergebnis vor Ort aussehen wird.

Schlicht, aber effektvoll ist ein Raum mit Wänden, Boden und Oberflächen in derselben Farbe. Dieser Rundumeffekt sieht besonders gut aus mit weißen Sanitärobjekten, die sich formschön davon absetzen. Moderne Badausstattung gibt es aber auch in attraktiven Farben, und eine alte Wanne wird durch eine neue Verkleidung an den Stil angepasst.

Auch eine neutrale Palette passt gut ins Bad, besonders in Verbindung mit Naturmaterialien. Vor einem leisen Hintergrund kommen Strukturen und Patina zum Beispiel von Naturstein, Schiefer oder Kork perfekt zur Geltung. Auch Hochglanz funktioniert ausgezeichnet, und praktisch ist er auch noch.

Eine originell gestaltete Wand ist auch im Bad ein schöner Blickfang. Dafür gibt es ungezählte Ideen, von der Fototapete bis hin zum kunstvollen Mosaik. Noch nie war es so einfach, kreativ zu sein, wie heute.

LINKS **Die wichtigste Zutat für ein rundum entspannendes Vollbad ist der warme Schein von Kerzenlicht. Ein opulenter Kerzenleuchter ist ein wunderschönes Accessoire in einem nostalgischen Ambiente, während schlichte Blockkerzen auf einem einfachen Untersetzer und Teelichter die beste Ergänzung für ein Bad im minimalistischen Stil sind.**

UNTEN **Stellen Sie fest, ob die elektrischen Leuchten, die Sie im Badezimmer installieren möchten, den Sicherheitsanforderungen entsprechen und für Feuchträume geeignet sind. Diese einfache, große Glühlampe ohne Schirm ist in ausreichendem Abstand zum Wasserhahn aufgehängt und sorgt für ein angenehmes Raumlicht.**

RECHTE SEITE **Ein großzügiges Badezimmer im Altbau verlangt geradezu nach einem opulenten Deckenleuchter. Wichtig sind einige Punktstrahler als Ergänzung, denn der Kronleuchter sorgt lediglich für ein angenehmes Licht, das den ganzen Raum erfüllt. Vor dem Spiegel dagegen sollte die Lichtausbeute etwas intensiver sein.**

Das moderne Bad ist ein sinnlicher Raum. Hier sind helle Funktionsleuchten ebenso gefragt wie das Gegenteil – schmeichelndes, diffuses Licht. Die richtige Mischung bringt erholsame Wellnessatmosphäre.

BELEUCHTUNG

Bei der Lichtplanung im Bad steht Sicherheit an erster Stelle, denn Wasser und Elektrizität sind eine gefährliche Kombination. Deshalb gibt es auch klare Sicherheitshinweise, welche Leuchten für Feuchträume geeignet sind. Die Beschränkung auf entsprechende Leuchten ist aber kein Problem: Es gibt unzählige stilvolle und innovative Modelle extra für diesen Bereich. Sogar Außenleuchten können hier eine interessante Lösung sein.

Ob Sie nun das vorhandene Bad aufmöbeln oder es von Grund auf neu gestalten – in jedem Fall lohnt sich ein prüfender Durchgang, um zu sehen, wie viel Licht Sie wo brauchen. Besser als die klassische Deckenlampe ist es, sich die Beleuchtung in unterschiedlichen Schichten vorzustellen oder ein Konzept zu entwickeln, das verschiedenartige Lösungen verbindet. Zum Rasieren oder Schminken zum Beispiel brauchen Sie eine helle Funktionsbeleuchtung, für das romantische Bad dagegen eher Stimmungslicht.

* Sicherheit ist bei der Badbeleuchtung ein Kernthema. Ziehen Sie einen Elektriker hinzu, der Sie bei der Planung berät.

* Schauen Sie genau auf die Sicherheitshinweise, wenn Sie die Leuchten fürs Badezimmer kaufen. Geringe Voltzahl und gute Abdichtung gegen eindringende Feuchtigkeit sind hier das Wichtigste.

* Beschränken Sie sich nicht auf eine Lichtquelle; die Anforderungen an die Beleuchtung verändern sich mit den Tageszeiten. Kombinieren Sie helles Funktionslicht mit Leuchten für stimmungsvolles Flair.

* Um Energie zu sparen, machen Sie das Beste aus dem einfallenden Tageslicht. Helle Farben, glänzende Oberflächen und Spiegel unterstützen Sie dabei.

* Überlegen Sie vorher genau, wo Sie die Leuchten platzieren möchten. Am Spiegel empfiehlt sich ein Strahler, denn hier kann eine Deckenleuchte unerwünschte Schatten werfen.

* Sie brauchen sich nicht auf Standardleuchten zu beschränken; innovative Lösungen reichen von bunten LEDs bis zu Außenleuchten im Industrie-Look.

LINKS OBEN **Perfekt ergänzen sich in diesem Bad der Betonboden und der flache, ausgedehnte Waschtisch mit geschickt kaschiertem Abfluss, der die gesamte Wandbreite einnimmt. Dazu passen als dekorativer Kontrast der Kristallleuchter an der Decke und der üppig verzierte Spiegel über dem Waschbecken.**

LINKS UNTEN **Die historischen Dielen sind eine stilsichere und nicht allzu kostenintensive Lösung für den Badezimmerboden. Entscheidend ist eine gute Versiegelung (Lack, Wachs oder Öl), die regelmäßig erneuert wird, damit sie wasserabweisend bleibt. Dennoch empfiehlt es sich, Wasserspritzer schnell zu trocknen.**

OBEN **Keramikfliesen sind praktisch, pflegeleicht und günstig. Allerdings sind sie sehr rutschig, sobald sie feucht werden, daher brauchen Sie einen Badeteppich für Trittsicherheit. Ein Fliesenboden ist besonders geeignet für Fußbodenheizung und lässt überdies viel Spielraum bei der farblichen Gestaltung.**

DIESE SEITE **Der Natursteinboden in etwas variierenden Grauschattierungen bildet ein angenehm raues Gegengewicht zu diesem ansonsten glatt weißen Bad. Auf diesem Grundton kommen die naturbelassenen Holzelemente und die mattweiße Wanne gut zur Geltung.**

Bambus, Beton, PVC, Mosaik – nie gab es mehr Optionen für den Badezimmerboden als heute. Aber wie die Wahl auch ausfällt: Hauptsache, der Boden fühlt sich barfuß toll an, ist pflegeleicht, strapazierfähig und funktional – und schließlich zählt auch, dass er gut aussieht.

BODENBELÄGE

Ein neuer Boden braucht einen festen, ebenen Untergrund – Estrich oder plan verlegte Spanholzplatten. Sollen schwere Materialien wie Naturstein verwendet werden, muss er außerdem stabil genug für dieses Gewicht sein. Bevor Sie loslegen, fragen Sie den Profi.

Jetzt ist der richtige Zeitpunkt, um über eine Fußbodenheizung nachzudenken. Sie wärmt kalte Materialien wie Marmor oder Keramikfliesen und macht Heizkörper überflüssig. Allerdings handelt es sich um eine Luxusoption, die nur vom Fachmann eingebaut werden sollte.

Sicherheit geht vor: Setzen Sie einen Bodenbelag ein, der auch bei Nässe rutschfest bleibt, etwa Naturschiefer oder ein strukturiertes Mosaik. Wer glatte Steinoberflächen vorzieht, sollte im Duschbereich eine Matte auslegen, um Unfälle zu verhindern.

Als umweltfreundliche Alternativen kommen Kork oder Bambus infrage. Beide Materialien sind nachhaltig und für Feuchträume perfekt geeignet. Auch Linoleum und Vinyl sind ideal: Sie lassen sich leicht verlegen, gleichen Unebenheiten aus und sind in zahllosen Farben erhältlich.

- ***Auf einem trockenen, ebenen und stabilen Untergrund lässt sich meist ohne großen Aufwand ein neuer Bodenbelag verlegen. Erkundigen Sie sich im Fachhandel, bevor Sie mühsam alles herausreißen.***
- ***Im Duschbereich darf der Boden nie rutschig sein. Wählen Sie hier Materialien mit Struktur.***
- ***Sie haben sich für bunte Mosaik- oder Keramikfliesen entschieden? Wählen Sie einen geeigneten und farblich passenden Fugenmörtel für eine optisch glatte Oberfläche.***
- ***Auffällige Mosaikmuster wirken toll am Boden, sind aber teuer. Günstiger ist ein einfarbiger Boden mit einzelnen besonders dekorativen Fliesen.***
- ***Das Bad hat oft die geringste Bodenfläche in der Wohnung – die Gelegenheit, um in luxuriösen Materialien zu schwelgen, ohne das Budget zu sprengen!***
- ***Holz sieht auf dem Badezimmerboden gut aus. Dabei ist allerdings die wasserabweisende Versiegelung entscheidend.***

STAURAUM

Feuchte Handtücher, nasse Seife, Shampooflaschen – das Bad ist für Durcheinander geradezu prädestiniert. Mit gut geplanten Stauraumlösungen bezwingen Sie das Chaos und verwandeln das Badezimmer in eine saubere und aufgeräumte Relaxzone.

Wenn Sie das Bad ganz neu einrichten, planen Sie möglichst viel Ablagefläche. Setzen Sie Nischen in eine Duschwand, um dort Seife und Shampoo zu deponieren, oder nutzen Sie toten Raum für einen Schrank. In einem großen Bad können Sie eine ganze Wand mit Schränken füllen, die das Farbschema vorgeben und alles nur Denkbare aufnehmen.

Alternativ umbauen Sie die Sanitärobjekte. Ein Schrank unter dem Waschbecken nimmt Dosen und Flaschen auf, ohne zu viel Platz zu beanspruchen. Sehr schick ist eine erhöhte Badewanne, unter der Schubladen für Handtücher verschwinden. Zum Standard gehören Tricks wie ein Spiegelschrank oder der Wäschekorb mit Sitzpolster.

Schöpfen Sie das Potenzial eines winzigen Badezimmers voll aus. Befestigen Sie Haken unter einem Bord, sodass es beidseitig Platz bietet, oder besorgen Sie einen Duschvorhang mit Außentaschen. Sie müssen nicht alles verstecken, aber was offen stehen bleibt, sollte gepflegt aussehen. Wählen Sie Behälter, denen ein paar Wasserspritzer nichts anhaben können.

OBEN LINKS **In Körben – ob von der Decke hängend, an der Wand befestigt oder im Regal aufgereiht – findet alles mögliche Platz, was sonst schnell Unordnung schafft. Wählen Sie ein Material, das mit der hohen Luftfeuchtigkeit im Bad zurechtkommt und weder rostet noch schimmelt.**

OBEN RECHTS **Wandborde sind fast überall eine gute Idee, doch für die vielen kleinen Flaschen, Tuben und sonstigen Kosmetika im Bad sind Schubladen meist noch besser geeignet. Damit nutzen Sie den verfügbaren Platz optimal aus, außerdem lassen sich die diversen Utensilien so besser sortieren und auffinden.**

LINKS **Hinter den Glastüren dieses alten Schranks geben die geflochtenen Körbe und die dekorativen Fundstücke vom Strand einen schönen Anblick ab. Die Behälter sind farblich genau auf das Spektrum der Weiß- und Beigetöne abgestimmt, und alles harmoniert mit dem warmen Holz des antiken Schranks.**

* Wo sich die Möglichkeit bietet, bringen Sie Stauraum an der Wand unter. Alles, was den Boden freihält, wirkt ordentlicher.

* Misten Sie aus, bevor Sie den Stauraumbedarf kalkulieren. Möglicherweise schrumpft die Menge der Badutensilien dadurch schon ganz von allein.

* Lassen Sie die Innenseite der Badezimmertür nicht ungenutzt: Mit einem Handgriff angebracht sind praktische Türhaken für den Bademantel oder den Kulturbeutel zum Aufhängen.

* Dekorieren Sie hübsche Pflegeprodukte: Füllen Sie Seife und andere Flüssigkeiten in attraktive Glasflaschen um und reihen Sie sie auf einem Bord auf.

* Bei einer frei stehenden Wanne braucht man meist noch extra Platz für die Seife – hier sind Schalen mit Saugnapf oder eine Ablage quer über der Wanne die Lösung.

DIESE SEITE **Um den Stauraum im Badezimmer zu optimieren, brauchen Sie es nicht unbedingt umzubauen. Suchen Sie nach einer kleinen Lösung mit wenigen Eingriffen. Vielleicht genügen schon ein oder zwei Körbe und ein paar Wandhaken, um die Utensilien und Handtücher besser unterzubringen.**

LINKE SEITE **Pflanzen sind nicht nur eine wunderschöne Dekoration im Bad, viele Arten fühlen sich in der feuchten, warmen Umgebung besonders wohl, zum Beispiel Orchideen, Farn und Efeu. Überdies wirken sie luftreinigend und sorgen so für eine noch gesündere Atmosphäre im Badezimmer.**

OBEN LINKS **Stoffbeutel, aufgehängt an einer Hakenleiste, sind dekorativ und lassen allerlei Kleinigkeiten verschwinden, vom Nageletui bis zur Luffagurke. Denken Sie daran, die Beutel ab und zu in die Waschmaschine zu geben, damit sie nicht muffig werden.**

OBEN MITTE **Viele Artikel für die Körperpflege haben schöne Verpackungen, vor allem Badeöle, Seifen oder Parfümfläschchen und Cremetiegel. Hier wurde eine Auswahl hübscher Naturseifen in einer Glasschale versammelt, anstatt sie in ihrer Kunststoffhülle hinter einer Schranktür zu verstecken.**

RECHTS **Wegen der Feuchtigkeit wird von tapezierten Wänden im Badezimmer eher abgeraten. Da ein Gäste-WC jedoch seltener genutzt wird und hier wenig Wasserdampf entsteht, können Sie Ihrer Fantasie freien Lauf lassen. Wie wäre es mit alten Buchseiten oder Zeitungsgrafiken? Hier wurde als Spritzschutz eine unauffällige Glasscheibe über dem Waschbecken angebracht.**

Eine persönliche Note und besondere Details machen das Bad zu einem Raum, in dem man sich rundum wohlfühlt.

DER LETZTE SCHLIFF

Sie haben richtig viel Platz im Badezimmer? Dann trennen Sie sich von der Idee des Standardhygieneraums und schmücken Sie es mit ein paar »ortsfremden« Dingen – etwa einem Sessel oder einem zottigen Schaffell. Solche Stücke verleihen dem Funktionsraum eine behagliche Note. Kleiner Tipp: Textile Einrichtungsobjekte sind für Feuchträume nur geeignet, wenn sie regelmäßig ausgelüftet werden.

Wie wäre es statt eines traditionellen Heizkörpers mit einem Handtuchwärmer? Dekorieren Sie den Raum außerdem mit originellen Accessoires wie altmodischen Seifenspendern oder futuristischen Zahnbürstenhaltern.

Das Fenster ist für individuelle Akzente gut geeignet. Freunde des Landhausstils drapieren Großmutters Vorhänge, avantgardistischer ist ein Rollo mit Grafik- oder Fotodruck. Minimalisten dagegen verzichten ganz auf die Fensterdekoration und setzen stattdessen auf Milchglas.

Sorgen Sie für dekorative Details. Kleine Extras können den Gesamteindruck wesentlich beeinflussen, sei es eine Reihe alter Glasflaschen oder eine hübsche Kieselsammlung vom letzten Ostseeurlaub.

* ***Milchglasscheiben in den Fenstern sind nicht jedermanns Sache. Eine Alternative ist Sichtschutzfolie. Die gibt es in zahllosen Oberflächen, Farben und Mustern; sie kann nach Maß zugeschnitten und – anders als Milchglas – umstandslos entfernt werden.***

* ***Werden Sie bei der Wandgestaltung kreativ. Einfache Holzplatten können Sie mit einem riesigen laminierten Foto bekleben. Oder schneiden Sie ein Stück farbiges Plexiglas zu und hängen Sie eine Lampe dahinter, so erzeugen Sie Stimmungslicht mit moderner Optik.***

* ***Stellen Sie regelmäßig frische Blumen auf. Bunte Blüten verwandeln jeden Raum – und sei es nur ein Bund Narzissen. Auch einige Zimmerpflanzen fühlen sich im Bad wohl.***

* ***Das Bad ist der sinnlichste Raum in der Wohnung, also lassen Sie hier auch den Geruchssinn nicht zu kurz kommen. Meiden Sie chemische Lufterfrischer und setzen Sie auf Aromakerzen oder natürliche Düfte. Hyazinthen oder ein Büschel getrockneter Lavendel wirken einzigartig belebend.***

* Verwenden Sie natürliche Materialien für Böden und Oberflächen – unbehandeltes Holz, Naturstein oder Keramikfliesen.

* Geblümte Stoffe oder Tapeten sorgen für eine heimelige Note. Achten Sie darauf, dass sie eigens für Feuchträume hergestellt sind.

* Wenn die alte Badewanne schadhaft ist, lassen Sie sie neu beschichten, oder entscheiden Sie sich für das Wanne-in-Wanne-System.

* Für den Antik-Look geht nichts über eine Kupferwanne. Sie speichert die Wärme auf natürliche Weise. Stöbern Sie ein altes Exemplar auf oder kaufen Sie ein Imitat; auch heute verwenden manche Designer das historische Material noch.

* Das traditionelle Bad ist nicht minimalistisch. Genau der richtige Ort also für schöne alte Glasobjekte, Spiegel oder edel gerahmte Bilder.

* Gardinen für die Unterschränke und Duschvorhänge passen perfekt zu einem nostalgischen Stil.

LINKE SEITE **Selbstbewusst nimmt diese historische Wanne ihren Platz in der Mitte des lichtdurchfluteten Badezimmers ein. Die Zutaten für den Antik-Look sind hier der Naturholzboden, Korbgeflecht und Anstriche in ruhigen, gedämpften Farben und sanften Weißtönen, belebt durch Spiegelflächen aus Glas und Metall.**

OBEN LINKS **Der traditionelle Stil dieses Badezimmers lässt an den Klassizismus des 18. Jahrhunderts denken, dem entspricht auch die kassettierte Holzvertäfelung. Sie ist in derselben Farbe gestrichen wie die Wand und auch der Hocker, um eine modernere Optik zu erzeugen.**

OBEN RECHTS **Bäder mit geringer Deckenhöhe oder mit Dachschrägen und massiven Stützen mitten im Raum stellen einige Anforderungen an das planerische Geschick. Nicht zuletzt kann es schwierig sein, die Wasserversorgung in einem älteren Haus den Wünschen anzupassen.**

LINKS **In Mehrfamilienhäusern setzten sich innenliegende Bäder erst Mitte des 20. Jahrhunders durch, fließendes Wasser war gegen Ende des 19. Jahrhunderts verbreitet. Aus jener Zeit stammen die ersten Designs, an denen wir uns bei der Gestaltung eines Badezimmers im historischen Stil orientieren können.**

Ein altmodisches Bad soll funktionieren wie ein neues: Erneuern Sie alte Armaturen oder kaufen Sie Imitate für den klassischen Look mit modernem Komfort.

STIL MIT TRADITION

Ein altmodisches Bad hat etwas besonders Behagliches. Denken Sie an gusseiserne Badewannen und geschwungene Messingarmaturen, an geflochtene Wäschekörbe, schlichte, gescheuerte Stein- oder Holzböden. Es ist ein ehrlicher, unprätentiöser Raum, der in einem modernen Umfeld genauso gut funktioniert wie in einem historischen Stadthaus oder einem Häuschen auf dem Land.

Traditionelle Einbauten und Armaturen vom alten Becken bis zur Art-déco-Brause finden Sie auf dem Flohmarkt oder übers Internet. Gut erhaltene Ausführungen sind allerdings nicht billig, und die Anpassung an heutige Anschlüsse kann aufwendig sein. Greifen Sie alternativ zu Reproduktionen, die den nostalgischen Look mit moderner Technik verbinden.

Ein traditionelles Bad sollte anheimelnd wirken, wählen Sie daher für Wände und Holzteile traditionelle Farben und meiden Sie grelle Töne. Schön kann auch eine Tapete aussehen, vor allem zusammen mit passenden Stoffen für Vorhänge oder Kissen auf einem Sessel.

Wählen Sie altmodische Stücke als Accessoires – eine alte Wannenablage, ein Stück handgemachte Seife, hübsche Glasflaschen zur Aufbewahrung. Probieren Sie alles aus – mit Ausnahme der guten alten Zinkwanne …

* Das rundum weiße Bad braucht etwas mehr Pflege. Wischen Sie Oberflächen und Möbel regelmäßig ab, damit sie frisch und sauber bleiben.

* Setzen Sie einen Akzent in einer leuchtenden Farbe. Ein glänzendes Kissen, Handtücher in Signalfarben oder farbiges Licht sind sehr dekorativ.

* Ein weißer Raum ohne interessante Strukturen wirkt leblos. Schaffen Sie Kontraste zwischen rau und glatt oder matt und glänzend.

* Setzen Sie in Ihrem komplett weißen Bad Form und Struktur ein. Fensterläden mit Lamellen zum Beispiel erzeugen ein wunderschönes Lichtspiel am Boden, ein geschwungenes Becken vor einem glatten Hintergrund ist ein Hingucker.

* Vermeiden Sie kaltes, bläuliches Weiß; wählen Sie lieber wärmere Schattierungen oder ein cremiges Weiß, das im Sonnenlicht leuchtet. Denken Sie eher an Wäscherei als an Klinik.

Hell, frisch und licht: Ein rundum weißes Schema ist fürs Badezimmer perfekt. Geschwungene Linien und Strukturen lockern den Stil auf.

WEISSER KLASSIKER

Weiß – dabei denkt jeder gleich an Hygiene und Ordnung, darum kommt es im Bad oft automatisch zum Zug. Als heller, Licht verstärkender Ton kann Weiß fensterlose Räume erfrischen und kleine Zimmer vergrößern. Als Grundton ist es besonders vielseitig, denn alle Stile von minimalistisch bis zu skandinavischem Chic und dem altmodischem Waschraum-Look gibt es auch in Weiß.

Für ein rundum weißes Interieur wählen Sie eine warme Tönung, damit das Zimmer nicht kalt oder klinisch wirkt. Aus demselben Grund sind hier Wannen und Waschbecken mit abgerundeten Formen zu empfehlen. Holzböden können mit weißem Matt- oder Hochglanzlack, die Wände je nach Geschmack in kreidiger Leimfarbe oder glänzend gestrichen werden.

Brechen Sie die glatte Optik durch visuelle Akzente, etwa einen üppigen Kerzenleuchter, einen durchscheinenden Duschvorhang oder Handtücher mit Waffelmuster. Einen Haken hat die Sache: Ein weißes Bad kann sehr pflegeintensiv sein.

LINKE SEITE, LINKS **Ein paar Farbkleckse beleben dieses ganz in Weiß gehaltene Bad, zum Beispiel die blauen Blechlampen, die alte grüne Körperwaage und das Handtuch in warmen Rottönen. Durch die Holzmaserung der lasierten Dielen kommt zusätzliche Textur ins Bild.**

LINKE SEITE, RECHTS **Ein Raum mit vielen glatten, weißen Flächen kann leicht ein wenig klinisch wirken. Einen charmanten, etwas rustikalen Touch erhält das Ganze durch einen etwas abgetönten Weißton sowie variierende Oberflächenstrukturen.**

DIESE SEITE **Es ist kaum möglich, alle Elemente in identischem Weiß zu gestalten, lassen Sie die unterschiedlichen Tönungen also einfach bestehen. Ohnehin wirkt eine leichte Variation lebendiger. In diesem Bad zieht das geometrische Muster des Fliesenbodens mit grauen Fugen den Blick auf sich, ohne eine Farbe ins Spiel zu bringen.**

LINKE SEITE, OBEN LINKS **Naturmaterialien sind unkompliziert und kommen ganz von selbst groß raus. Umso mehr, wenn alle übrigen Elemente einfach gehalten sind. Die Schönheit dieser Natursteinfliesen wird durch das schlichte Porzellanbecken, die einfache Badewanne und den Holzspiegel noch hervorgehoben.**

LINKE SEITE, OBEN RECHTS **Weil dieses Bad ansonsten zurückhaltend eingerichtet ist, werden die schönen historischen Dachbalken zum Star. Das grobe, honigfarbene Holz leuchtet geradezu über dem weiß gestrichenen Boden und der formschönen Wanne.**

LINKE SEITE, UNTEN LINKS **Die Wand mit Granitplatten gibt den luxuriösen Ton in diesem Bad vor, sodass die handgefertigte Wannenverkleidung aus edlem Tropenholz absolut stimmig ist. Noch dazu ist diese Holzart nicht wasserempfindlich – also eine praktische Entscheidung.**

LINKE SEITE, UNTEN MITTE **Zu diesem in Weiß gehaltenen Gästebad steuern das Metall der Armatur, der Holzwaschtisch und der Wäschekorb harmonische Akzente in warmen Farben und natürlichen Texturen bei. Mit einer wasserfesten Oberflächenbehandlung sind antike Tische bestens für den Einsatz im Badezimmer gewappnet.**

LINKE SEITE, UNTEN RECHTS **Originale und wiederverwendete Naturmaterialien verleihen diesem Badezimmer Charakter. Die bewegte Oberfläche der Backsteinwand in vielen Farbschattierungen ist ein Blickfang, während die schwarze Einfassung der Badewanne einen stilvoll verblichenen Hauch von Luxus ausstrahlt.**

RECHTS **Elemente aus der Natur sind wunderschöne Accessoires – Treibholz, Kieselsteine und Muscheln sind von ganz allein dekorativ, wenn sie zu kleinen Skulpturen verarbeitet oder auch als Schale verwendet werden, geben sie der Badezimmereinrichtung eine elegante Note.**

NATURNAHE BADEZIMMER

Holen Sie sich das Gefühl, eins zu sein mit der Natur, ins Haus, indem Sie mit Naturmaterialien und freien Formen arbeiten.

Ob in einem eher rustikalen Konzept oder in einer Badezimmergestaltung im Stil japanischer Spas – organische Werkstoffe haben etwas Vertrautes und Ehrliches. Natürliche Texturen wie Stein, Holz und Eisen wirken unvergleichlich entspannend.

Damit sich dieser Effekt umfassender Ruhe einstellt, halten Sie sich beim Dekor an eine Palette natürlicher Farben und geben Sie organischen Materialien möglichst viel Raum. In der Natur sind selbst Kontraste harmonisch. Kombinieren Sie zum Beispiel einen Schrank aus poliertem Holz mit einem unbehandelten Schieferboden, ein Natursteinbecken mit minimalistischen Armaturen oder einen Boden aus runden Kieseln mit einer feingeschliffenen, massiven Badewanne. Wählen Sie Accessoires aus, die ins Bild passen – Körbe aus geflochtenem Schilfgras, naturfarbene Leinenhandtücher, Muscheln und schön geformte Steine vom Strand und selbstverständlich Pflanzen.

Der Natur-Look wirkt besonders gelungen – und er hält auch am längsten –, wenn Sie das richtige Material für die verschiedenen Zwecke einsetzen. Ohne die entsprechende Vorbehandlung kann Holz durch Wassertropfen fleckig werden oder sogar Schimmel bilden, auch wenn für den Badbereich inzwischen Holzarten verwendet werden, die gut mit Feuchtigkeit zurechtkommen. Naturstein ist porös, braucht also eine gute Schutzschicht – das gilt auch für Kompositböden aus Marmor oder Quarz. Ohne Belüftung werden Naturfasern wie Seegras oder Baumwolle schnell gammelig. Investieren Sie also in ein gutes Lüftungssystem und öffnen Sie regelmäßig das Fenster.

* ***Mit einer Regendusche wird das Duschen zum Naturerlebnis. Suchen Sie ein möglichst großes Modell und lassen Sie es nach Möglichkeit an der Decke installieren. Eine Alternative sind Brauseköpfe mit Regeneffekt.***

* ***Stellen Sie die Badewanne so auf, dass Sie beim Baden aus dem Fenster schauen können – sofern der Ausblick zur Entspannung beiträgt. Wenn Sie in einer wärmeren Region leben, könnten Sie auch über eine Dusche im Freien oder eine Wanne im Atrium nachdenken.***

* ***An der Wand und von der Decke hängende Pflanzen sind die moderne Variante des Gummibaums. Wunderschön sind Moosarten, Sukkulenten und Farne.***

* ***Als interessanter Blickfang kann ein markantes Naturelement im Bad genügen, nicht alles muss aus Naturmaterialien gemacht sein. Sehr effektvoll sind zum Beispiel Wand- und Bodenflächen aus Naturstein, vor denen eine formschöne frei stehende weiße Badewanne aus Kompositmaterial ihren großen Auftritt bekommt.***

LINKS **Ein Doppelwaschbecken ist sehr komfortabel, und auch die restliche Gestaltung dieses Bades in einer gelungenen Mischung aus Nostalgie und Minimalismus in hellen Farben und mit ausgesuchten Verzierungen erinnert an elegante Hotels der vorigen Jahrhundertwende.**

RECHTS **Weißer Marmor ist Luxus pur. Dieses inklusive Waschtisch vom Boden bis zur Decke in Marmor gehüllte Badezimmer ist gleichzeitig sehr schlicht und überbordend elegant. Damit nichts von der Schönheit des Natursteins ablenkt, sind Armatur und Spiegel betont minimalistisch.**

RECHTE SEITE **Bäder in Hotels sind nicht nur eine Inspiration in Sachen Luxusstil, sondern bestechen oft auch durch besonders elegante Lösungen. Verbreitet sind wandmontierte Waschtische, die es nicht nur erleichtern, den Boden zu reinigen, sondern die den Raum auch optisch erweitern.**

HOTELGLAMOUR

Vielleicht sprengt ein Designerbad Ihr derzeitiges Budget – aber das bedeutet nicht, dass Sie auf Fünf-Sterne-Luxus im Badezimmer zu Hause verzichten müssen.

Badezimmer in Hotels sind zu wahren Luxustempeln geworden. Diese Extravaganz in die eigenen Wände zu holen, übersteigt für die meisten den Kostenrahmen. Gute Designideen lassen sich dennoch umsetzen.

Eine markante Badewanne sorgt unmittelbar für Fünf-Sterne-Glamour, ob aus handgeschnittenem Naturstein oder in funkelndes Mosaik eingefasst. Die maximale Wirkung erzielt ein frei stehendes Modell. Etwas mehr Aufwand bedeutet eine eingelassene Badewanne. Dafür wird der Boden angehoben, und vielleicht müssen auch Stufen eingebaut werden. Die luxuriöseste Inszenierung ist das Infinity-Bad, angelegt als Wanne in der Wanne, sodass Wasser über den Rand und die Seiten der inneren Schale hinabfließt. Als Extra kann die Wanne durch einen Wasserschwall von der Decke gefüllt werden.

In einem solchen Badezimmer soll das Duschwasser in Kaskaden aus der Wand strömen. Die Auswahl an extravaganten Armaturen ist kaum begrenzt, von tellerförmigen Brauseköpfen bis hin zu Ausläufen, über die sich der Wasserstrahl in beliebigem Druck ergießt.

Auch Oberflächen, Einbauten und Armaturen im Bad können Luxusgefühl verbreiten. Holen Sie sich Anregungen aus Büchern und Magazinen. Achten Sie bei der Auswahl auf höchste Materialqualität – ob glatter Naturstein, gemusterte Mosaikpaneele oder schweres dunkles Holz – und verwenden Sie es je nach Geschmack und Budget. Schon ein schmaler Fries aus goldfarbigen Fliesen wertet ein ansonsten schlichtes Bad auf.

Bleiben Sie in Hinblick auf technische Neuerungen auf dem neuesten Stand und prüfen Sie, wodurch Sie Ihr Bad bereichern könnten. Vielleicht eine Dusche mit Nebeldüse, eine Wanne, die Sie per Fernsteuerung einlaufen lassen, oder eine Anlage für wechselndes Stimmungslicht? Runden Sie Ihr privates Luxusbad schließlich noch mit hochwertigen Handtüchern und biologischen Pflegeprodukten ab.

* ***Bevor Sie für Designersanitärmöbel und Armaturen tief in die Tasche greifen, stellen Sie sicher, dass diese in Ihrem Bad auch tatsächlich funktionieren. Für eine Duschsäule mit mehreren Düsen brauchen Sie den richtigen Wasserdruck und eine gute Warmwasserversorgung. Fragen Sie Experten, bevor Sie mit der Planung beginnen.***

* ***Gestalten Sie Wände, Boden und Oberflächen Ton in Ton. Ein einfarbiger Raum sieht immer elegant aus.***

* ***Hotelbäder wirken schon deshalb glamourös, weil sie klar und aufgeräumt sind. Diesen Effekt können Sie auch zu Hause haben: Schaffen Sie clevere Stauraumlösungen und reduzieren Sie das Durcheinander so auf ein absolutes Minimum.***

* ***In einem schlichten Bad wird Licht zum dekorativen Element. Investieren Sie in eine Farbtherapiedusche oder installieren Sie LED-Spots in der Decke oder im Boden.***

KINDERZIMMER

2

LINKE SEITE, OBEN LINKS **Kinder haben immer ihre ganz speziellen Lieblingsthemen – die ändern sich allerdings auch schnell. Darum lohnt es sich, die Wandmotive leicht austauschbar zu halten, damit sie Schritt halten, wenn das Kind größer wird. Selbsthaftende Wandtattoos sind eine günstige und dekorative Lösung, die nicht von Dauer ist.**

LINKE SEITE, OBEN RECHTS **Besonders einfach ist es, die Accessoires im Kinderzimmer je nach Geschmack seiner Bewohner auszutauschen, wenn die Basis in Neutralfarben daherkommt – hier sind das weiße Wände und Möbel sowie ein warmer Holzboden. Mit anderen Spielsachen, neuen Kissen, einem anderen Teppich und neuer Wanddeko wird der Raum ohne allzu großen Aufwand vollkommen verwandelt.**

LINKE SEITE, UNTEN LINKS **Die Versuchung, das Kinderzimmer bunt zu gestalten, ist einfach zu groß, selbst wenn der Rest der Wohnung nicht mit farbigen Wänden aufwartet. Hier leuchten Elemente in frischem Limettengrün und Koralle aus einem ansonsten edel grauen Ambiente.**

LINKE SEITE, UNTEN RECHTS **Jadegrün, Orange und Korallenrot setzen sich von dem weißen Hintergrund ab, zusätzlich wurden als lebendiger Kontrast einige Texturakzente gesetzt. Der Korbsessel, die Obstkisten und die altmodische Tischleuchte geben dem Ganzen etwas natürlich Gewachsenes.**

OBEN **Spielzeug und Kinderbücher mit ihren vielen Farben und Formen haben auch einen großartigen dekorativen Effekt. Stellen Sie die schönsten Bilderbücher mit dem Cover nach vorn auf eine einfache Bildleiste an der Wand.**

DESIGN & DEKORATION

Beim Entwurf des Kinderzimmers steht das Thema Flexibilität im Mittelpunkt. Schließlich soll das Design mit der Entwicklung des Kindes Schritt halten. Von der ruhigen Säuglingsstube bis zur High-Tech-Bude des Teenagers – mit etwas Kreativität ist alles möglich.

Ein Kinderzimmer soll Persönlichkeit und die Vorlieben seines Bewohners widerspiegeln, aber im Stil auch zum Rest der Wohnung passen. Beziehen Sie Ihr Kind in die Entscheidungsfindung ein und lassen Sie auch kleine Kinder einiges selbst auswählen. Trauen Sie allerdings keinem Vierjährigen zu, eine Einrichtung auszusuchen, die ihm auch in sechs Monaten noch gefällt. Also lieber nicht alle Wände mit Spiderman tapezieren, denn übernächste Woche ist vielleicht Batman angesagt … Lassen Sie eine Wand frei für Poster und Bilder, die sich leicht austauschen lassen.

Schaffen Sie wandlungsfähige Möbel an, die den laufend wechselnden Interessen des Kindes gerecht werden und auch den Kleinsten ganz nebenbei ein gutes Stilempfinden vermitteln: Holzmöbel, die neu gestrichen werden können und daher besonders haltbar sind, eine Verkleidungskiste, die auch als Sitzmöbel dient, ein Regal, das an der Wand befestigt werden kann, wenn das Kind größer ist. Und dann gestalten Sie mit Spaß und preiswerten Accessoires wie Leuchten, Folien, Teppichen und Bettzeug einen Raum, der schön und kinderfreundlich ist.

RECHTS OBEN **Schulkinder brauchen einen Platz für die Hausaufgaben, der auch Computer und Drucker aufnehmen kann. Aber außerdem sollte der Tisch groß genug sein, damit auch umfangreichere Bastelprojekte dort umgesetzt werden können.**

RECHTS UNTEN **Berücksichtigen Sie bei der Anordnung der Einrichtung vor allem, wie sich Ihr Kind gern beschäftigt – genauso, wie Sie es auch bei den Räumen der Erwachsenen tun. Hier wurde die gepolsterte Bank direkt ans Fenster gestellt, ebenso der Schminktisch, damit beim Lesen und Verkleiden immer viel Tageslicht zur Verfügung steht.**

RECHTE SEITE **In einem Geschwisterzimmer wohnt es sich besser, wenn jedes Kind einen klar definierten Bereich für sich hat. Sorgen Sie also für eine Unterteilung, sei es durch einen Vorhang oder eine Trockenbauwand. Eine ideale Lösung ist diese vertäfelte Wand, die auch noch individuell gestaltet werden kann.**

PLANUNG

Kinderzimmer verlangen ebenso viel Planung wie alle anderen Räume im Haus. Geschmack und Interessen Ihres Kindes sollen erkennbar sein, es braucht viel Stauraum, und das Zimmer muss sich blitzschnell vom Spielplatz in ein Schlafzimmer verwandeln.

Wenn Sie den Raum von Grund auf neu ausstatten, suchen Sie einen Bodenbelag aus, der ebenso praktisch wie behaglich ist, denn nicht nur die Kleinsten spielen gern auf dem Boden. Streichen Sie die Wände in neutralen Farben und dekorieren Sie mit Textilien und Accessoires. Ausgefallene Bettwäsche und Teppiche dürfen schön bunt sein.

Anstrich oder Tapete in Signalfarben wirken auf einer einzelnen Wand am überzeugendsten. Veränderungen sind dann schnell erledigt und nicht kostspielig. Kinder mögen leuchtende Farben, allzu viel Buntes ist aber möglicherweise unruhig und nicht eben schlaffördernd.

Die meisten Erwachsenen mögen ein chaosfreies Wohnumfeld, Kinder wollen ihre Sachen am liebsten immer um sich haben und sollten sie daher leicht erreichen können. Am besten funktioniert ein Mix aus geschlossenem Stauraum und Regalen, Körben und Kästen. So lässt sich auch Aufräumen leicht lernen.

Kinder und Jugendliche mögen Poster und eigene Kunstwerke an der Wand. Stecken Sie sie möglichst an große Pinnwände oder kaufen Sie Magnetfarbe. Eine mit Tafelfarbe gestrichene Wand ist besonders kreativ.

DIESE SEITE **Babyzimmer sind relativ unkompliziert, die wichtigsten Anforderungen sind: ein geeigneter Platz für Stubenwagen oder Gitterbettchen, Stauraum für Spielzeug und Kleidung und eine Wickelstation. Zentral sind die beruhigende Atmosphäre und natürlich Sicherheitsaspekte. Entscheiden Sie sich für einen pflegeleichten Boden und abwaschbare Wandfarbe.**

BABYZIMMER

Das Kinderzimmer für das erste Lebensjahr muss einige Ansprüche erfüllen: Es braucht eine konstante Temperatur, verschiedene Arten der Beleuchtung, und es muss behaglich und beruhigend wirken. Möbel sind Nebensache, auf die richtige Atmosphäre kommt es an.

Forscher haben ermittelt, dass Pastellfarben auf Babys beruhigend wirken. Wählen Sie deshalb zarte Farben und vermeiden Sie alles Grelle. Ein wichtiges Thema ist daher auch die Beleuchtung: Starkes natürliches Licht beeinträchtigt den Schlaf. Ein lichtdichtes Rollo in Kombination mit Vorhängen oder auch eine Jalousie schirmt den Lichteinfall weitgehend ab. Mit einem Dimmer können Sie zum Einschlafen und beim nächtlichen Stillen das Licht dämpfen, zum Anziehen und Spielen heller drehen.

Legen Sie einen weichen Teppich aus. Darauf kann das Baby liegen oder krabbeln. Achten Sie auf gleichbleibende Wärme ohne Überhitzung und stellen Sie das Bett weder in der Nähe der Heizung auf – das Baby könnte sich die Finger verbrennen – noch am Fenster, wo es oftmals zieht. Statten Sie alle Steckdosen mit Kindersicherungen aus, Kabel lassen Sie hinter Möbeln verschwinden oder befestigen sie an der Wand.

OBEN LINKS **Babykleidung ist so klein, dass sie am besten gefaltet aufzubewahren ist. In offenen Fächern ist alles schnell zur Hand – eine willkommene Lösung, wenn man das Baby mehrmals am Tag umziehen muss.**

OBEN RECHTS **Natürlich können Sie das Baby auch auf einer weichen Matte am Boden wickeln, aber investieren Sie Ihrem Rücken zuliebe besser in eine maßgeschneiderte Wickelstation. Es gibt Modelle in allen Stilrichtungen, vom schlichten Tischaufsatz bis zur wandmontierten Designeranfertigung.**

RECHTS **Halten Sie Ausschau nach einem Bett, das mitwächst und sich vom Gitterbett in ein Kleinkindbett mit Fallschutz und vielleicht sogar in einen großzügigen Sessel verwandeln lässt, sobald das Kind größer ist.**

OBEN **Bei der Wahl des Wickeltischs zählt die Ästhetik, aber vor allem der praktische Aspekt. Ein paar Dinge müssen immer zur Hand sein und dürfen offen stehen bleiben, aber für Windeln, Cremes & Co. wird viel Stauraum in Form von Boxen oder Schubladen benötigt.**

OBEN **In einer geräumigen Kommode finden nicht nur Windeln, sondern sogar die Bettwäsche sowie Strampler und Tops genügend Platz. Achten Sie besonders darauf, dass die Schubladen leicht laufen, damit Sie sie mit einer Hand öffnen können.**

RECHTE SEITE **Auch wenn viele Kindermöbel einfach bezaubernd sind – die bessere und vor allem nachhaltigere Wahl sind Stücke im Erwachsenenformat, die Sie je nach Kindesalter neu gestalten können. Dieser Einbauschrank wurde in der Lieblingsfarbe des Kindes gestrichen und auch der Sessel wird nach Belieben mit Bezugsstoffen und Kissen einfach umdekoriert.**

WICKELSTATION & STAURAUM

Bequeme, hübsche Möbel und vielseitiger Stauraum sind im Säuglingszimmer ebenso wichtig wie in der Küche oder im Wohnzimmer. Kaufen Sie haltbare Möbel, die Ihr Kind über mehrere Jahre begleiten.

Für diesen Lebensabschnitt Ihres Kindes brauchen Sie noch keine Kleiderstange, Säuglingskleidung verstauen Sie einfach in einer Kommode. Versuchen Sie auch, ein Bücherregal und Stauraum für Spielzeug und Kuscheltiere unterzubringen. Körbe, Kisten und Eimer sind dafür gut geeignet, denn das Kind kann hineinsehen. Für die liebe Ordnung stellen Sie die Behälter auf ein hohes Bord.

Ein herkömmliches Gitterbett ist für rund zweieinhalb Jahre gut, größere Modelle sogar für fünf. Gebrauchte Bettchen sind leicht zu finden, dann benötigen Sie nur noch eine neue Matratze.

Stellen Sie nach Möglichkeit auch einen Sessel ins Zimmer. Dann haben Sie es wenigstens bequem, wenn Sie das Baby nachts stillen. Es gibt sogar Stillsessel mit ein paar Extras, ein normales Exemplar tut es aber auch. Und sobald der Säugling zum Kleinkind geworden ist, können Sie sich zum Vorlesen der Gutenachtgeschichte in die Polster kuscheln.

Ein Wickeltisch ist vor allem bei Rückenbeschwerden zu empfehlen – Windelnwechseln auf dem Boden kann zur Strapaze werden. Die preiswerte Alternative ist ein Wickelbrett, das einfach über das Gitterbett gelegt und vorübergehend befestigt wird.

MÄDCHENZIMMER

Die meisten Mädchen lieben es, ihr Zimmer schön einzurichten. Suchen Sie gemeinsam hübsche Farbtöne, schicke Möbel und farbenfrohe Accessoires aus.

Zugegeben, es ist ein Klischee – aber es ist wirklich oft so, dass Mädchen eher als Jungen ordentlich sind und ihre Besitztümer gern schön arrangieren. Dafür brauchen sie ausreichend Regale und andere Ablagen.

Viele Mädchen lieben Rosa – diese Phase kann allerdings im Alter von sechs oder sieben Jahren schlagartig enden. Legen Sie sich also nicht auf diesen Farbton fest und setzen Sie ihn zurückhaltend ein. Alternativen zu Lillifee-Pink sind leuchtendes Fuchsia, Magenta oder Lachs auf einer Wand oder aber für Vorhänge, Bettzeug und Teppich in Kombination mit neutralen Wänden.

Mit individuellen Zutaten wird das Zimmer zum ganz persönlichen Reich Ihrer Tochter. Wimpel oder Lichterketten an Wand oder Decke sind fröhliche Farbkleckse in jedem Kinderzimmer.

Ein schlichter Betthimmel aus leichter Baumwolle lässt die Prinzessin schön träumen. Außerdem sind bunte Kissen auf dem Bett oder ein Sitzsack sehr beliebt. Den Tag können Kuscheltiere auf dem Bett verbringen, nachts verschwinden die meisten davon in einem Korb unterm Bett oder auf einem Regal.

LINKE SEITE **Die kleine Bewohnerin dieses Zimmers ist gerade in ihrer Rosaphase, die aber erfahrungsgemäß vorübergeht, wenn sie älter wird. Die graue Kaminwand ist die ideale Bühne für temporäre Dekorationen in einem ansonsten zeitlosen farblichen Rahmen.**

OBEN LINKS **Kinder möchten ihre Lieblingssachen immer sehen können, darum ist es eine tolle Idee, viele Haken an den Wänden zu verteilen. So werden Schmuck, Tücher und Taschen ganz von selbst zur Zimmerdekoration, außerdem ist die Umgestaltung unkompliziert und macht Spaß.**

OBEN RECHTS **Lassen Sie Ihr Kind Bettwäsche und Dekokissen selbst aussuchen – wenn Weiß an den Wänden und als Möbelfarbe dominiert, wirkt ein Mustermix trotzdem nicht chaotisch. Ganz im Gegenteil, die vielen Farben und Texturen tragen hier zum entspannten Look bei.**

RECHTS **Die großen weißen, grauen und schwarzen Flächen in diesem Mädchenzimmer setzen eine minimalistische Grundnote. Umso lebhafter kommen die leuchtenden Farben der Kissen und Decken zur Geltung. Rosa, Rot, Flieder und Blau ergeben eine ausgewogene Mischung.**

LINKS **Kleine Jungs sind Sammler – Spielfiguren, Matchboxautos, Plastikdinos und tausend andere Kleinteile sind ihre geliebten Schätze. Darum macht es sie besonders glücklich, wenn sie möglichst viel davon immer im Blick haben. In Setzkästen können die kleinsten Sachen ausgestellt werden, größere Formate auf Bildleisten an der Wand.**

UNTEN **Um das Spielzeugchaos einigermaßen in Schach zu halten, schaffen Sie große Schubladen an, die unter dem Bett verschwinden und den Boden frei halten. Diese Lösung ist so einfach, dass die Kids sogar ab und zu freiwillig aufräumen.**

RECHTE SEITE **In dieser fantastischen Ritterburg hat nicht nur das Bett Platz, sie bietet auch jede Menge Stauraum durch die Schubladen in den Stufen. Die obere Ebene ist zum Spielen ideal, kann aber auch als Rückzugsort und Leseecke genutzt werden.**

JUNGENZIMMER

Man könnte manchmal denken, kleinen Jungen sei ihre Umgebung egal. Dabei interessieren auch sie sich sehr dafür, wie ihr Zimmer aufgeteilt ist, welche Farben verwendet werden und wo die Möbel stehen. Sie sollten bei allen Fragen mitreden dürfen.

Viele Jungen mögen leuchtende Farben, am liebsten auch an den Wänden. Der Nachteil ist, dass das Zimmer dadurch optisch schrumpft. Deshalb sind knallige Töne am besten auf Möbeln, Wandborden oder Vorhängen angebracht oder beschränken sich auf bunte Bettwäsche und einen lustigen Teppich.

Auch originelle Möbel sind etwas für Jungs. Alte Spinde, Stahltruhen, ein Schulpult mit aufklappbarem Deckel oder weit gereiste Koffer sind faszinierend und sehen toll aus. Robuste Holzmöbel vom Trödel können Sie schnell mit einem bunten Farbanstrich und originellen Griffen und Knöpfen auffrischen. Ein Bücherregal darf natürlich nicht fehlen, und für die Deko gibt es alle möglichen Ideen. Durch Wandfolien, die leicht wieder abzulösen sind, darf der Bewohner seinen Wänden eine persönliche Note geben. Mit Schablonen können Sie Fußspuren, Rasen oder Eisenbahnschienen auf die Dielen malen.

Viele Kinder teilen sich das Zimmer gern mit Bruder oder Schwester: Dort fühlen sie sich geborgen und haben Gesellschaft. Trotzdem sollten beide einen eigenen Bereich haben.

DOPPELZIMMER

Fangen Sie mit den Betten an: Einzelbetten nebeneinander sehen schön und symmetrisch aus. Es kann aber besser sein, sie über Eck zu stellen, sodass die Kinder einander nicht sehen und ablenken, wenn es Zeit ist zu schlafen. In nicht rechteckigen Zimmern bieten sich vielleicht Nischen für die Betten. Gerade für ältere Kinder ist so ein Rückzugsort wichtig.

Der Klassiker ist das Etagenbett. Es spart viel Platz, und die Kinder klettern liebend gern daran herum. Achten Sie beim Kauf auf eine stabile Leiter und möglichst hohe Seitenränder, besonders am oberen Bett. Ob Etagen- oder Einzelbett, auf jeden Fall sollten beide eine Wandleuchte oder Nachttischlampe bekommen, sodass ein Kind noch lesen kann, während das andere schon in süße Träume sinkt.

Niedrige, frei stehende Regaleinheiten sind ideale Raumteiler und liefern den immer dringend benötigten Stauraum. Wählen Sie eine Variante, die von beiden Seiten zugänglich ist, oder eine Einheit auf Rollen. Die kann beiseitegeschoben werden, um den Raum zu öffnen oder persönliche Bereiche abzugrenzen.

LINKE SEITE **In geteilten Kinderzimmern sind kleine Kabbeleien nicht zu vermeiden, darum sind Rückzugsräume für jedes Kind unverzichtbar. Diese gemütliche Ecke mit Softpuppen, Kuscheldecken und Kissen kann mit den Vorhängen rundum geschlossen werden, wenn Privatsphäre und ein paar Momente allein gefragt sind.**

OBEN **Auch wenn nur wenig Platz ist, findet sich immer ein Bereich für jedes Kind, in dem es seiner Kreativität Ausdruck verleihen kann. In diesem Zimmer sind die Wände oben und unten gespickt mit Bildern und dekorativen Schätzen, die sich die Kinder für ihren ganz persönlichen Bereich ausgesucht haben.**

RECHTS **Ein Stockbett ist das Modell der Wahl, wenn es um platzsparende Schlafgelegenheiten geht. Achten Sie darauf, dass das Modell dem Alter Ihrer Kinder entspricht: Je jünger sie sind, desto niedriger sollte das untere Bett sein. Oben schläft in der Regel das ältere Kind, dennoch ist auch hier ein Fallschutz Pflicht.**

TEENIEZIMMER

Jugendliche brauchen mehr als ein Schlafzimmer: In ihren vier Wänden wollen sie sich von der Familie zurückziehen, relaxen, mit Freunden »chillen« und sich mit ihren Hobbys beschäftigen.

Kinder haben jede Menge Spielsachen, Jugendliche jede Menge Equipment. Computer, Playstation, Fernseher, Musikanlage, Gitarre, Skateboard, Verstärker ... und alles muss auf ein paar Quadratmetern untergebracht werden. Nach wie vor hat also Stauraum höchste Priorität. Außerdem müssen auch noch Bett, Schrank und Schubladenelement Platz finden, und nicht zu vergessen ein Tisch für die Hausaufgaben. In Altbauwohnungen ist ein Hochbett mit Schreibtisch und Stauraum darunter eine sehr beliebte Lösung. Solche Betten gibt es als Bausatz, oder Sie lassen sie anfertigen.

Teenager wollen selbst bestimmen, was ins Zimmer kommt – wenn schon nicht die Möbel, dann wenigstens Bettwäsche, Teppich oder Fensterdekoration. Damit kann Sohn oder Tochter das Aussehen des Zimmers selbst gestalten, ohne dass gleich die Bank gesprengt wird. Vielleicht ist sogar noch eine selbst gewählte Wandfarbe drin. Hier Freiräume zu schaffen, spart viele Diskussionen und Energie für andere Baustellen.

OBEN **Nichts ist im Zimmer eines Teenagers wichtiger als die Freiheit, sich in jeder nur erdenklichen Form auszudrücken. Trotzdem zählt auch hier die Alltagstauglichkeit. Wenn die Wandfarbe Schwarz sein soll, genügt vielleicht auch eine einzelne schwarze Wand, damit der Raum nicht depressiv wirkt.**

RECHTE SEITE, UNTEN **Jugendliche legen großen Wert darauf, ihren persönlichen Bereich bis ins Detail zu gestalten, besonders gern mit Stickern, Tags oder selbst angestrichenen Möbeln. Statt teure Designermöbel anzuschaffen, begrenzen Sie das Budget und lassen Sie Ihre Kinder alles selbst aussuchen – ob beim Möbeldiscounter, in Omas Keller oder im Secondhand-Laden.**

RECHTS **Wenn Sie für die Wand eine günstige weiße Farbe verwenden, brauchen Sie sich über Kleberspuren und kleine Nagellöcher keine Gedanken zu machen. Plakate, Fotos, Magazinausrisse, Ausdrucke und Flyer können jederzeit neu arrangiert und ergänzt werden und sorgen für viel Farbe und fröhliche Vielfalt im Jugendzimmer.**

GANZ RECHTS **Wenn es eine etwas gediegenere Präsentationsform sein soll, werden Bilderrahmen benötigt. Zeigen Sie Ihrer Tochter oder Ihrem Sohn, wie sie Bilderhaken anbringen sollten – vielleicht lernen sie bei der Gelegenheit sogar, wie man ein Dübelloch bohrt oder wieder unsichtbar macht.**

DIESE SEITE **Eine Lichterkette quer über der Wand oder über dem Kopfende des Betts sorgt für behagliche Lichtpunkte am Abend und ist viel sicherer als Kerzenlicht. Die Auswahl an Designs und Materialien ist riesengroß, von Blüten bis zu Tierköpfen und von Chinapapier bis zu Chilischoten.**

Jedes Alter braucht ein anderes Licht. Manche Leuchten halten aber auch vom ersten Lebensjahr bis in die Teenagerzeit.

BELEUCHTUNG

Viele Kleinkinder mögen nachts ein wenig Licht im Zimmer, damit sie sich sicher fühlen und besser einschlafen können. Nachtlichter, die einen sanften Schein verbreiten, gibt es als Tischlampe, Wandleuchte oder Steckdosenlicht in breiter Auswahl.

Lichterketten oder Lichtschläuche sind toll im Kinderzimmer. Sie können über Regalbretter oder Gardinenstangen gelegt oder einfach an die Wand gepinnt werden und erzeugen einen heimeligen Schein – auch als Nachtlicht geeignet!

Mit einem Dimmer lässt sich Wand- oder Deckenlicht stark dämpfen, wenn Sie nachts Ihr Baby füttern oder es zu Bett bringen. Für Kinder, die sich im Dunkeln fürchten, können Sie den Dimmer weiter herunterdrehen.

Auch verstellbare Strahler sind eine Option, seien es Wandleuchten, Klemmspots oder Gelenkleuchten. Sie dienen als Leselampe, können für sanfteres Licht gegen Wand oder Decke gerichtet werden und geben später gute Arbeitsleuchten ab.

* ***Nachtlichter und Wandleuchten, die auch ausgeschaltet dekorativ aussehen, gibt es in vielen Designs – zum Beispiel als Blume, Mond, Stern oder Fußball.***

* ***Ein Leuchtglobus verbreitet eine behagliche Stimmung und erfüllt ganz nebenbei didaktische Zwecke.***

* ***Kleine Leseratten brauchen eine Leselampe mit geringer Wattzahl am Bett.***

* ***Eine Hängeleuchte im Mittelpunkt des Raums erzeugt eher flaches Licht ohne großen Nutzen. Installieren Sie deshalb im Kinderzimmer mehrere Lichtquellen: Wandleuchten, Arbeitslampen und weiches, stimmungsvolles Licht.***

* ***Achten Sie unbedingt darauf, dass heiße Glühbirnen nicht in Reichweite kleiner Hände geraten können. Wählen Sie einen Lampenschirm, der die Birne ganz umschließt oder bringen Sie die Leuchten in kindersicherer Höhe an der Wand an.***

* ***Farbige Glühbirnen schaffen atmosphärisches Licht, das viele Kinder schön und gemütlich finden. Zum Lesen, Arbeiten oder Spielen taugen sie aber nicht, sollten also nicht die einzige Lichtquelle sein.***

RECHTS **Witzige Nachttischlampen machen sich im Teenagerzimmer besonders gut, die Kids mögen das verspielte, sorglose Dekor. Das indirekte Licht verbreitet eine angenehme Stimmung und ist vor allem abends ein Wohlfühlfaktor.**

UNTEN **Viele Kinder und Jugendliche verbringen ihre Zeit am liebsten mit kreativen Tätigkeiten. Darum ist eine flexible Leuchte mit guter Lichtausbeute ein extrem wichtiges Detail, ob sie nun an den Tisch geklemmt ist oder auf dem Boden steht.**

Kleine Kinder verbringen viel Zeit mit Spielen auf dem Boden. Bei der Auswahl eines Fußbodens geht es deshalb vor allem um Komfort.

BODENBELÄGE

Fangen wir mit dem an, was nicht infrage kommt: Naturfasern wie Sisal oder Seegras sind zwar sehr strapazierfähig, aber zu rau für zarte Kinderhaut. Hochflorteppich ist schön weich, zieht jedoch Schmutz und Krümel an. Da viele Kinder anfällig sind für Allergien oder Hautirritationen, ist so ein Staubschlucker keine gute Alternative. Wenn Sie Teppichboden nehmen, so entscheiden Sie sich für einen pflegeleichten Kurzflor mit Fleckenschutz.

Holzdielen sind ebenfalls praktisch. Sie sind leicht zu reinigen, sehen gut aus und können für am Boden spielende Kinder mit Teppichen und Läufern gepolstert werden. In einem eher lichtarmen Zimmer können Sie die Dielen hell anstreichen. Dadurch wirkt der Raum heller und größer.

Auch PVC- oder Kautschukböden verbinden praktische Handhabung und gutes Aussehen miteinander. Kautschuk gibt es in einer riesigen Farbauswahl, er ist rutschsicher – ideal für Kinder, die gerne in Socken herumlaufen – und extrem belastbar.

OBEN LINKS **Ein lackierter Holzboden ist wie geschaffen fürs Kinderzimmer, denn er ist belastbar und robust – und leicht zu erneuern, wenn aus Gebrauchsspuren echte Abnutzung geworden ist. Achten Sie darauf, dass der Lack rutschfest und für Holz geeignet ist.**

OBEN RECHTS **Der Klassiker im Altbau ist Dielenboden. Achten Sie im Kinderzimmer darauf, dass die Fugen glatt sind und keine Nagelköpfe hervorstehen. Während Klarlack leicht zu reinigen ist und viel aushält, verleihen Öl oder Wachs dem Boden eine natürliche Wärme und ein mattes, weiches Finish.**

LINKS **Wenn Sie sich für Teppichboden entscheiden, zählt beim Kinderzimmer vor allem der praktische Aspekt. Kurzflorteppich ist pflegeleichter als die kuscheligere Variante, die mit Fleckenschutz für sich wirbt. Nach dem Verlegen können Sie aber ohnehin noch Fleckenschutz aufbringen.**

DIESE SEITE **Teppichboden ist weich und warm, auch wenn sich fürs Kinderzimmer kein Hochflor empfiehlt. Nicht nur, weil er weniger pflegeleicht ist (Stichwort umgekipptes Limonadenglas), sondern auch weil Spielzeugautos darauf nicht so gut fahren und Legohäuser nicht so stabil stehen.**

Lassen Sie die Ritzen zwischen alten Dielen auffüllen, sie sind eine Verletzungsgefahr und nicht sehr hygienisch. Schleifen Sie raue Teile glatt und achten Sie vor allem auf vorstehende Nägel und Splitter.

Nutzen Sie unterschiedliche Bodenbeläge, um den Raum zu gliedern. Wählen Sie einen kuscheligen Bettvorleger, auf dem das Kind sitzen und lesen kann, und ein abwischbares Material für stärker beanspruchte Bereiche.

Praktisch sind waschbare Teppiche. Zottige Läufer stecken möglicherweise voller Milben und Schmutz, und sie liefern auch nicht die glatte Oberfläche, die Kinder brauchen, um Puzzle zu legen, Spielfiguren aufzustellen oder Spielzeugautos herumzuschieben.

Spielteppiche sind pädagogisch wertvoll und machen Spaß. Toll sind Modelle mit einer Weltkarte oder aufgedruckten Straßen und Verkehrszeichen.

Entscheiden Sie sich für einen strapazierfähigen Teppichboden in Graubraun oder mit Fleckenmuster – beides macht Kleckser und Krümel weitgehend unsichtbar. Streifen lassen ein Zimmer länger oder breiter erscheinen und sind willkommene »Fahrbahnen« für Spielzeugautos.

OBEN **Schränke mit voluminösen Auszügen sind fürs Kinderzimmer optimal, denn so kommt Ordnung in unförmige Spielsachen, Bauklötze und Legosteine. Niedrige Stauraummöbel sind für kleinere Kinder gut, weil sie selbstständig an alles herankommen und ihre Lieblingssachen obendrauf zur Schau stellen können.**

- ***Viele Kinder gehen in Mengen von Spielzeug geradezu unter. Benutzt wird davon aber immer nur eine kleine, wechselnde Auswahl. Lagern Sie daher Spielsachen im Rotationsverfahren jeweils einige Monate lang auf hohen Regalbrettern oder im Schrank, bevor Sie sie wieder hervorzaubern. So hat das Kind immer wieder »neue« Sachen.***

- ***Verwenden Sie Körbe und Eimer mit Deckel. Spielsachen vor dem Zubettgehen hineinwerfen, Deckel drauf, und alles sieht ordentlich aus.***

- ***Richten Sie das Kinderzimmer mit Möbeln ohne Füße ein, wenn Sie nicht andauernd nach Legosteinen und Matchboxautos suchen wollen, die im Verlauf eines Spielnachmittags darunter verschwunden sind.***

- ***Wenn Ihr Kind schon lesen kann, beschriften Sie Schubladen und Kästen. Das erleichtert das Aufräumen.***

- ***Körbe und Netze, die von der Decke oder an der Innenseite der Tür hängen, eignen sich gut zum Aufbewahren von Kuscheltieren und anderen leichten Spielsachen.***

- ***Wählen Sie einen Kleiderschrank ohne Schlüssel, damit das Kind nicht versehentlich darin eingeschlossen wird.***

- ***Rollboxen, die unterm Bett verschwinden, halten das Chaos in Grenzen und den Boden zum Spielen frei.***

- ***Neben geschlossenem Stauraum sind offene Regalflächen wichtig, damit Lieblingssachen, Kunstwerke, Urkunden und Fotos immer in Sichtweite sind.***

Robuste Möbel und leicht zugängliche Stauflächen erfüllen alle Ansprüche eines Kinder- und Jugendzimmers.

STAURAUM

Wählen Sie einen Schrank mit höhenverstellbarer Kleiderstange, sodass auch längere Kleider hineinpassen, wenn das Kind gewachsen ist. Verstellbare Böden in Bücherregalen sind ebenfalls nützlich, weil große Bilderbücher irgendwann den Taschenbüchern weichen.

Stilvolle Gebrauchtmöbel sehen mit der ein oder anderen Schramme oder Delle noch besser aus und sind zudem ökonomisch. Mit einem Farbanstrich und dekorativen Knöpfen oder Griffen erwachen sie zu neuem Leben.

Um die Kinder zum Aufräumen zu ermuntern, sorgen Sie für praktischen Stauraum – große Spielzeugkisten, Körbe und Eimer. Dosen in verschiedenen Größen und kleine Schubladenelemente halten auch kleinteiliges Spielzeug und Malsachen im Zaum. Bringen Sie Stauraum auf Augenhöhe des Kindes an. Höhere Borde oder Schrankfächer sind gut für Dinge, die seltener gebraucht werden.

OBEN **In einem Geschwisterzimmer sollten beide Kinder möglichst gleich viel Platz bekommen, um ihre Siebensachen unterzubringen. Für Gerechtigkeit und eine schöne Optik sorgen in diesem Kinderzimmer die beiden geradlinigen Hochschränke mit geschwungenen Beinen.**

RECHTS **Besonders in kleineren Räumen können Wandhaken Wunder wirken. Sie dienen nicht nur dazu, die Kleidung für den nächsten Tag daran aufzuhängen, sondern sind auch eine schöne Möglichkeit, um hübsche Accessoires zu präsentieren.**

Fröhlich und modern wirkt das Kinderzimmer, wenn Sie die Wände weiß streichen und den Raum mit vielen bunten Details dekorieren.

WEISS UND BUNT

Sie dachten immer, Weiß ist im Kinderzimmer tabu, weil die Kids es mit dem Händewaschen nicht so genau nehmen? Dank der robusten, abwaschbaren Farben, die es heute im Handel gibt, ist Weiß sogar eine besonders praktische Entscheidung. Wenn Sie sich Hersteller und Tönung merken, ist nichts leichter als den einen oder anderen Fleck an der Wand mit frischer Farbe überzupinseln.

Weil weiße Wände das einfallende Licht reflektieren, leuchten lebhafte Akzentfarben umso mehr und der Raum wirkt größer als er eigentlich ist. Dieser Effekt verstärkt sich noch, wenn auch der Boden weiß ist – keine Angst, es wird niemals aussehen wie beim Arzt, dafür sorgen schon all die bunten und gemusterten Sachen im Kinderzimmer. Alternativ funktionieren warme Farben sehr gut, die das Design ein wenig erden.

Wenn Sie grelle Farben mögen, halten Sie Ausschau nach Accessoires mit gleicher Farbintensität. Maximale Farbausbeute bieten Paarungen, die sich im Farbkreis gegenüberliegen, etwa Magenta und Türkis, Limettengrün und Bonbonrosa oder kräftiges Petrol und Knallorange. Verteilen Sie die Farben ausgewogen im Raum, und sollte es doch eine Spur zu bunt werden, setzen Sie neutrale Farben und Texturen dagegen, etwa einen Holzstuhl oder einen Weidenkorb.

Wählen Sie klare, grafische Designs, denn dieser Stil ist ein Statement, und Pastellfarben oder kleinteilige Muster passen einfach nicht dazu. Im Kleinkindzimmer genügen schon wenige farbenfrohe Accessoires oder Möbelstücke, denn Bilderbücher und Spielzeug steuern schon Unmengen von Farben bei.

Leuchtende Farben wirken am besten auf schlichten, klaren Flächen und Formen, zum Beispiel Rollos, Bilderrahmen, Stauraumboxen und Möbel im Mid-century-Stil.

Und zu guter Letzt: Wenn Sie gern selbst Hand anlegen, streichen Sie eine Wand oder eine Nische in einer lustigen Farbe und stellen Sie ein ebenfalls farbenfrohes Möbelstück davor – den größten Effekt erzielen Sie damit, wenn die Farben möglichst stark kontrastieren.

* Tapezieren Sie eine Wand mit einem auffälligen Design. Es gibt viele Tapeten mit verrückten Blumenmustern oder coolen abstrakten Motiven, und eine einzelne Rolle ist immer erschwinglich.

* Entscheiden Sie sich für bunte Möbel, die vor einer farbigen Wand bestehen können – bemalte Holzmöbel und Sitzsäcke sehen toll aus.

* Hängen Sie ein buntes Rollo vor das Fenster. Der kräftige Farbton ist eindrucksvoll, gleichzeitig hält die glatte Form des Rollos die Optik im Kinderzimmer unter Kontrolle.

* Verlagern Sie das leuchtend Bunte auf den Boden und lassen Sie die Wände weiß. Der Blick wird immer nach unten gezogen – ein guter Effekt in einem Zimmer mit hoher Decke.

* Gestalten Sie eine bunte Pinnwand hinter dem Kopfende des Betts. So schaut das Kind nicht direkt darauf, wenn es sich hinlegt, und wird nicht von leuchtenden Farben abgelenkt.

LINKE SEITE, OBEN **In diesem Kinderzimmer kommt die Farbe vor allem über Spielzeug und Stauraumboxen. Gezielt wegen der Farbe wurden nur die rote Bettwäsche und der bunte Papierschmuck ausgewählt. Der Parkettboden im Fischgrätmuster vermittelt eine warme Atmosphäre.**

LINKE SEITE, UNTEN **Dem Ensemble aus Vintage-Schulstühlen aus Bugholz und dem Schränkchen im passenden Stil verleiht das originelle Farbdesign noch mehr Charakter. Die Kanten der Farbfelder sind mit Kreppband und ruhiger Hand nicht schwer hinzubekommen, eine Schicht farbloser Acryllack sorgt für Schutz und Glanz.**

OBEN LINKS **Wenn die Wände weiß sind, können Sie das Kinderzimmer jederzeit einfach über die Farbe der Vorhänge und das Design der Bettwäsche dem jeweiligen Alter des Kindes anpassen. In diesem Raum wurde der baumförmige Nachttisch passend zu den anderen Naturmotiven ausgewählt. Das Zimmer wäre aber ebenso stilvoll, wenn die Dekoration ausgetauscht würde.**

OBEN RECHTS **Sie trauen sich nicht so recht an poppige Farben heran? Dann fangen Sie mit Bettbezügen in leuchtenden Farben und Mustern an und schaffen mit tollen Kissenmustern einen vielfältigen Look. Gehen Sie von da aus zu weiteren Projekten über – etwa einer farbigen Wand.**

RECHTS **Wände, Türen und Fenster müssen nicht immer weiß sein. Hier steht die Wand in Orange in erfrischendem Kontrast zu dem grünen Puppenbett und hebt die hübsche Form des weißen Kinderbetts hervor.**

EVERYTHING'S GOING TO BE OKAY!
This is London

Früher waren Mädchenzimmer in Rosa eingerichtet und Jungezimmer vorwiegend in Blau. Doch die Zeiten ändern sich!

GESCHLECHTER-NEUTRALE KINDERZIMMER

LINKE SEITE **Grafische Muster sind auch im Kinderzimmer schön anzusehen – ideal sind Karos, Streifen, Rauten und Ethnomuster, besonders auf Textilien mit Struktur wie zum Beispiel Häkelkissen oder Patchworkdecken. Lustig sind auch die tierförmigen Kissen.**

RECHTS OBEN **Eine zurückhaltende Einrichtung geht nicht nur locker über die Geschlechtertrennung in Sachen Dekoration hinweg, sondern ist auch viel langlebiger. Die Grundfarben Weiß und Creme werden hier mit wenigen einfachen Mustern belebt, und die Girlande aus Stoffresten ist unabhängig vom Geschlecht des Kindes einfach schön bunt.**

RECHTS **Wenn Sie schon vor der Geburt Ihres Babys mit der Einrichtung beginnen möchten und das Geschlecht noch ein Geheimnis ist, setzen Sie auf Neutraltöne. Sehr beliebt sind auch Gelb und Grün. Diese Kombination von hellem Holz, Weiß und Highlights in Lindgrün und einem gedeckten Gelb ergibt eine freundliche, ruhige Atmosphäre.**

Rollenspezifische Dekoration wird es immer geben – manche Mädchen lieben die pinkfarbene Feenwelt wie eh und je, und viele Jungen wollen ihr Zimmer nach wie vor mit Autos oder Dinosauriern schmücken. Aber mehr und mehr Eltern – und auch Kinder – bevorzugen inzwischen eine geschlechterneutrale Einrichtung.

Es ist auch gar nicht schwer, das Schema »Rosa für Mädchen, Blau für Jungen« zu vermeiden. Nehmen Sie als Ausgangspunkt ein Thema oder einen Gegenstand – ein Bild, eine Bettdecke oder auch ein Lieblingsspielzeug. Pflanzen und Tiere, Zahlen oder Musikinstrumente liefern jede Menge geeignete Dekomotive, oder Sie gestalten das Kinderzimmer im Stil Ihrer eigenen Räume und überlassen es Spielzeug und Bilderbüchern, den Bezug zum eigentlichen Bewohner oder der Bewohnerin herzustellen. Für ein Babyzimmer ist das ein idealer Ansatz, denn so kann das Kind seinen Raum später ganz nach Belieben ausstatten.

Als Grundfarbe eignen sich minimalistisches Weiß oder helle Naturtöne, die sich überdies ohne großen Aufwand von Zeit zu Zeit auffrischen lassen. Aber auch eine blaue, grüne oder gelbe Palette funktioniert wunderbar. Bildmotive für Kinder sind oft geschlechtsspezifisch und daher für diesen Stil nicht das Richtige. Punkte, Streifen oder Karos in einer breiten Farbwahl dagegen sind nicht speziell mädchen- oder jungenhaft.

* ***Grau muss keineswegs langweilig sein, es ist gut geeignet fürs Kinderzimmer. Grau bringt lebhafte Farben zum Leuchten, ergänzt sich gut mit Holztönen und mit Weiß – etwa in geometrischen Mustern –, so sorgt die unscheinbare Farbe für einen modernen, frischen Look.***
* ***Setzen Sie viele verschiedene Texturen ein, vor allem wenn Sie sich bei den Farben eher für ein neutrales Schema entschieden haben. So hat das Auge trotzdem viel zu entdecken, und sehr wahrscheinlich wird der Raum damit auch gemütlicher.***
* ***Besorgen Sie Wechselrahmen für die Kunstwerke Ihrer Kinder. Eine kleine Galerie mit den eigenen Meisterwerken motiviert auch Kinder, die weniger häufig malen, zu kreativer Beschäftigung, und nebenbei erhält der Raum damit auch eine ganz persönliche Note.***
* ***Ein Wandbild ist die perfekte genderneutrale Kinderzimmergestaltung, wenn Sie ein begnadeter Künstler sind oder über ein großzügiges Budget verfügen. Tolle Alternativen sind eine selbst entworfene Fototapete oder leicht ablösbare Wandtattoos.***

Die meisten Kinder möchten ihren eigenen Platz im Haus haben, wo sie allein oder mit den besten Freunden spielen können.

RÜCKZUGSORTE & VERSTECKE

Kissenburgen, Zelte aus Bettlaken und Höhlen sind seit Generationen das Highlight der Kinderzimmergestaltung, wenn es nach ihren kleinen Bewohnern geht. Auch fertig zu kaufende Spielhäuser und -zelte sind ziemlich beliebt und tragen dem Wunsch der Kinder Rechnung, einen Ort ganz für sich zu haben. Damit Ihr Nachwuchs König oder Königin im eigenen Reich sein kann, geben Sie ihm die Möglichkeit, sich einen Geheimplatz einzurichten, ob im Kinderzimmer oder woanders im Haus.

Wenn Sie nicht ganz so viel Platz haben, ist ein Zelt wahrscheinlich die beste Lösung, weil es sich leicht auf- und abbauen lässt und raumsparend verstaut werden kann. Das Angebot ist schier unüberschaubar, von Zelten in Form von Piratenschiffen über Raketen und Ritterburgen bis hin zum klassischen Tipi. Wenn Sie Freude am Basteln haben, können Sie mit einer Handvoll Holzstäbe und einem schönen Musterstoff aber auch selbst ein Zelt bauen. Fürs Erste genügen natürlich auch eine Stoffbahn und ein paar Stühle.

Eine dauerhaftere Alternative ist besonders geeignet, wenn sich Geschwister ein Kinderzimmer teilen. Vom Schreiner gefertigte Einbauten mit Türen und Fensterläden oder einfach eine mit Vorhängen abgetrennte Zimmerecke sind ein wunderbarer Rückzugsort, wo die Kinder ganz für sich sein können, um zu spielen, zu lesen oder einfach zu träumen.

RECHTS **Verwandeln Sie das Bett in eine Höhle, indem Sie es mit einem kleinen Haus einrahmen, und nutzen Sie auch den Raum unter dem Bett als Stauraum. Bei diesem Einbau verschwinden zwei geräumige Schubladen unter dem Bett und fallen überhaupt nicht auf, weil sie in derselben Farbe gestrichen sind wie der Rest des Häuschens.**

RECHTE SEITE, OBEN **Als Spielzelt ist das Tipi nach wie vor sehr beliebt, auch wenn es im Verhältnis zur Grundfläche wenig Platz bietet, weil es nach oben spitz zuläuft. Achten Sie auf das Raumangebot, wenn Sie ein Tipi kaufen oder selbst eines bauen.**

RECHTE SEITE, UNTEN **Hier wurde das Kinderbett kurzerhand in einen Einbauschrank gestellt, der ein ungemein gemütliches Versteck abgibt. In einem solchen Kokon schläft jedes Kind selig – oder liest noch eine Weile mit der Taschenlampe unter der Bettdecke, wenn eigentlich längst Schlafenszeit ist …**

* Damit eine Höhle richtig gemütlich ist, darf es natürlich nicht an Kissen fehlen. Suchen Sie mit Ihren Kindern gemeinsam die richtigen aus.

* Besorgen Sie große Bodenkissen in schönen Farben und ein paar leichte Decken oder Tücher, mit denen die Kinder eine Kissenburg bauen dürfen – so wird jeder Regentag im Handumdrehen zum Abenteuer.

* Eine ungenutzte Nische unter der Treppe ist wie geschaffen für ein Kinderversteck. Schmücken Sie sie zusammen mit Ihrem Kind, vielleicht ist sogar Platz für Möbel im Kinderformat.

* Wenn Sie eine Höhle zum festen Bestandteil der Kinderzimmereinrichtung machen möchten, planen Sie auch etwas Stauraum ein und einen Tisch zum Malen oder Spielen. Noch spannender wird es, wenn Sie einen Behälter finden, der als Schatzkiste dienen kann.

Von hübschen Bildmotiven bis zu breiten Streifen, von geometrischen Mustern bis zu lustigen bunten Designs – im Kinderzimmer dürfen Sie Ihre Lust am Muster ausleben.

BILDER & MUSTER

Farbe, Größe, Form und Material – das alles stimmig zu kombinieren ist nicht ganz einfach, und darum machen viele einen großen Bogen um das Thema Muster. Aber es lohnt sich allemal, den Umgang damit einzuüben, denn ein Kinderzimmer ohne diese Vielfalt wirkt schnell unpersönlich und wenig einladend.

Fangen Sie mit kleinen Schritten an. Kaufen Sie gemusterte Kinderbettwäsche, die vor einem neutralen Hintergrund zur Wirkung kommt. Oder peppen Sie einfarbiges Bettzeug mit verschieden Kissen in diversen Mustern und Formen auf. Was auch gut funktioniert: Wählen Sie ein Hauptmuster und kombinieren Sie damit andere, die es ergänzen, und setzen Akzente durch einfarbige Elemente. Mischen Sie Muster unterschiedlicher Größe, legen Sie sich dabei aber auf ein großformatiges fest und nehmen Sie nicht zu viele kleinteilige Muster, sonst wird alles ein wenig unruhig. Achten Sie auf verwandte Farben, spannend ist aber auch der eine oder andere Kontrast durch Tupfer vom anderen Ende des Farbspektrums.

Bevor Sie die Zutaten für die Gestaltung des Kinderzimmers besorgen, stellen Sie auf einer Pinnwand oder am Computer Bilder aus Magazinen, Katalogen oder Blogs zusammen und testen Sie, welche Farben und Muster gut zueinander passen und welche Kombinationen Sie nicht überzeugen.

✻ Probieren Sie Kombinationen aus Blümchen und Karos, Rauten und Streifen, ethnischen Mustern und Paisley oder Tiermuster und gewebten Strukturen.

✻ Wenn Sie noch zögern, ist Weiß plus eine Farbe ein guter Anfang. Gestalten Sie die großen Flächen weiß und bringen Sie dann über Streifen, Zickzackmuster, Karos und grafische Ornamente eine Farbe hinein.

✻ Unkompliziert und überzeugend ist ein vielschichtiges Konzept mit einem großen Hauptmuster, einem kleineren, das einige der Farben aufgreift, und einem weiteren, kleinteiligen oder einer bewegten Textur in einer Kontrastfarbe.

✻ Verschiedene Muster passen sofort zusammen, wenn die Farben gleich intensiv sind. Vermeiden Sie darum einen Mix aus leuchtenden Bonbonfarben mit zarten Pastelltönen oder von Primärfarben mit gedeckten Farben.

LINKE SEITE **Eine der einfachsten Methoden, um Muster einzusetzen, ist ein einzelnes Design, das die Aufmerksamkeit auf sich zieht, in Kombination mit einer ansonsten eher ruhigen Gestaltung. Hier hat die Mustertapete die Möbel in Rot und Pink inspiriert und auch die Anregung gegeben, die Komplementärfarben Blau und Grün einzusetzen.**

OBEN **In Kinderzimmern wimmelt es nur so von Farben und Mustern, daher könnte man meinen, dass eine auffällige Tapete zu viel des Guten ist. Aber der Effekt kann extrem überzeugend sein. Die schwarz-weiße Waldtapete zieht die Blicke auf sich, tritt aber auch zurück, weil sie keine weiteren Farben ins Spiel bringt.**

RECHTS **In diesem hübschen und gemütlichen Mädchenzimmer wurden verschiedene Vintage-Blumenmuster kombiniert. Auf der Patchwork-Decke treffen leuchtende mit blassen Blüten zusammen, große und kleine Formate. Das variationsreiche Design wirkt belebend auf das gesamte Zimmer, das ansonsten mit recht wenig Dekoration auskommt.**

Kleine Kinder brauchen für alle möglichen Aktivitäten einen Tisch. Ob sie Schreiben lernen, malen, basteln oder Puzzle legen – immer brauchen sie eine große freie Fläche in der richtigen Höhe, vor der sie aufrecht sitzen können. Kindertische sind aber meist ziemlich klein. Die Alternative: Kaufen Sie einen gebrauchten Küchentisch und sägen Sie die Beine kürzer, dann stimmt auch die Höhe.

AKTIONSFLÄCHEN

Stauraum für Stifte, Kleber, Bastelmaterial und Papier muss in greifbarer Nähe sein. Eine gute Idee ist eine Reihe von Borden neben oder direkt über dem Tisch. Oben drauf kommen Schachteln und Ablagen für Papier und Malbücher. Große Einmachgläser für Stifte sorgen auf der Tischplatte für Ordnung.

Schulkinder und Jugendliche brauchen einen ergonomischen Schreibtisch. Dort können sie lernen, zeichnen, nähen oder Flugzeugmodelle basteln. Später kommt dort ein Computer hin, oder der Tisch kann, mit einem Spiegel darauf, als Schminktisch dienen. Je größer das Kind, desto weiter wandern die darüber angebrachten Borde nach oben und nehmen neben Büchern auch CDs, Lernmaterial, Urlaubserinnerungen und Bilder auf.

Das Bedürfnis, das eigene Zimmer individuell zu gestalten, wächst mit zunehmendem Alter. Teenager interessieren sich schon für die Einrichtung, suchen Sie daher gemeinsam ein paar Lieblingsstücke aus – Möbel zum Selberanstreichen, einen ungewöhnlichen Stuhl oder Regalfächer, die mit tollen Sachen vollgestopft werden können.

Im Zimmer eines älteren Kindes ist eine große Pinnwand eine gute Idee, auf der Fotos, Postkarten und Urkunden Platz finden. Dieses Zimmer gehört nur dem Junior, es ist ein Ort zum Ausruhen, aber auch für Geselligkeit, fürs Lernen, Musikhören, Surfen, zum Üben auf einem Musikinstrument oder zum Lesen. Flexible Möbel, viel Stauraum und platzsparende Ideen tragen dazu bei, dass das Zimmer die wachsenden Bedürfnisse erfüllen kann.

OBEN **Ein breites Brett, das stabil an der Wand befestigt wird, ist der perfekte Schreibtisch im Kinder- oder Jugendzimmer. Dieses lange Exemplar bietet einem Geschwisterpaar genug Platz, um gleichzeitig an den Hausaufgaben zu arbeiten, aber auch zum Malen und Basteln.**

RECHTS **Eine Pinnwand darf in keinem Kinderzimmer fehlen. Hier werden ebenso eigene Meisterwerke präsentiert wie Bilder aus Zeitschriften oder Fotos. Jedes Kind liebt es, eine kleine Ausstellungsfläche zu gestalten und sich von immer wechselnden Bildern inspirieren zu lassen.**

* *Wenn Schlaf- und Spielzimmer des kleinen Kindes im selben Raum sind, decken Sie einen Teil des Bodens mit einem praktischen, leicht zu reinigenden Belag wie Kautschuk oder PVC ab.*

* *Spätestens zum Zeitpunkt der Einschulung brauchen Kinder einen Schreibtisch. Er muss langfristig genügend Platz für einen Computer bieten, braucht aber auch eine gute Arbeitsfläche zum Schreiben, Malen oder Zeichnen. Fördern Sie alle Facetten der Kreativität Ihres Kindes, indem Sie einen möglichst großen Tisch anschaffen.*

* *Gute Beleuchtung ist in einem Multifunktionsraum ein Muss. Decken- und Wandleuchten werden durch verstellbare Arbeitsleuchten und weiches, stimmungsvolles Licht ergänzt.*

* *Teilen Sie den Raum in Spiel- und Ruhezone auf. Das Bett sollte getrennt vom Hauptaktivitätsbereich aufgestellt werden.*

* *Auf einem Stuhl mit Rollen sind Schreibtisch, Schubladen und Regale blitzschnell in Reichweite.*

RECHTS OBEN **Um Bastelutensilien wie diese Sammlung von Washi-Klebeband immer greifbar und übersichtlich zu verstauen, stellen Sie Aufbewahrungskästen mit kleinen Fächern direkt auf den Schreibtisch – sie sind praktisch und dekorativ zugleich.**

RECHTS **Ein schlanker Schreibtisch und Stuhl sind die beste Wahl, wenn das Kinderzimmer eher beengt ist, denn sie fallen optisch nicht ins Gewicht. Idealerweise passen sie zusammen wie in diesem Beispiel, in dem außerdem die Farbe des Gestells ausschlaggebend war für die Wandgestaltung.**

GANZ RECHTS **Kleine Kinder malen mit Begeisterung auf weiße Wände. Wenn Sie dem vorbeugen möchten, wählen Sie eine Motivtapete aus oder dekorieren sie mit Wandtattoos – hier empfehlen sich allerdings keine Ornamente in Schwarz-Weiß, die zum Ausmalen anregen könnten …**

London Interiors
simonsen

HOMEOFFICE

CHARLIE'S
INBOX

LINKE SEITE **Wenn Sie zu Hause einen kleinen Arbeitsplatz in einem vorwiegend anders genutzten Raum einrichten – zum Beispiel im Flur, auf dem Treppenabsatz oder im Wohnzimmer –, dann wählen Sie einen Schreibtisch, der sich dem Design an dieser Stelle anpasst. Dieses schlichte Exemplar ist entsprechend modern und doch unauffällig.**

RECHTS **Das Büro zu Hause lässt sich auch dort gut integrieren, wo Sie sonst Ihren Hobbys nachgehen oder kleine Handwerksarbeiten erledigen. Auch dafür brauchen Sie eine große Tischfläche und viel Tageslicht – ebenso wie bei der Büroarbeit oder bei der Haushaltsabrechnung.**

GANZ RECHTS **Ein maßgefertigter Arbeitsplatz wird Ihren Bedürfnissen am ehesten gerecht und nutzt den vorhandenen Platz optimal. In diesem Dachzimmer wurde die Heizung umbaut, sodass diese Wand, an der keine Möbel mit geschlossener Rückwand stehen könnten, auf ideale Weise nutzbar gemacht wurde.**

UNTEN **Probieren Sie auch eine Schreibtischposition aus, bei der Sie in den Raum schauen anstatt an die Wand – auf die Dauer kann sich das nämlich ein wenig beengend anfühlen. Wichtig für diese Lösung ist, dass Sie an einem Monitor arbeiten, der sich auch von der Rückseite sehen lassen kann.**

Ob Sie Vollzeit zu Hause arbeiten oder nur eine ruhige Ecke brauchen, um gelegentlich den Computer zu benutzen – ein Arbeitsplatz ist aus der Wohnung heute kaum mehr wegzudenken. Selbst wenn kein separater Raum für ein Büro zur Verfügung steht, gibt es gute Lösungen, eine Arbeitsecke unterzubringen, ohne dass sie das Wohnumfeld stört.

DESIGN & DEKORATION

Wenn ein separates Arbeitszimmer keine Option ist, suchen Sie nach einem anderen Ort für Ihr privates Büro. Lässt sich eine Abstellkammer dafür nutzen, oder können Sie einen Arbeitsplatz im Dachgeschoss oder auf dem Treppenabsatz einrichten? Vielleicht lässt sich ein Stück vom großen Wohnzimmer abzweigen oder im Schlafzimmer mit hoher Decke eine Galerie einziehen? Rechnen Sie verschiedene Ideen durch und lassen Sie sich vom Architekten beraten, wenn Sie bauliche Maßnahmen planen.

Am günstigsten sind Zimmer mit Doppelfunktion. Ein Raum, den Sie als vollen Arbeitsplatz nutzen, kann auch als Gästezimmer fungieren. Neutrale Dekoration und klare Ordnung machen jeden Raum kompatibel.

Das Homeoffice hat den Vorteil, dass Sie das Zimmer so gestalten dürfen, wie Sie möchten. Behalten Sie dabei im Blick, dass bestimmte Farben Ihre Stimmung beeinflussen können, und versuchen Sie, das Durcheinander auf ein Minimum zu beschränken.

Das Büro zu Hause kann ein dauerhaft eingerichteter Platz sein oder auch eine flexible Lösung, wie sie Laptop und Smartphone ermöglichen. Entscheiden Sie, welche Variante zu Ihnen passt, und gehen Sie bei der Planung bis ins Detail, damit Sie ungehindert arbeiten können.

PLANUNG

Im Büro hat die Technik Priorität. Entwickeln Sie den Aufbau Ihres Arbeitsplatzes anhand der Ausstattung, die Sie benötigen, und platzieren Sie die Geräte möglichst unauffällig. Besorgen Sie zum Beispiel ein Regal, in das Drucker oder Fotokopierer passen und verstecken Sie die Telefonanlage hinter dem Schreibtisch.

Wer würde nicht vom komplett kabellosen Büro träumen ... Aber bis es so weit ist, geht es darum, den Kabelsalat in Schach zu halten, zum Beispiel indem Sie miteinander verbundene Geräte nebeneinanderstellen. Installieren Sie nötigenfalls zusätzliche Steckdosen. In eine zugeschnittene Tischplatte können Sie hinten ein Loch sägen, sodass die Kabel nicht über die Arbeitsfläche verlaufen. Mit Kabelhaltern klemmen Sie die Leitungen unter dem Schreibtisch fest.

Ist das Homeoffice Teil eines anderen Zimmers, schaffen Sie eine geschickte Abtrennung – schließlich möchten Sie nicht an die Arbeit denken, während Sie im Wohnzimmer entspannen. Wenn Sie keine Trockenbauwand einziehen, können Sie den Arbeitsplatz auch hinter einem Wandschirm oder großen Möbelstück verstecken, und ein Miniarbeitsplatz verschwindet sogar in einem Schrank.

Ohne praktischen und ausreichenden Stauraum geht es nicht. Wenn Sie Ihr Büro ganz neu einrichten, setzen Sie vorrangig auf Einbaulösungen. Legen Sie Ihr Raumkonzept auf jeden Fall so an, dass das Equipment praktisch untergebracht ist. Ein gut organisiertes Büro sieht nicht nur perfekt aus, es arbeitet sich auch besser darin.

Zerlegbare Möbel und Klappelemente funktionieren im heimischen Büro immer gut – besonders in einem vielfältig genutzten Raum. Wie wäre es mit einem Klapptisch an der Wand oder im Schrank? Solche flexiblen Möbel verschwinden mit einem Handgriff aus dem Blickfeld, wenn sie nicht gebraucht werden.

RECHTS OBEN **Diese Galerie bietet alles, was man für ein Homeoffice braucht: genügend Abstand vom alltäglichen Familientrubel, viel Tageslicht und ein großzügiges Raumgefühl. Die ausgesuchten Vintage-Möbel passen zum monochromen Farbschema des Wohnraums auf der unteren Ebene.**

RECHTS **Der handwerklich schöne Arbeitstisch wurde speziell für diesen kleinen Wandabschnitt gebaut. Er fügt sich bruchlos ins Interieur, weil er einige der originalen ornamentalen Details im Raum aufgreift. Da dasselbe Weiß verwendet wurde wie für die Wand, wirkt der Entwurf trotzdem sehr modern.**

DIESE SEITE **Wenn Sie einen wirklich einzigartigen Schreibtisch besitzen, überlassen Sie ihm die Show. Bei einem Modell wie diesem brauchen Sie nicht nur eine große Stellfläche – weil es weder Schubladen noch Ablagen gibt, muss an anderer Stelle auch zusätzlicher Stauraum geschaffen werden.**

LINKE SEITE **Manche Hobbys nehmen ziemlich viel Platz ein. Ob Sie malen oder zeichnen, Quilts nähen oder Schmuck designen: Die Tischfläche kann nicht groß genug sein. Die Kunst ist, den Raum dadurch nicht zu blockieren. Denken Sie bei der Planung außerdem an große Regalflächen für Ihr künstlerisches Material.**

RECHTS **Wenn Sie nur einen Ort brauchen, an dem Sie in Ruhe im Netz surfen, E-Mails schreiben oder Überweisungen erledigen können, genügt ein kleiner Tisch, auf dem Laptop, Lampe und ein paar Schreibutensilien Platz finden.**

GANZ RECHTS **Sie sind nicht die einzige Person im Haushalt, die das Homeoffice nutzen möchte? Dann rücken Sie einfach zwei Tische zusammen, sodass Sie einander gegenübersitzen. Damit der goße Tisch in diesem Hobbyraum voller bunter Materialien ins Bild passt, wurden zwei unterschiedliche Gestelle verwendet.**

UNTEN **Der etwas raue, abgenutzte Look des schwarzen Schreibtischs setzt einen stilvollen Kontrast zu der edlen Innenarchitektur mit Stuckelementen und halbrunder Nische. Als Gegengewicht zu den glatten, perfekten Flächen ist ein Element, das sein Alter und die Machart erkennen lässt, sehr willkommen.**

ARBEITSPLÄTZE

Das heutige Heimbüro muss ultraeffizient und mit der neuesten Technologie ausgestattet sein. Das bedeutet aber nicht, dass es einen ganzen Raum beansprucht. Ein kompakter Arbeitsplatz kann alle Funktionen eines größeren Büros erfüllen, braucht aber nur eine Nische.

Idealerweise sollte der Standort gut beleuchtet sein (am besten mit Tageslicht), außerdem ruhig und abseits des Alltagsgetümmels liegen. Ein Arbeitsplatz nimmt nicht viel Raum ein. Vielleicht erhält dadurch endlich ein bislang ungenutzter Raum eine Funktion, etwa ein Treppenabsatz oder das Ende eines langen Flurs. Schauen Sie sich genau um und nutzen Sie das vorhandene Potenzial.

Abgesehen vom Computer samt Zubehör hat ein Arbeitsplatz drei wesentliche Bestandteile: Schreibtisch, Stuhl und Stauraum. Sehr praktisch und auch ästhetisch in Ordnung sind Modulsysteme, die den verfügbaren Platz relativ passgenau ausnutzen. Alternativ können Sie Ihren Arbeitsplatz selbst entwerfen. Das kostet meist etwas mehr, dafür passt er perfekt an die vorgesehene Stelle und bietet genau, was Sie brauchen.

Achten Sie darauf, dass die Arbeitsfläche die richtige Höhe hat, und knausern Sie nicht beim Bürostuhl. Suchen Sie sich ein Modell aus, das bequem, stützend und verstellbar ist, um einer schlechten Haltung und Rückenbeschwerden vorzubeugen.

NISCHENBÜRO

Notebook auf der Kücheninsel, Sekretär im Schlafzimmer, Schreibtisch im Wohnraum – das Homeoffice kann improvisieren. Deshalb brauchen Sie bei Funktion und Stil aber keine Kompromisse einzugehen.

Damit ein Raum mit doppelter Funktion effizient genutzt werden kann, grenzen Sie die verschiedenen Bereiche klar voneinander ab. Das lässt sich zum Beispiel durch eine räumliche Trennung erreichen – eine Schiebetür, Vorhänge oder ein einfacher Wandschirm leisten hier gute Dienste. So steht bei Bedarf ein Büroraum zur Verfügung und Arbeits- und Freizeit überschneiden sich nicht.

Sie möchten den Raum dennoch lieber offen halten? Dann gestalten Sie den Bürobereich so unauffällig wie möglich. Statt Standardfunktionsmöbel wählen Sie Stücke aus, die zur sonstigen Einrichtung passen. Ein alter Sekretär zum Beispiel kann für einen Computer vollkommen ausreichen, sofern er die richtige Höhe und genügend Arbeitsfläche hat. Wenn Sie nichts Passendes zu Hause haben, suchen Sie nach alten Büroausstattungen, die sich in Ihr Einrichtungskonzept fügen.

Besonders praktisch sind Möbel mit integriertem Stauraum. Darin können Sie Ihre Bürountensilien aufbewahren oder sie wegschließen, wenn sie nicht gebraucht werden. Ein sorgfältig geplantes Nischenbüro dominiert das Zimmer optisch nicht.

LINKE SEITE, OBEN LINKS **Oft muss die Arbeitsecke in einem anderweitig genutzten Raum untergebracht werden. Dann ist es sinnvoll, sie zu verdecken, solange dort niemand sitzt. Eine gute Lösung ist die Falttür für diese Nische unter der Treppe.**

LINKE SEITE, OBEN RECHTS **Wenn die Schrankwand im Wohn- oder Esszimmer auch die Büroecke aufnehmen kann, fällt sie am wenigsten ins Auge. Möglicherweise lassen sich Bildschirm und Papierkram sogar durch ein zusätzlich angebrachtes Rollo oder ein Schiebeelement kaschieren.**

LINKE SEITE, UNTEN **Bei vielen Künstlern und anderen Kreativen gehen Arbeit und Leben Hand in Hand, die Bereiche brauchen nicht räumlich getrennt zu werden. Eine Wand in diesem offenen Wohnraum wird von einer großen Arbeitsfläche eingenommen, auf der auch der Computer Platz hat.**

DIESE SEITE **Eine Nische hinter dem Kamin hat genau die richtige Größe für ein Mini-Homeoffice. Zwei Bretter an der Wand als Schreibtisch und Ablage, dazu ein Rollcontainer – fertig ist das preisgünstige Büro, das auch noch gut aussieht.**

DIESE SEITE **Eine wandfüllende Regalwand ist der ideale Partner für jede Form von Arbeitsplatz zu Hause – ob Sie darin Bücher und Magazine aufbewahren oder Kisten mit Bastel- und Malmaterialien. Überlassen Sie das eine oder andere Fach einer schönen Dekoration, damit der Raum nicht unpersönlich wird.**

RECHTE SEITE, LINKS **Dinge, die Sie oft benutzen, verstauen Sie am besten direkt am Schreibtisch in Regalen, damit sie unmittelbar griffbereit sind. Seltener gebrauchte Unterlagen können getrost in den oberern Fächern verstaut werden.**

RECHTE SEITE, RECHTS **Wenn Sie viel Stauraum brauchen, dabei aber nicht auf eine minimalistische Ästhetik verzichten wollen, sind große Schränke mit schlichten Türen in der Farbe des Wandanstrichs die allerbeste Wahl.**

* *Ist Ihr Büro in einem Raum untergebracht, der auch noch anderweitig genutzt wird, entscheiden Sie sich für geschlossenen Stauraum. So geraten die verschiedenen Lebensbereiche nicht durcheinander.*

* *Der Miniarbeitsplatz im Schrank verschwindet von jetzt auf gleich. Hauptsache, es gibt eine Steckdose.*

* *Kaufen Sie einen Schreibtisch mit integriertem Stauraum. Bei einem Modell mit Regalaufbau zum Beispiel gleitet die Tastatur unter dem Bildschirm hervor – eine praktische und platzsparende Option.*

* *Frei stehende Stauraumlösungen nutzen den vorgesehenen Platz meist nicht bestmöglich aus. Dafür sind sie aber flexibler: Bei Bedarf können Sie die Möbel auch anders aufstellen. Montieren Sie daher Rollen unter schwere Teile wie Aktenschränke, damit sie leichter zu bewegen sind.*

* *Lichten Sie den Papierkram am Arbeitsplatz zu Hause regelmäßig: Ältere Unterlagen können Sie auch auf dem Dachboden oder im Keller archivieren. Dann bleibt mehr Platz für die aktuellen Sachen.*

VIEL STAURAUM

Im Homeoffice kann man gar nicht genug Stauraum haben. Ob Einbaulösung oder frei stehende Möbel: Schaffen Sie mehr Stauraum, als Sie im Moment brauchen, und passen Sie ihn den Erfordernissen an.

Für ein kleines Büro ist integrierter Stauraum das Beste. Wandfüllende Einbaulösungen mit diversen offenen und geschlossenen Fächern zum Beispiel verschaffen Ihnen Platz im Überfluss. Dort bringen Sie alles so unter, dass es im Zimmer nicht stört. Ebenfalls eine praktische Idee, die keine Grundfläche kostet: Regalbretter in einer Nische oder einer nicht genutzten Kaminöffnung.

Eine Mischung aus offenem und geschlossenem Stauraum erlaubt es, bestimmte Dinge zu präsentieren und andere zu verstecken. Allerdings ziehen offene Kästen oder Fächer Staub an. Ein Kompromiss sind Fächer mit transparenten Türen. In einem Raum mit Doppelfunktion sind geschlossene Schränke besser. So wird das Büro unsichtbar, wenn es nicht genutzt wird.

Gestalten Sie Ihren Arbeitsplatz flexibel, damit Sie Neuanschaffungen leicht integrieren können – Stichwort verstellbare Einlegeböden. Rollen machen große freistehende Aufbewahrungsmöbel mobil.

❋ Reduzieren Sie die Papierberge, indem Sie wichtige Dokumente oder Artikel einscannen und digital archivieren (regelmäßiges Back-up nicht vergessen!).

❋ In einem kleinen Homeoffice wird jeder Zentimeter gebraucht. Eine originelle Idee ist eine Schuhablage aus Stoff, die Sie als Hängeregal nutzen – je nach Ausführung hält es sogar am Türhaken.

❋ Verwandeln Sie die Wand über dem Schreibtisch in ein riesiges Notizbrett. Das sorgt nicht nur für Ordnung auf der Arbeitsfläche, es ist auch genau der richtige Platz für Inspirierendes.

❋ Damit Ihr Schreibtisch immer ordentlich aussieht, wählen Sie einheitliche Behältnisse. Eine Reihe Edelstahlbecher zum Beispiel oder gleichartige Holzkästen sind stilvoll und praktisch zugleich. Wenn Sie sich für unterschiedliche Behälter entscheiden, verbinden Sie sie optisch durch eine einheitliche Farbe.

❋ Unkonventionelle Behälter verleihen Ihrem Arbeitsplatz Charakter: Nutzen Sie eine alte Zigarrenkiste als Eingangskorb, hübsche Blechdosen für Stifte, einen Toastständer für Karten und Einladungen.

UNTEN LINKS **Schreibtischaccessoires aus dem Büromarkt können Sie sich sparen, kreative Alternativen sind ebenso zweckmäßig und viel schöner. Ihre Post ebenso wie Locher, Schere & Co. sortieren sich wie von selbst in bedruckten Schachteln und Blechkisten, als Stifthalter kann ein schönes Einmachglas dienen.**

UNTEN **Auch am Arbeitsplatz darf es ein paar lustige Akzente geben! Dieser Buntstiftbaum besteht aus einem dicken Aststück, in das viele kleine Löcher gebohrt wurden.**

RECHTS **Alles, was an der Wand Platz findet, hält die Arbeitsfläche frei. Der Designklassiker Uten.Silo, ein Entwurf von Dorothee Becker aus dem Jahr 1969, bietet kleine, praktische Fächer in den verschiedensten Formen, außerdem einige Metallhaken und -klammern.**

RECHTE SEITE **Es gibt Stauraummöbel, die schon fast ein Zuviel an Ordnung möglich machen. Aber es gibt nichts Besseres als unendlich viele Schubladen, wenn man eine kleinteilige Sammlung übersichtlich halten will oder ein ausgefeiltes Archivierungssystem entwickelt hat.**

Im Büro zu Hause ist Chaos besonders unwillkommen. Halten Sie Ihre Arbeitsutensilien durch praktische Behälter zusammen.

WENIG STAURAUM

Die Auswahl an Büroausstattung ist riesig – vom klassischen Stifteköcher aus Plastik bis zum schicken Ablagekorb aus Leder, Holz oder Edelstahl. Legen Sie sich beim Neukauf auf eine Stilrichtung fest und bleiben Sie dabei. Ein einheitliches Set von Aufbewahrungsbehältern trägt viel dazu bei, dass der Arbeitsplatz gut organisiert aussieht. Entscheiden Sie sich auch für identische Aktenordner in ein oder zwei Farben, oder kaufen Sie selbstklebende Aktenrücken, die eine Ordnerreihe zum Schmuckelement machen.

Bevor Sie das Geschäft für Bürobedarf plündern, prüfen Sie genau, was Sie wirklich brauchen. Möglicherweise können Sie sich auch einfach aus Ihren eigenen Beständen behelfen. Schöne Blechdosen oder Weinkisten sind ideal als Ablage und Aufbewahrung für Büroklammern etc. Mit farbigem Papier bezogene Schuhkartons geben praktische Archivboxen ab. Nicht nur geben Sie Ihrem Büro zu Hause damit eine originelle Note, Sie handeln auch nachhaltig.

USA-94
KORKEAJÄNNITYS
VAROKAA!
VAARALLINEN.

LINKE SEITE **Ob Sie sich nun für Pendelleuchten oder Deckenspots entscheiden – die Beleuchtung muss gut platziert sein, damit sie die gesamte Arbeitsfläche erreicht. Nicht zu hoch über oder hinter dem Kopf, damit Sie nicht in Ihrem eigenen Schatten arbeiten müssen.**

OBEN LINKS **Ein frei im Raum stehender Arbeitstisch wird am besten von einer niedrigen Hängelampe beleuchtet. Achten Sie allerdings darauf, dass sie nicht zu tief hängt, sonst stößt man sich den Kopf daran oder wird geblendet.**

OBEN RECHTS **Manchmal genügen Tisch, Stuhl und Laptop, um kreativ zu werden. Was aber nicht fehlen darf: angenehmes Licht. Diese minimalistische Büroecke besticht durch die edel gealterten Metallmöbel und den Kontrast der funktionalen, modernen Tischleuchte.**

BELEUCHTUNG

Im Homeoffice ist Beleuchtung wichtiger als in allen anderen Räumen. Schlechtes Licht am Arbeitsplatz führt zu Kopfschmerzen und lässt die Augen schnell ermüden.

Am besten arbeitet es sich bei Tageslicht. Wählen Sie also nach Möglichkeit einen entsprechenden Ort, wenn Sie Ihr Büro zu Hause unterbringen. Wenn kein Fenster frei ist, suchen Sie nach Auswegen: Lässt sich ein Oberlicht oder ein Innenfenster einbauen, um den Platz zu belichten? Als letzte Alternative bieten sich Tageslichtlampen, die man in die Arbeitsleuchte schraubt.

Ergänzen Sie das Sonnenlicht mit einem Mix aus Stimmungs- und Funktionslicht. Eine zentrale Hängeleuchte oder Deckenspots spenden gute Allgemeinbeleuchtung. Mit gerichtetem Licht erhellen Sie die Arbeitsfläche, dafür eignen sich auch Einbaustrahler, die zum Beispiel unter einer Regaleinheit montiert werden. Frei stehende Lampen sind flexibler. Wählen Sie verstellbare Modelle wie die Gelenkleuchte. Damit können Sie leicht das Licht in verschiedene Richtungen ausrichten. Wenn in dem Büro mehr als eine Person arbeitet, muss es für jeden ausreichend funktionales Licht geben.

* ***Im Sommer braucht das Büro Schutz vor Sonnenstrahlen, damit sie nicht auf den Monitor scheinen oder den Rechner aufheizen. Der Blendschutz soll jedoch nicht verdunkeln. Lichtdurchlässige Gardinen oder Transparentfolie auf dem unteren Teil des Fensters sind ausreichende Maßnahmen.***

* ***Das Lichtkonzept sollte anpassungsfähig sein, sodass Sie immer genau so viel Licht bekommen, wie Sie brauchen. Lassen Sie sich von einem Elektriker beraten und installieren Sie für ein Maximum an Flexibilität regulierbare Schalter wie Dimmer.***

* ***Eine effiziente Beleuchtung ist entscheidend, wenn Sie das Büro auch abends nutzen. Eine helle Deckenlampe nützt da wenig.***

* ***Ihr Büro liegt im Keller oder an einem anderen lichtarmen Platz? Für solche Fälle wurden Vollspektrumbirnen erfunden. Sie simulieren das Tageslicht, einige lindern sogar Symptome jahreszeitlich bedingter Stimmungstiefs.***

* ***Elektrische Beleuchtung verschlingt Unmengen an Energie. Denken Sie an die Umwelt, wenn Sie Ihr Büro ausstatten. Kaufen Sie Energiesparlampen und trennen Sie nach getaner Arbeit alle Geräte vom Stromnetz.***

DER LETZTE SCHLIFF

Funktionalität ist natürlich das Wichtigste im Büro. Aber erst Farbe, Bilder und persönliche Dinge machen diesen Arbeitsplatz zu einem angenehmen Aufenthaltsort.

Anders als in vielen Firmen brauchen Sie Ihren persönlichen Geschmack im privaten Büro nicht zu verstecken. Was Ihnen im Rest der Wohnung gefällt, darf auch hier zum Zug kommen. Überlegen Sie, welche Farben am besten zum Licht passen, welcher Bodenbelag angemessen ist, welche Fensterdekoration Ihnen gefallen könnte.

Ein Arbeitsplatz innerhalb eines Wohnraums ist eine andere Sache. Hier muss sich das Büro dem Stil des Zimmers unterordnen. Vielleicht streichen Sie alle Wände in einer Farbe. Dann kann ein anderer Bodenbelag oder ein Podest für den Arbeitsplatz eine dezente Abgrenzung schaffen. Auch ein Teppich tut hier gute Dienste. Das Büro zu Hause soll sich unkompliziert einfügen, muss deshalb aber nicht neutral sein. Schließlich gehört es zu Ihrer Wohnung und darf ebenso Behaglichkeit und Charakter ausstrahlen.

* ***Eine Schreibtischplatte braucht nicht öde auszusehen. Mit abgerundeten Kanten und einem Bezug aus interessantem Material wie Linoleum wird sie zum Charakterstück.***

* ***Machen Sie eine Wand zum inspirierenden Blickfang: mit einer Tapete, einem riesigen Stadtplan oder einem gigantischen Schwarz-Weiß-Foto.***

* ***Frische Blumen sorgen für ein bisschen Leben am Arbeitsplatz und verbreiten vor allem einen angenehmen Duft.***

* ***Lassen Sie an Ihrem Arbeitsplatz neben Büchern und Aktenordnern auch ein paar dekorative Dinge zur Geltung kommen. Überdimensionale Gegenstände sind dafür gut geeignet – ein riesiger Neonbuchstabe, eine Bahnhofsuhr oder ein gigantischer Kalender.***

* ***Entwickeln Sie für Ihre Aktenordner und Mappen ein Farbsystem. Machen Sie es nur nicht zu kompliziert. Zwei oder drei Farbtöne genügen vollauf.***

OBEN LINKS **Gestalten Sie Ihren Arbeitsplatz als Ort der Inspiration – zum Beispiel mit Ihren Lieblingsbildern und Erinnerungsstücken, die eine Geschichte haben. Diese wunderschöne Mischung aus gerahmten sowie ungerahmten Fotos und bunten Souvenirs an der grauen Wand wirkt lebendig, persönlich und sehr anregend.**

OBEN **Dieser exquisite Arbeitsplatz bringt interessante und zweckmäßige Aspekte aufs Harmonischste zusammen. Dazu trägt die durchgehend aus warmen Holztönen, Chrom und Blattgold zusammengesetzte Farbpalette bei. Die Bildergalerie ist sorgfältig und abwechslungsreich zusammengestellt.**

RECHTE SEITE **Auf einem Wandbord direkt über der Tischfläche können Sie dekorative Dinge arrangieren und die wichtigsten Schreibutensilien aufbewahren. Praktisch sind Bildleisten, da sie schmal sind und daher nicht wesentlich in den Arbeitsbereich hineinragen.**

Blame
on my
Wild
Heart
L & S

Magyar

Ob Modulbauweise oder maßgefertigt – ein eingepasstes Bürosystem nutzt den Platz bestmöglich. Variable Elemente machen es funktional und flexibel.

BÜRO MIT SYSTEM

Das Angebot an Bürosystemen ist schier unerschöpflich. Verschaffen Sie sich einen Überblick in den Möbelhäusern und im Internet, sobald Sie wissen, was Sie ungefähr haben möchten. Wie groß muss der Arbeitsbereich sein? Welche Materialien passen zur Wohnung? Wie viel möchten und können Sie ausgeben? Die Kosten hängen von Material und Ausführung ab, legen Sie daher möglichst früh Ihr Budget fest.

Jedes Baukastensystem bietet Komponenten in Standardgrößen für Fächer, Arbeitstische und Schubkästen. Meist lassen sich verschiedene Elemente so zusammenstellen, dass der verfügbare Platz komplett genutzt wird. Verwenden Sie möglichst viele veränderbare Module, um die Flexibilität zu maximieren. Entscheiden Sie sich zum Beispiel für verstellbare Einlegeböden, erweiterbare Tischplatten und Leuchten, die leicht beweglich und in der Höhe variabel sind.

Schauen Sie nach vorn und planen Sie mehr Stauraum ein, als Sie heute brauchen. Geschlossene Schränke sehen gepflegt aus, auf offenen Flächen sind Stift und Locher aber schnell verfügbar und der Anblick wirkt freundlicher. Eine Kombination aus beidem ist in der Regel das Beste.

Die Bürozeile entlang einer Wand mit integrierter Schreibtischplatte nutzt den Platz am ökonomischsten. Nicht immer ist diese stilvolle Lösung auch die ergonomisch günstigste. Bei einem Eckbüro entsteht dagegen ganz von selbst ein Arbeitsdreieck. Hier können Sie leicht zwischen Monitor, Schreibfläche und Aktenschrank wechseln, ohne vom Stuhl aufzustehen.

Werden Sie bei den Fertigmöbeln nicht fündig, könnten Sie in Erwägung ziehen, ein Büro nach Maß bauen zu lassen. Holen Sie Kostenvoranschläge von Innenarchitekten oder Tischlern ein und stellen Sie einen detaillierten Auftrag. Besprechen Sie ganz genau, welche Höhe die Regalfächer haben müssen, um Ihre Ordner unterzubringen, wie viele Schubladen Sie brauchen und welchen Winkel die Arbeitsplatte unter Umständen haben soll. Eine Maßanfertigung ist nicht einfach nur Luxus, denn Sie bekommen den besten denkbaren Arbeitsplatz.

LINKE SEITE **Eine individuell angepasste Büroeinrichtung gewährleistet maximale Funktionalität, ganz gleich welche Größe der Raum hat. Auch wenn Sie nicht viel investieren wollen, brauchen Sie nicht auf Möbel von der Stange zurückzugreifen. Holen Sie Angebote vom Schreiner ein. Sie werden überrascht sein, dass sich so manchmal sogar die günstigere Lösung umsetzen lässt.**

LINKS **Das Homeoffice muss weder teuer sein noch Büroatmosphäre verströmen. Der weiße Schreibtisch und die dazu passenden Wandschränke darüber sind eine unaufdringliche, stilvolle Alternative in einem historischen Einfamilienhaus.**

UNTEN **Praktisch, sehr ergiebig und dabei platzsparend ist eine Regalwand oberhalb des Schreibtischs. Diese sehr elegante Lösung mit zwei Arbeitsplätzen nimmt eine stattliche Büchersammlung auf, sodass der Platz in dem eher kleinen Raum ideal genutzt wird.**

- ***Erkundigen Sie sich im Fachhandel, ob der Einbauservice beim Kauf eines Bürosystems inklusive ist. Falls nicht, messen Sie selbst aus und machen Sie einen Stellplan, damit Sie wissen, wie viel Platz insgesamt zur Verfügung steht.***
- ***Bei der Planung einer grundlegenden Neugestaltung können Sie auch die Beleuchtung optimieren und den Kabelverlauf neu anlegen.***
- ***Zeichnen Sie die genaue Position der Steckdosen ein und lassen Sie zusätzliche installieren, falls nötig.***
- ***Offene Stauraumlösungen sind anfällig für Unordnung, daher entscheiden sich viele eher für Schränke und Schubladen.***
- ***Auf begrenztem Platz bewähren sich kompakte Möbel wie der klassische Sekretär, der in sich ein Minibüro darstellt.***
- ***Baukastensysteme können Sie durch maßgefertigte Elemente ergänzen. Mit solchen Kombinationen bekommen Sie genau das, was Sie brauchen.***
- ***Wenn Sie das Büro im Fachhandel kaufen, lassen Sie es sich auch von Fachleuten zu Hause aufbauen.***
- ***Damit Ihr Büro nicht aussieht wie in einem Unternehmen, stellen Sie einige persönliche Dinge auf.***

Das frei improvisierte Büro ist individuell, wandelbar und lässt viel Raum für Kreativität. Nicht immer lässt sich damit allerdings Chaos vermeiden.

FREISTILBÜRO

Das Beste daran, das Büro zu Hause einzurichten, ist, dass es keine Gestaltungsvorgaben gibt. Graue Funktionsmöbel, uniforme Schrankelemente und grelle Lichtleisten waren gestern. Schaffen Sie einen individuellen Raum, der zu Ihnen und zu Ihrer Arbeit passt.

Auch hier sind die Essentials Schreibtisch, Stuhl und Stauraum – aber die müssen nicht für diesen Zweck gebaut sein. Frei kombinierte Möbel haben nichts Schematisches. Was Sie dafür aussuchen, sollte lediglich praktisch und bequem sein. Schauen Sie sich in Ihrer Wohnung um – vielleicht haben Sie schon alles, was Sie brauchen. Sonst gehen Sie auf die Jagd nach interessanten Gebrauchtmöbeln.

Ein individuell gestalteter Arbeitsplatz ist wandelbar, Sie können die Möbel nach Lust und Laune anordnen. Präsentieren Sie Woche für Woche oder sogar Tag für Tag andere hübsche Dinge, um den Arbeitsbereich lebendig wirken zu lassen. Ein glattes Standardbüro wird es so garantiert nicht – versuchen Sie trotzdem, das Chaos in Grenzen zu halten. Auch in einem weniger formellen Büro brauchen Sie Platz, um kreativ zu sein.

* ***Auch wenn Sie einen unkonventionellen Stil wählen, sorgen Sie dafür, dass das Wichtigste von Anfang an funkrioniert: Telefon, Elektrik, Internet.***

* ***Kombinieren Sie verschiedenartige Möbel. Verzichten Sie aber nicht auf einen bequemen Stuhl und auf Stauraum, der seinen Namen verdient.***

* ***Machen Sie Ihren Arbeitsplatz zur Ausstellungsfläche. Dafür brauchen Sie keine Kunstsammlung oder ausgesuchte Kostbarkeiten. Selbst eine Pinnwand kann beeindrucken, wenn sie gespickt ist mit interessanten Bildern, Sprüchen und anderen Motiven.***

* ***Lassen Sie sich eine originelle Ablage für die Büroutensilien einfallen. Hängen Sie zum Beispiel Taschen oder Körbe mit Haken an die Wand.***

* ***Umgeben Sie sich mit Dingen, die Sie mögen. Familienbild, antike Schreibtischlampe oder bestickter Kissenbezug – private Schmuckstücke sind inspirierend und machen das Arbeiten zu Hause zum Genuss.***

OBEN **Wenn Sie den Schreibtisch zu Hause nur für Bestellungen im Internet oder Onlineüberweisungen nutzen, brauchen Sie sich über ergonomische Fragen weniger Gedanken zu machen, als wenn Sie vollzeit von zu Hause aus arbeiten. Ein gepolsterter Hocker und ein niedriger Tisch stören die entspannte Atmosphäre im Wohnzimmer absolut nicht.**

RECHTS **Für gelegentliches Arbeiten am Computer genügt ein schmaler Konsoltisch, erst recht wenn Sie einen Laptop nutzen. Praktisch ist bei diesem antiken Sideboard das große Fach unter der Tischplatte, an der man leicht erhöht auf Vintage-Hockern Platz nimmt.**

RECHTE SEITE **Holen Sie sich das coole Flair der Sixties ins Haus, indem Sie Ihr Homeoffice mit Midcentury-Möbeln einrichten. Zeitgemäß wirkt dieses Design dennoch durch das aktuelle Kunstwerk, den aufgearbeiteten Holzboden und das offene Mauerwerk hinter dem Schreibtisch.**

ME

OFFENER GRUNDRISS

LINKE SEITE **Wenn Sie sich die Mühe sparen wollen, Wände einzureißen – oder die Statik das an der gewünschten Stelle nicht erlaubt –, es gibt eine Alternative: Heben Sie eine Tür aus den Angeln oder ersetzen Sie sie durch eine Schiebetür, um den Raum optisch zu erweitern.**

RECHTS **Häufig verfügen ehemalige Fabriketagen oder ähnliche Hallen, die für Wohnzwecke umgebaut wurden, nicht über Zimmereinteilungen. Belassen Sie es dabei und ziehen Sie keine Wände ein, um das großzügige Raumgefühl und das historische Flair nicht zu zerstören. Häufig werden Galerien eingebaut, die den Gesamteindruck nicht negativ beeinflussen und für viel extra Platz sorgen.**

UNTEN LINKS **In dieser Wohnung unter dem Dach war der offene Grundriss die einzig mögliche Lösung. Hier Wände hochzuziehen, hätte Räume mit sehr ungünstigen Proportionen ergeben. Aber es spricht nichts gegen Trennwände in geringer Höhe, an denen zum Beispiel das eine oder andere Küchenelement einen guten Platz findet.**

UNTEN RECHTS **Bücherregale sind ideale Raumteiler, ob als Einbauelemente oder frei stehende Möbelstücke. Neben ihrer Funktion, jede Menge Stauraum zur Verfügung zu stellen, gliedern sie weiträumige Flächen in wohnliche Bereiche, ohne jedoch den großzügigen Raumeindruck zu beeinträchtigen.**

OFFENE WOHNWELTEN

Ob Sie zwei Zimmer zusammenlegen oder vom alles umfassenden Wohnraum träumen – ein offener Wohnbereich ist fließend und flexibel, eben perfekt für das moderne Leben. Aber was genau macht den offenen Grundriss so beliebt?

Für die Inneneinrichtung galten lange feste Regeln: Küche zum Kochen, Esszimmer zum Essen, Arbeitszimmer zum Arbeiten. Vor hundert Jahren war diese Aufteilung sinnvoll, heute ist sie überholt. Die Leute unterhalten sich gern beim Kochen mit Freunden, essen am Küchentisch oder surfen im Internet, während der Kaffee durchläuft. Ein offener Wohnbereich erlaubt genau diesen Lebensstil.

Natürlich sorgt er außerdem für mehr Licht und ein maximales Raumgefühl. Von Trennwänden befreit, kann auch ein kleines Haus geräumig wirken. Vielleicht gibt es auch bei Ihnen die Möglichkeit, ein winziges Bad und ein kleines Schlafzimmer zum großen Schlaf- und Badbereich zu verbinden oder das ganze untere Stockwerk zum Multifunktionsraum umzugestalten?

In Neubauten und Townhouses ist die offene Bauweise inzwischen Standard, besonders im Erdgeschoss. In älteren Wohnhäusern sind dafür Umbauten erforderlich. Lassen Sie sich von einem Bauingenieur oder Architekten beraten und kalkulieren Sie das Projekt sorgfältig. Wände einreißen ist ein Job für Profis.

Ein offener Wohnbereich schenkt Ihnen Platz, Licht und jede Menge Bewegungsfreiheit. Doch bevor Sie die Wände einreißen, bedenken Sie auch die potenziellen Nachteile.

PRO & CONTRA

Ein großer, wandelbarer Raum statt mehrerer funktional festgelegter – so lässt sich der Raumplan ganz nach Bedarf konzipieren und nach Lust und Laune umgestalten. Sie kochen nur selten? Dann reduzieren Sie die Küche auf ein Minimum und lassen Sie mehr Platz für den Sitzbereich. Arbeiten Sie manchmal von zu Hause aus? Dann schaffen Sie ein Ad-hoc-Büro, wo es Ihnen gefällt. Mit den entsprechenden Möbeln ist ein offener Wohnbereich sehr gesellig.

Ohne Trennwände ist es allerdings schwieriger, den Raum zu gliedern. Wie lassen sich im offenen Erdgeschoss verschiedene Nutzungsbereiche definieren? Wodurch erhält eine Multifunktionszone optischen Zusammenhalt? Auch Ordnung und Stauraum sind hier relevante Themen.

Dazu kommt der Lärmfaktor: Jedes Geräusch, vom Fernseher bis zum Wasserkocher, dringt durch den gesamten Raum. Immerhin braucht man sich um knallende Türen keine Gedanken mehr zu machen. Aber nicht jeder verzichtet gern auf eine intime Leseecke. Kochdüfte machen an keiner Küchentür mehr halt, und nicht zuletzt sind offene Räume schwerer beheizbar.

OBEN **Bei dem Stichwort »offener Grundriss« denken die meisten in erster Linie an Wohnräume. Doch auch Schlafbereiche können den offenen Charakter eines Lofts erhalten, zum Beispiel durch ein integriertes Badezimmer, das nur durch einen Paravent abgetrennt wird. Sehr avantgardistisch sind Glasscheiben, die sich bei Berührung eintrüben.**

RECHTS **Was einen großen Raum ohne Wandeinteilungen zusammenhält, ist eine durchgehende Farbgebung. Harmonische Ergänzungen dieser ganz in warmem Weiß gestalteten Küche mit Essbereich sind der feuerwehrrote Herd, die Holzstühle und die grauen Industrieleuchten über dem Esstisch.**

RECHTE SEITE **Auch der offene Grundriss kann behaglich wirken, wenn die Raumnutzung sorgfältig durchdacht ist und die Farben sich gut ergänzen. In diesem hohen Raum mit Galerie dominieren warme Braun- und Orangetöne.**

STUDIO 7
FRENCH OVEN

Küche, Ess- und Wohnzimmer öffnen und einen Raum für alles schaffen – was für eine Befreiung! Aber wie fängt man an?

KOCHEN, ESSEN & WOHNEN

Als Erstes gehen Sie Ihre Bedürfnisse und Prioritäten durch. Kochen Sie leidenschaftlich gern und brauchen deshalb eine geräumige Küche? Wünschen Sie sich einen großen Esstisch, an dem viele Freunde Platz finden? Träumen Sie von einer riesigen Wohnlandschaft? Notieren Sie alles und skizzieren Sie die Optionen.

Schon wegen der Wasserleitungen ist die Küche generell am besten an einer Wand untergebracht. Dort können Sie zugleich viel Stauraum einbauen – bei offenem Grundriss ist das besonders wichtig. Eine gute Lösung, um die Küche trotzdem zum Wohnbereich hin zu öffnen, ist eine Kochinsel. So haben Sie beim Kochen den Wohnbereich im Blick, und das schmutzige Geschirr ist ein wenig abgeschirmt.

Im offenen Wohnraum sind Möbel von allen Seiten zu sehen, da ist sorgfältige Auswahl Pflicht. Praktisch sind Mehrzweck- oder flexible Modelle – etwa ein ausziehbarer Esstisch oder ein Bücherregal als Raumteiler.

LINKE SEITE **Offene Räume mit mehreren Funktionen lassen sich leicht durch die Positionierung der Möbel unterteilen. Hier wurde das Sofa so aufgestellt, dass es den Bereich davor als Wohnzimmer definiert und dahinter der Durchgang zum Koch- und Essbereich frei bleibt.**

OBEN **Dieses Loft mit der scheinbar frei schwebenden Betontreppe, die so gut wie keine Grundfläche einnimmt, ist geschickt aufgeteilt. Der Loungebereich ist durch den zentralen Couchtisch und bequeme Sitzmöbel charakterisiert, während die Küche durch die ebenso abgrenzende wie verbindende Kücheninsel entsteht.**

RECHTS **Eine der besten Lösungen, um viel Stauraum und zugleich Arbeitsfläche zu gewinnen, ist eine Kücheninsel oder, wenn das aus Platzgründen nicht möglich ist, eine L-förmige Küchenzeile, die sich als zusätzlicher Essplatz von der Wand in den Raum erstreckt.**

DIESE SEITE **Die Idee, das Bad ins Schlafzimmer zu holen und nicht durch eine Wand abzutrennen, stammt aus Luxushotels, findet aber auch in Privathäusern mehr und mehr Anklang. Und was wäre verlockender nach einem langen Arbeitstag, als nur noch baden, abtrocknen und schlafen? Achten Sie aber trotzdem aufs Praktische, also einen wasserabweisenden Boden und möglichst eine Lüftungsanlage.**

SCHLAFEN, BADEN & ANKLEIDEN

Schlafzimmer und Bad sind durch eine ruhige, persönliche Atmosphäre geprägt. Wie lassen sie sich in den Plan für den offenen Wohnbereich einbinden? Der Trick sind raffinierte Unterteilungen, die dennoch für Privatsphäre sorgen.

Gestalten Sie Ihre Wohnung ganz neu als offenen Bereich? Dann platzieren Sie Ihr Schlafzimmer am Rand, damit Sie es in einen privaten Kokon verwandeln können. Wenn Sie mit einer bestehenden Anordnung arbeiten, integrieren Sie bewegliche Raumteiler, um den Schlafraum bei Bedarf abzugrenzen. Tagsüber mag ein Schlafzimmer auf dem Präsentierteller seinen Reiz haben, abends ist eher ein abgeschiedener Rückzugsort gewünscht.

Ob Sie sich für ein Zimmer mit Bad oder für einen größeren Bade-, Ankleide- und Schlafbereich entscheiden: Nutzen Sie Verwandlungselemente für die Gestaltung. Schiebetüren oder -paneele, Schiebevorhänge oder Sichtblenden erlauben es, im Handumdrehen einen Teilbereich abzutrennen. Oder lassen Sie beispielsweise einen Abschnitt der Schlafzimmerwand hinter dem Bett stehen, das zugleich Ankleide oder Bad kaschiert.

Eine Kombination aus Schlafzimmer und Bad hat etwas Luxuriöses. Irgendeine Form der Abschirmung ist jedoch meist angenehmer. Verbergen Sie das Bad hinter einer halbhohen Wand oder trennen Sie es mit einer transluzenten Glaswand ab. Ein Vorteil eines sogenannten Schlafbades ist die frei zirkulierende Luft, die der Schimmelbildung im Bad einen Riegel vorschiebt.

DIESE SEITE **Anstatt das Badezimmer hinter einer Wand mit abschließbarer Tür zu verstecken, wurde die Dusche hier an einer nach oben offenen Abtrennung im Schlafzimmer platziert. Auf diese Weise musste der Grundriss des großen Zimmers in einem historischen Bau nicht verändert werden.**

LINKS **Große Hallen können manchmal eine größere Herausforderung sein als ein enges Apartment. Die Gliederung in Funktionsbereiche ist entscheidend für ein wohnliches Ambiente. In dieser fantastischen ehemaligen Scheune ist das alte Fachwerk erhalten geblieben und dient heute auch als optische Abtrennung der Küche.**

Ein offener Wohnbereich lässt viel kreativen Spielraum. Sie können nicht nur entscheiden, wie Sie ihn einteilen, sondern auch einfach ganz auf traditionelle Einrichtungskonventionen verzichten. Warum eine Esszimmergarnitur kaufen, wenn es kein Esszimmer gibt? Warum eine Einbauküche aussuchen, wenn kein Platz dafür vorgesehen ist? Wer gern mit freiem Konzept dekoriert, für den ist der offene Wohnbereich die perfekte Bühne.

LEBENDIGE VIELFALT

In einer solchen Arena können Standards sogar geradezu deplatziert wirken. Hier ist keine durch und durch aufeinander abgestimmte Möblierung gefragt, sondern flexible Teile, die überall stehen könnten und der Wandelbarkeit ihrer Umgebung entsprechen. Wählen Sie passende Stücke aus, das kann eine Wohnlandschaft sein oder ein altes Metallregal – hier inszeniert sich Ihr eigener Geschmack.

Eine bunte Mischung überzeugt auf den ersten Blick, wenn sie eine starke persönliche Ausstrahlung hat. Arbeiten Sie mit Kontrasten: Antiquitäten und moderne Accessoires, Industriemöbel und wohnliche Stoffe, ein Sofa im Retrostil und hypermoderne Kissen – es lebe die Vielfalt!

Ein Nachteil des offenen Wohnens mit seinen diversen Funktionen und Möbeln besteht darin, dass schnell ein zusammengewürfelter und unordentlicher Eindruck entsteht, vor allem bei einem eklektischen Mix. Deshalb ist es wichtig, den Raum unauffällig zu kontrollieren. Eine disparate Gruppe von Einzelteilen gewinnt durch einen einheitlichen Hintergrund Zusammenhalt. Das können zum Beispiel in einer Farbe gestrichene Wände oder ein durchgehender Bodenbelag sein. Halten Sie außerdem Ihren Sammeltrieb im Zaum und trennen Sie sich zur Not von einigen Stücken. Was dann auf den Präsentationsflächen übrig bleibt, hat Platz zum Atmen.

OBEN **Weite, offene Räume wirken manchmal wie ein Museum, in dem die Bewohner ihre Kunstschätze und Kuriositäten wirkungsvoll präsentieren können. Die weiße Stirnwand dieses hallenförmigen Wohnzimmers wird durch die Kunst, die sich vor dem neutralen Weiß abhebt, zum Blickfang.**

OBEN RECHTS **Wenn in Ihrer Wohnung mehrere Stile zusammentreffen, verbinden Sie sie durch eine einheitliche Boden- und Wandfarbe, damit der Gesamteindruck nicht zu heterogen ist. Hier greifen auch Sofapolster und das Kissen auf dem frei stehenden Sessel das Weiß der großen Flächen auf, was die optische Harmonie unterstützt.**

- ***In einem offenen Wohnbereich sind die Möbel von allen Seiten zu sehen. Setzen Sie daher auf rundum formschöne Stücke, die von hinten eine ebenso gute Figur machen wie von vorne.***
- ***Um eine bunte Kollektion von Möbeln und Stoffen optisch miteinander zu verbinden, gestalten Sie Wände und Boden einheitlich.***
- ***Werden Sie kreativ – ein individueller Look kommt im offenen Grundriss toll zur Geltung.***
- ***Die Farbkombination ist das Geheimnis: Eine eigenwillige Mischung aus Einzelteilen kann effektvoll vereint werden, wenn sie farblich harmoniert.***
- ***Jedes Teil im Raum muss intakt sein. Es gibt keinen Grund, alte Möbel oder Beleuchtungskörper zu behalten, wenn sie nicht richtig funktionieren.***
- ***Halten Sie das Chaos im Zaum und denken Sie daran: Weniger ist mehr.***

Ein offener Wohnbereich kann modern, kultiviert und edel aussehen. Raffiniertes Design, aktuelle Farben und Materialien haben einen exklusiven Touch.

MINIMALISMUS

Der unschlagbare Vorteil des offenen Grundrisses ist die Freiheit der funktionalen Zuordnung. Freunden des durchorganisierten Wohnens mag ein solch ungebundener Raum bedrohlich undiszipliniert erscheinen. Die Lösung ist eine Aufteilung, die einen ordnenden Rahmen schafft, aber keine Grenzen setzt.

Als Erstes planen Sie die Raumaufteilung. Lassen Sie sich bei Bedarf beraten, ein Architekt oder Innenarchitekt wird Ihnen zu einem gelungenen Ergebnis verhelfen.

Der ideale Stil für einen offenen Wohnbereich, der klar und übersichtlich wirkt, ist der moderne Minimalismus. Schaffen Sie Funktionszonen – Essbereich, Wohnbereich, Küche – und kennzeichnen Sie diese durch entsprechende Möbel, Bodenbelag oder Beleuchtung. Unterstützend können Sie eine halbe Wand oder einen flexiblen Raumteiler einsetzen.

Für einen geradlinigen Gesamteindruck sollten Architektur und Möbel absolut schnörkellos sein. Geometrische Designs – ein eckiger Esstisch oder eine monochrome Küchenzeile – erzeugen unmittelbar ein Empfinden von Ordnung und funktionieren innerhalb des Raums höchst wirkungsvoll.

Verwenden Sie einfache, aber hochwertige Materialien – Naturstein, Metall, Glas, Holz. Weiches und Kuscheliges passt nur in Maßen. Deshalb brauchen Sie in puncto Bequemlichkeit aber keine Kompromisse einzugehen: Ein riesiger Teppich oder eine Wohnlandschaft sind absolut im Rahmen.

Ein minimalistischer Stil basiert auf einem Maximum an eingebautem Stauraum. So bleibt das Chaos aus, und Sie brauchen keine zusätzlichen Möbel. Eine fugenlose Wand aus Küchenschränken wirkt zum Beispiel viel übersichtlicher als eine voluminöse Anrichte.

OBEN **Leben auf offenem Grundriss ist zwar eine moderne Entwicklung, aber deswegen ist moderner Einrichtungsstil nicht Pflicht, selbst nicht bei einem formal klaren Konzept. Hier stehen das Weiß-in-Weiß und der puristische Esstisch im ausgewogenen Verähltnis zu den Vintage-Details und den eher nostalgischen Schrankfronten.**

RECHTS **Maßgefertigte Einbaulösungen weisen meist klarere Linien auf als frei stehende, vorgefertigte Möbel mit dekorativen Details. Diese Regalwand mit den zahlreichen Fächern in unterschiedlichen Größen, die außerdem als Treppe dienen, gibt der vielfältigen Ansammlung von interessanten Objekten einen ruhigen Rahmen.**

* ***Wählen Sie ein unaufdringliches Ton-in-Ton-Farbschema. Eine neutrale Farbpalette sieht immer sehr gepflegt aus.***

* ***Klare Linien brauchen klare Strukturen. Definieren Sie jeden Teil des Raums, nutzen Sie dafür Raumteiler oder unterschiedliche Bodenbeläge.***

* ***Bringen Sie die besten Materialien der Moderne zum Einsatz – Metall, Beton, Glas. Ergänzen Sie das Spektrum durch das eine oder andere Naturelement, etwa einen Holz- oder Schieferboden.***

* ***Denken Sie daran: Einbauelemente bieten nicht nur viel Stauraum, sondern erzielen auch eine klare Optik.***

* ***Wählen Sie geradlinige, schnörkellose Möbel. Wenn Sie im Fachhandel nicht das Passende finden, lassen Sie Stücke nach Ihren Vorstellungen fertigen.***

* ***Für diesen Stil lautet das Motto: rechte Winkel, gerade Linien. Geometrische Formen sorgen für einen perfekten Gesamteindruck und nutzen außerdem den Platz am besten aus.***

DIESE SEITE **Dadurch, dass sich derselbe Bodenbelag durch alle Bereiche zieht und auch die Wandfarbe identisch ist, gehen Wohnen, Essen und Kochen in diesem Haus fließend ineinander über. Eine dezente Abgrenzung markieren das im Loungebereich vorherrschende Hellgrau und die warmen Holztöne rund um den Esstisch.**

DRAUSSEN LEBEN

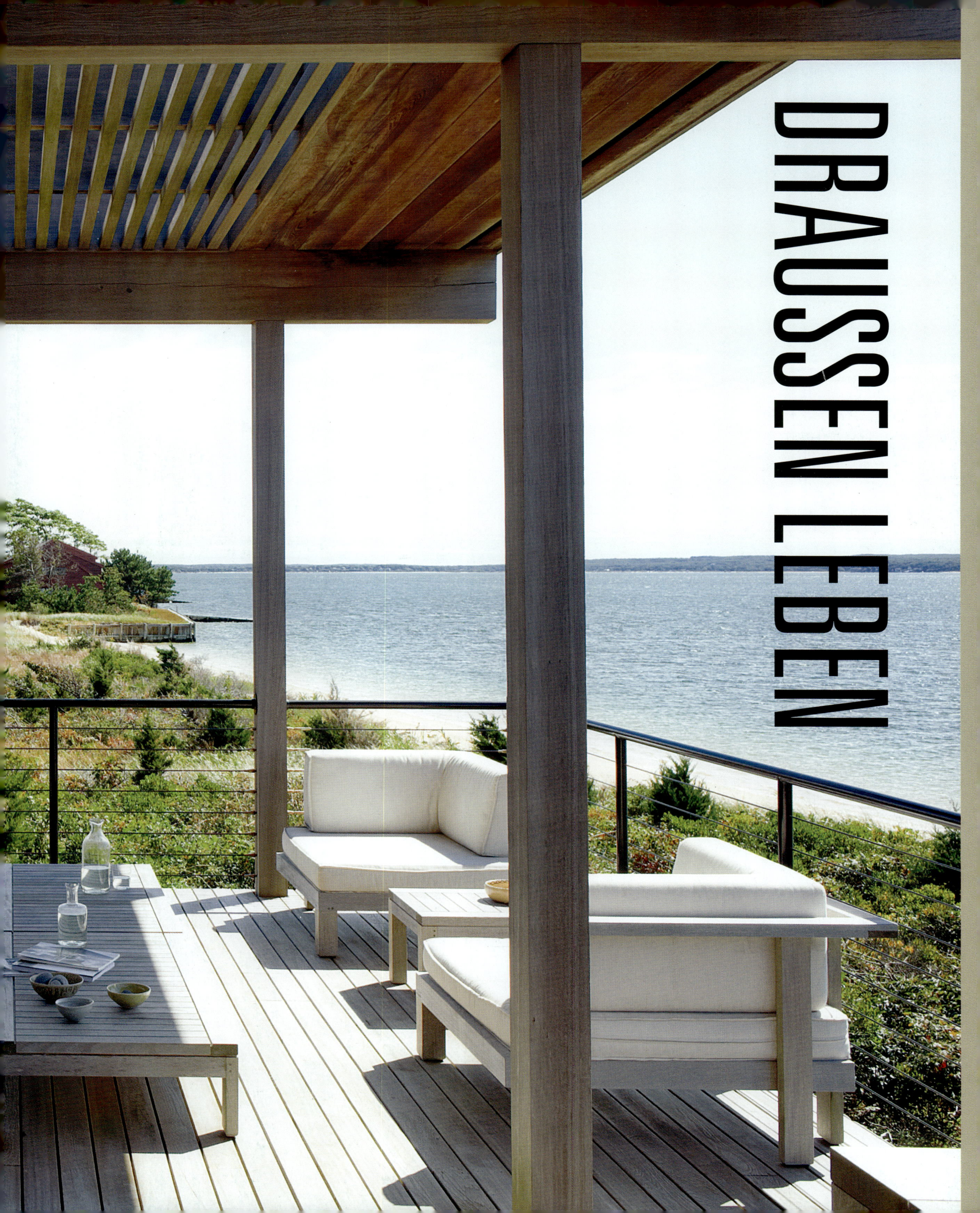

LINKS **An sonnigen Tagen dürfen die Korbstühle aus dem Wintergarten auch ins Grüne und schaffen dort Indoor-Bequemlichkeit. Ausgestattet mit komfortablen Kissen, sind die Sessel der beste Ort für einen Sundowner mit Freunden.**

UNTEN LINKS **Eine einfache Hängematte verführt dazu, den Nachmittag mit einem guten Buch im Schatten zu verbringen. Wenn Ihr Garten nicht mit den Bäumen im passenden Abstand aufwartet, schaffen Sie eine freistehende Variante mit Rahmen an.**

UNTEN MITTE **Drapieren Sie ein flauschiges Schaffell auf einer Liege auf der Veranda oder einer überdachten Terrasse, um auch draußen Wohnzimmerkomfort zu genießen.**

Längst sehen wir den Garten nicht mehr als isolierten Raum, sondern als Erweiterung unserer vier Wände. Darum hat die Gestaltung des Außenbereichs auch mehr und mehr Ähnlichkeit mit dem Design der Wohnräume im Inneren.

WOHNEN UNTER FREIEM HIMMEL

Esszimmer, Wohnzimmer, Spielbereich – sogar die Küche lässt sich nach draußen verlagern. Für einen Essplatz unter freiem Himmel brauchen Sie nichts als Tisch und Stühle, und ein Grill dient als Sommerküche.

Gleichartige Materialien innen und außen erweitern den Innenraum. Setzen Sie für die Außenfläche denselben Bodenbelag ein wie im angrenzenden Wohnraum, etwa Keramikfliesen oder Naturstein. Setzen Sie mit Sitzkissen und Tischdecken Akzente in den Farben, die im Haus vorherrschen, um die Grenze zwischen drinnen und draußen aufzuheben.

Gartenmöbel sind nicht unbedingt notwendig. Holen Sie Hocker, Stühle, Sitzkissen und Kerzenständer nach draußen, sobald die Sonne da ist. Stimmungsvolle Beleuchtung mit Kerzen oder Solarlampen sorgt dafür, dass Sie Ihren Garten auch lange nach Sonnenuntergang noch in vollen Zügen genießen können.

UNTEN LINKS **Schiebe- oder Falttüren sorgen dafür, dass Innen- und Außenraum nahtlos miteinander verschmelzen. In diesem modernen Haus unterstreichen die Accessoires der Inneneinrichtung diese Verbundenheit durch Naturmaterialien und organische Formen, allen voran der Esstisch und die Stühle.**

UNTEN RECHTS **In besonders warmen Regionen ist eine schattige Sitzecke im Freien unverzichtbar. Hier besteht sie aus einer mit Fliesen verzierten, gemauerten Sitzbank, auf der man es sich unter dem Schilfrohrdach in einem Meer aus hübschen Kissen gemütlich machen kann.**

LINKS **Dieser urtümliche Wintergarten ist in gedecktem Weiß gestrichen, der Lampenschirm besteht aus grobem Sackleinen, die Möbel aus naturbelassenem Holz. Lebendige Farben steuern die Tontöpfe und das üppige Grün bei. Die vielfältigen Pflanzen holen die entspannende Ruhe der Natur in diesen Raum.**

UNTEN **Das voll verglaste Gartenhäuschen lässt die Bewohner auch an Regentagen alle Vorzüge einer gemütichen Sitzecke im Grünen genießen. Gerade in Regionen, die weniger von der Sonne verwöhnt sind, ist es viel wert, wenn man die Sitzkissen und Decken getrost liegen lassen kann, weil sie niemals nass werden.**

RECHTE SEITE **Das Gartenzimmer kann auch getrennt vom Haupthaus stehen wie dieser Glaskubus in einem Stadtgarten. Die Retromöbel stehen im witzigen Kontrast zu den üppig wuchernden tropischen Pflanzen.**

GARTENZIMMER & WINTERGARTEN

Bei modernen Wintergärten geht es um klare Linien, ein Maximum an Glas, ein Minimum an Aufwand und darum, das ganze Jahr über die Natur zu genießen.

Reichlich Glas und elegante Türen schaffen einen fantastisch hellen, flexiblen Raum – hier sind Sie in der Natur, ohne das Haus zu verlassen. Bei so viel Glas ist Licht- und Wärmeregulierung eine zentrale Frage. Rollos oder Jalousien sichern die Privatsphäre, halten zu starke Sonneneinstrahlung und einen Teil der Hitze ab. Andererseits versperren sie dann leider auch den schönen Ausblick. Eine gute Alternative ist Sonnenschutzfolie. Sie verringert blendendes Licht und schützt vor Überhitzung und UV-Strahlen. Statten Sie den Wintergarten im Stil der übrigen Wohnung aus. Als Erweiterung des Wohnbereichs spielt er auch optisch eine Rolle und muss sich daher gut einfügen. Um den Raum als Gartenzimmer zu definieren, können Sie hier Pflanzen ziehen. Sie gedeihen im Licht besonders gut und verbreiten das ganze Jahr über Freiluftfeeling.

LINKE SEITE **Eine überdachte Veranda ist ein herrlicher Ort für eine festliche Sommertafel, vor allem wenn die Wettervorhersage ungewiss ist oder die Abende schon kühl sind. Besorgen Sie Stapelstühle und einen Tisch mit ausziehbarer Platte, dann können Sie die Tafel beliebig erweitern.**

OBEN **Vor allem wenn Sie ein mehrgängiges Menü draußen servieren wollen, ist der ideale Standort für den Tisch möglichst nah am Haus. Wenn der Weg zur Küche nicht so weit ist, können Sie mehr Zeit mit Ihren Gästen verbringen.**

RECHTS **Am schönsten ist eine Tischdeko im Freien, die zur Umgebung passt – zum Beispiel eine Vase mit hübschen Zweigen, die Sie von einem Baum oder Busch schneiden. Alternativ können Sie kleine Topfpflanzen auf dem Tisch verteilen. In einem kunstvoll angelegten Garten passt am besten ein Strauß üppiger Blüten.**

TAFELN IM GRÜNEN

Essen unter freiem Himmel ist eine der großen Freuden des Lebens – sei es ein leichter Lunch in der Sonne oder ein Abendessen bei Kerzenschein. Noch der kleinste Garten ist groß genug für Tisch und Stühle.

Der beste Standort für den Essplatz ist nah am Haus, auf der Veranda oder im Hof. Bei wenig Platz begnügen Sie sich mit einem Bistrotisch und Klappstühlen. In jedem Fall rentiert sich die Investition in wetterfeste Möbel, etwa aus versiegeltem oder lackiertem Holz.

Ein Grill ist unverzichtbar. Stellen Sie ihn in Sichtweite des Tisches auf, sodass der Grillmeister sich nicht isoliert fühlt, aber nicht so nah, dass der Rauch stört. In einem großen Garten können Sie auch eine gemauerte Feuerstelle in Erwägung ziehen oder sogar eine Freiluftküche samt Arbeitsfläche, Stauraum und Wasseranschluss.

Beim Essen ist Schatten meist angenehmer. Stellen Sie den Tisch unter einen Baum oder lassen Sie sich eine Pergola bauen, an der Wein oder Kletterpflanzen als lebender Blendschutz emporranken. Alternativ spannen Sie ein Sonnensegel oder einfach ein Betttuch auf, beides filtert die Sonne, ohne zu viel Licht zu schlucken – ideal in einem kleinen Garten. Preisgünstiger Seidengeorgette oder farbiger Organza sind eine gute Wahl.

Vom klassischen Deck-Chair bis zur futuristischen Sonnenliege – die Auswahl an Outdoormöbeln ist fast so groß wie für den Innenbereich, und genauso schön.

MÖBEL

Entscheiden Sie sich für dauerhaft installierte oder eher für flexible, frei stehende Möbel – oder möchten Sie beides? Permanente Sitzgelegenheiten können ganz schlicht und preiswert ausfallen und den Platz trotzdem sehr gut nutzen: Ein hölzernes Podest entlang einer Hauswand wird zur Bank. Etwas aufwendiger ist wetterfester Stauraum für Möbel, Spielzeug und Sitzkissen.

Bevor Sie sich festlegen, wählen Sie den Standort Ihres Sitzplatzes – in der prallen Sonne oder lieber im Halbschatten? Für Holzmöbel wie Deck-Chairs oder Regiestühle brauchen Sie bei Regen und im Winter ein Plätzchen im Trockenen. Andere Möbelstücke können draußen aufbewahrt werden, brauchen aber etwas Pflege. Unlackierte Holzmöbel müssen regelmäßig mit Öl behandelt werden, damit sie wasserabweisend bleiben und nicht ausbleichen. Metallmöbel können rosten, lassen sich aber mit Stahlwolle und einem Eimerchen Farbe wieder auffrischen. Für den Dachgarten sind schwere Teile aus Holz oder Eisen empfehlenswert, die auch einer steifen Brise im Spätsommer standhalten.

Eine Alternative sind Korb- oder Rattanmöbel, einfache Holzsitze, Bodenkissen, Teppiche und Kelims, die Sie bei schönem Wetter mit nach draußen nehmen.

OBEN **Für einen Innenhof mit tropischen Pflanzen sind Korbmöbel die perfekte Wahl. Sie verbreiten ein südostasiatisches Flair – denken Sie zum Beispiel an die entspannende Terrasse eines Boutiquehotels in Thailand. Bei diesen sogenannten Pfauenstühlen schwingt auch die Erinnerung an den Hippie-Stil der 1970er-Jahre mit.**

RECHTE SEITE, OBEN LINKS **Mit einer klassischen Holzbank kann man nichts falsch machen. Selbst wenn der Platz nicht reicht, um einen Tisch aufzustellen, ein schmaler Zweisitzer passt meistens doch, sodass Sie in Ruhe Ihr kleines Reich unter freiem Himmel genießen können.**

RECHTE SEITE, OBEN RECHTS **Outdoormöbel mit wasserfesten Polstern sind eine besonders bequeme Variante der Terrassenmöblierung. Elegant sind Modelle aus geflochtenem Material, und mit Dekokissen aus dem Innenbereich können Sie den Look immer wieder variieren.**

RECHTE SEITE, UNTEN LINKS **Wenn sich von der Terrasse aus ein herrlicher Blick bietet, sind Liegestühle mit verstellbarer Rückenlehne natürlich ein Muss. Diese wetterfesten Hartholzliegen sind schon etwas verblichen und fügen sich mit dem Steingrau des Holzbodens und der geschindelten Fassade harmonisch in die Landschaft.**

RECHTE SEITE, UNTEN RECHTS **Französischen Charme strahlen diese zierlichen Metallstühle und der dazu passende Bistrotisch aus. Der altmodische Stil wird durch die in die Jahre gekommene Lackierung noch unterstrichen. Bei Vintage-Möbeln besonders im Außenbereich sollten Sie allerdings immer ein Auge auf die Stabilität haben.**

Im Garten genauso wie im Innenbereich sorgt die Dekoration für Farbe, Struktur und Behaglichkeit.

ACCESSOIRES

Ein einfaches Sitzkissen macht auch die härteste Holzbank zum Loungesessel und bringt Farbe in den schlichtesten Garten. Wählen Sie einen festen Stoff, der gut zu den raueren Oberflächen im Außenbereich passt und waschbar ist. Unterschiedliche Formate erweitern das Sitzplatzspektrum: große Sitzkissen für den Boden, Polsterauflagen für Bänke oder Liegen und zur Ergänzung hübsche kleine Kissen. Als originelles Detail können Sie eine Hängematte zwischen Bäumen oder Terrassenpfosten spannen, fantastisch sehen ein bunter Sonnenschirm oder eine Markise aus und bunte Tücher, die eine hässliche Mauer kaschieren. Sogar manche Tapeten eignen sich zur Verwendung im Freien – schließlich muss nicht alles Bunte im Garten nur von Pflanzen stammen. Spiegel sind im Außenraum besonders effektvoll. In einem kleinen Garten schaffen sie die Illusion von Weiträumigkeit, holen Sonnenlicht in schattige Ecken und lassen Blüten doppelt so üppig aussehen. Kohlebecken und Feuerstellen sorgen an kühlen Abenden für Wärme – und für Romantik beim Abendessen verteilen Sie Fackeln im Blumenbeet, arrangieren eine Reihe von Teelichtern auf dem Tisch und stellen eine Vase mit Blumen dazu.

LINKE SEITE, OBEN LINKS **Inmitten der üppigen Vegetation haben die Farbakzente in Pink, Türkis, Gold und anderen lebhaften Farben auf den hübschen Kissen etwas sehr Frisches. Eine wichtige Zutat ist das Sonnensegel als Schattenspender.**

LINKE SEITE, OBEN RECHTS **In der Dämmerung darf romantisches Kerzenlicht nicht fehlen. Damit die Flamme nicht beim ersten Windhauch erlischt, schützen Sie sie durch dekorative Laternen, dann besteht auch nicht die Gefahr, dass versehentlich etwas anderes brennt als der Docht. Alternativ können Sie eine LED-Leuchte mit Akku aufstellen oder den Sitzplatz mit Lichterketten schmücken.**

LINKE SEITE, UNTEN RECHTS **Auf eher wilden Grundstücken ist eine gewebte Hängematte mit Fransen ein hübscher Blickfang und perfekt für einen relaxten Sommernachmittag.**

LINKE SEITE, UNTEN LINKS **Wenn Sie häufig draußen essen, lohnt es sich möglicherweise, dort einen Stromanschluss zu legen und elektrische Lampen zu installieren. So können Sie Ihr Speisezimmer im Freien auch nach Sonnenuntergang ganz einfach hell erstrahlen lassen.**

RECHTS OBEN **Nichts schmückt einen Tisch auf dem Balkon oder der Terrasse so sehr wie eine Tischdecke. Experimentieren Sie mit verschiedenen Größen in mehreren Lagen oder anderen Textilien, etwa schönen Tüchern oder Bettlaken, wenn es weniger formell sein soll.**

RECHTS **Ergänzen Sie die Möbel, die ohnehin im Freien stehen, an schönen Tagen mit Sachen aus dem Wohnbereich – etwa Beistelltischen, Bodenkissen und weiteren Sitzgelegenheiten, die dem Ensemble einen bunt gemischten, entspannten Look verleihen.**

LINKS **Die mediterrane Palette besteht aus den Farben der Natur, vom leuchtenden Blau des Mittelmeers bis zum gedeckten Grün der Olivenhaine, ergänzt durch Erd- und Felsfarben. Die Kissen auf dieser Steinbank leuchten in Kobalt-, Pool- und Himmelblau.**

RECHTS **Pflanztöpfe aus Terrakotta verkörpern das authentische mediterrane Flair. Da die Feuchtigkeit darin aber schneller verdunstet als in Metallkübeln, ist regelmäßiges Gießen Pflicht. Im Hinblick auf das Format gilt: Je größer, desto besser. Große Töpfe und Pflanzen sind nicht nur eindrucksvoller, sondern auch pflegeleichter.**

RECHTE SEITE **Auf den grauen Steinplatten vor dem blassrosa Haus und im Kontrast zu dem sehr gepflegten Garten wirken die einfachen königsblauen Klappstühle frisch und belebend. Typisch für eine reich gedeckte Tafel in südlichen Ländern sind die irdenen Teller und dicken, kelchförmigen Gläser.**

In einem Garten mit mediterranem Flair darf ein Essplatz nicht fehlen. An langen, warmen Sommerabenden lebt es sich dort wie in Bella Italia.

MEDITERRANER STIL

Warme Materialien wie Holz oder Terrakottafliesen sind die beliebteste Wahl für die Terrasse oder Veranda. Natursteinpflaster können Sie mit bunten Mosaiksteinen in runden oder bogenförmigen Mustern kombinieren – das erinnert an antike römische Böden. Oder verschönern Sie einen gepflasterten Hof mit marokkanischen Enkaustikfliesen.

Für einen Gartenplatz im mediterranen Stil sind einfache Klappstühle aus Holz oder Metall passend. Wichtige Merkmale sind traditionelles Design und Bequemlichkeit. Rustikale Stühle, Tische und Liegen finden Sie auf Flohmärkten oder in Trödlerläden. Sollten die guten alten Stücke ein paar Lackschäden oder Schrammen haben – das passt zum Stil. Außerdem lassen sich Holz- und Metallmöbel einfach abschleifen und neu streichen. Setzen Sie bei den Kissen- und Polsterstoffen auf warme Farben, etwa leuchtendes Orange, Pink, Blau und Lila – mediterranes Temperament garantiert! Farbexplosionen in Blütenform sind dann nicht unbedingt nötig. Damit eine kühle, schattige Ecke das ganze Jahr über Wärme ausstrahlt, streichen Sie die Mauern in Rot, Orange, Blau oder Gelb. Farbe für den Außenanstrich gibt es inzwischen in vielen herrlich sommerlichen Schattierungen.

Mediterrane Gärten sind im Allgemeinen eher pflegeleicht; der Schwerpunkt liegt bei der Terrasse und dem Essplatz. Topfpflanzen sind überall ein schöner Anblick und sie brauchen in der Regel wenig Pflege. Viele Mittelmeerpflanzen gedeihen auch in kühleren oder feuchteren Klimazonen. Kleine Olivenbäume, Agaven, Bananenpflanzen, Eukalyptus und Trichterfarn wirken authentisch, Klassiker wie Geranien und Lavendel sorgen für Farbtupfer. Verwenden Sie schöne alte Tontöpfe oder besorgen Sie neue große Pflanzkübel, die Sie malerisch gruppieren.

- *Decken Sie den Tisch mit rustikalem, bunt gemustertem Steingutgeschirr. Auch farbige Gläser, die das Licht einfangen, sehen toll aus.*
- *Servieren Sie Brot und Salat in großen Schüsseln, auf Holztellern und -körben mit bunten Servietten für einen sommerlich-mediterranen Look.*
- *Denken Sie langfristig und lassen Sie über dem Essplatz ein einfaches Holzgerüst bauen, an dem Weinreben oder Glyzinien emporranken können und Schatten spenden.*
- *Bepflanzen Sie Gefäße in unterschiedlichen Größen. So steht immer ein kleiner Topf mit Geranien oder Lavendel als Tischdekoration bereit, und mit Kübeln können Sie den Freisitz hübsch einrahmen.*
- *Nähen Sie Kissenbezüge aus gemusterten Stoffresten oder alten Vorhängen und lassen Sie Schaumstoff für individuelle Sitzauflagen zuschneiden.*

DIESE SEITE **Vor der weißen Leinwand der getünchten Backsteinmauer werden die cremefarbenen Polsterstoffe und das dunkelbraune Geflecht von einer zauberhaften Komposition aus frischen und gedruckten Blüten belebt. Die Farben sind perfekt auf die Stoffauswahl abgestimmt, sodass ein überaus stimmiger Gesamteindruck entsteht.**

RECHTE SEITE, LINKS **Die bunten Neonfarben der Terrassenstühle erinnern in Verbindung mit dem leuchtenden Grün des Baumfarns im Vordergrund an die Tropen, und der dunkle Holzboden sorgt für eine stabile farbliche Basis.**

RECHTE SEITE, RECHTS **Teppiche, die sowohl für den Innenraum wie auch für draußen geeignet sind, lassen die sorgfältige Gestaltung auch des Außenraums erkennen und sind überdies angenehm für nackte Füße. Dieses Muster mit Retro-Touch macht den Sitzplatz mit den ansonsten einfarbigen Flächen noch attraktiver.**

Ob Sie einen Freisitz hinter dem Haus oder eine umlaufende Galerie bevorzugen – die Veranda ist ein fantastischer Ort, um die frische Luft zu genießen.

AUF DEM SONNENDECK

Ist das Sonnendeck unserer Träume womöglich ein amerikanisches Importprodukt? Die überdachte Veranda mit Holzdielen schmückt Millionen amerikanischer Häuser. Hier sitzt man mit einem Longdrink, unterhält sich mit den Nachbarn und genießt eine erfrischende Brise. In Europa sind Terrassen auf der Rückseite des Hauses üblicher. Manche sind gerade groß genug für ein paar Stühle und einen kleinen Esstisch. Gebaut werden sie aus hochwertigem Hartholz oder aber aus Weichholz, das leichter zu verarbeiten ist. Beide Varianten sind schön und pflegeleicht, ungebeizt weicht die ursprüngliche Holzfarbe mit der Zeit einem edlen, aschfarbenen Grau.

Holz fühlt sich unter den Füßen angenehmer und wärmer an als Stein und ist daher auch ideal für Familien mit Kindern. Durch Verschmutzungen kann das Material rutschig werden, regelmäßiges Abbürsten beseitigt Ansätze zur Moosbildung aber zuverlässig. Zum Holzdeck passen so ziemlich alle Möbel. Ein aktueller Designerstuhl oder eine knorrige alte Bank sehen gleichermaßen gut aus. Wer es ein wenig rustikal mag, wählt Möbel in einem ähnlichen Holzton mit Sitzkissen in neutralen Farben. Auch Rattan- oder Korbmöbel sehen gut aus, sehr modern dagegen ist die Ausstattung mit geradlinigen Sonnenliegen.

Wenn man über die Terrasse vom Haus in den Garten gelangt, stellen Sie dort nicht zu viele Dinge auf. Topfpflanzen verkörpern die Schönheit der Natur und kosten wenig Platz, außerdem kann man sie leicht beiseiterücken. Schlichte Terrakottatöpfe oder Weidenkörbe tragen zum entspannten, unaufgeregten Look bei. Geranien, Oliven- oder Lorbeerbäumchen sind die Klassiker des südlichen Stils, Gräser und Farne schaffen ein fast tropisches Ambiente.

- *Für mehr Privatsphäre oder als Windschutz fügen Sie bei Bedarf eine Seitenwand aus demselben Holz hinzu.*
- *Gerillte Dielenbretter werden als rutschfest vermarktet, sind in Wirklichkeit aber nicht besser oder schlechter als glatte Planken, wenn sie sauber gehalten werden.*
- *Auf der Terrasse ist Platz für alles Mögliche vom eingebauten Stauraum bis zur versenkten Sandkiste, von der Pergola bis zum Blumenkübel.*
- *Kaufen Sie Holz für eine neue Veranda aus nachhaltigem Anbau.*
- *Vielleicht haben Sie hier noch Platz für eine Außendusche zum Abkühlen während des Sonnenbadens.*
- *Bevor Sie eine Veranda bauen, erkundigen Sie sich nach bestehenden Bauvorschriften. Besprechen Sie Ihre Pläne auch mit den Nachbarn, denn Einwände von dieser Seite sind häufig der Grund dafür, dass es über den Gartenzaun hinweg zu Streit kommt.*

ADRESSEN

MÖBEL UND ACCESSOIRES

AmbienteDirect
Zielstattstr. 32
D-81379 München
Tel.: 089-200600400
www.ambientedirect.com

Böhmler
Tal 11
D-80331 München
Tel.: 089-21360
www.boehmler.de

BoConcept
Friedrichstraße 63
D-10117 Berlin
Tel.: 030-20004220

Große Elbstraße 39
D-22767 Hamburg
Tel.: 040-3808760

Sonnenstraße 19
D-80331 München
Tel.: 089-54884990
www.boconcept.com

Cairo Designstore
Große Eschenheimer Straße 9
D-60313 Frankfurt
Tel.: 069-29992646
www.cairo.de
Kleinmöbel, Accessoires und Stauraummodule

Domicil
Kreuzberger Ring 36
D-65205 Wiesbaden
Tel.: 0611-9766710
www.domicil.de
Romantische Möbel und Accessoires

Fashion For Home
Thierschstraße 3
D-80538 München
Tel.: 089-32602622
www.fashionforhome.de

Flexform
www.flexform.it/de
Modernes italienisches Design in erlesenen Materialien

Habitat
Potsdamer Straße 7
D-10785 Berlin

Großer Burstah 18–32
D-20457 Hamburg

Kronprinzstr. 30
D-70173 Stuttgart
Zentral-Tel.: 0211-8663443
www.habitat.de

Graham & Green
4 Elgin Crescent
GB-London W11 2HX
Tel.: +44 (0)20-72438908
www.grahamandgreen.co.uk
Glas, Kissen, Geschirr und ausgewählte Möbel

Impressionen
www.impressionen.de
Living & Fashion online

KARE Kraftwerk
Drygalskiallee 25
D-81477 München
Tel.: 089-8905400
www.kare-kraftwerk.com

Kartell
Grünstraße 15
D-40212 Düsseldorf
Tel.: 0211-86228686
www.kartell.de

Laura Ashley
Brienner Straße 10
D-80333 München
Tel.: 089-28787840
www.lauraashley.com
Möbel, Accessoires, Wohntextilien

Magazin
Berliner Freiheit 30–34
D-53111 Bonn
Tel.: 0228-390830

Lautenschlagerstraße 16
D-70173 Stuttgart
Tel.: 0711-22027910
www.magazin.de
Aktuelle Designermöbel für alle Wohnbereiche

Maisons du Monde
www.maisonsdumonde.com
Möbel, Licht, Wohntextilien

Manufactum
Hardenbergstraße 4–5
D-10623 Berlin
Tel.: 030-24033844

Domshof 8–12
D-28195 Bremen
Tel.: 0421-89776540

Fischertwiete 2
D-20095 Hamburg
Tel.: 040-30087743

Dienerstr. 12
D-80331 München
Tel.: 089-23545900
www.manufactum.de

Muji
Mall of Berlin
Leipziger Platz 12
D-10117 Berlin
Tel.: 030-20629579

Königsallee 60/62
D-40212 Düsseldorf
Tel.: 0211-8606661

Fünf Höfe
Kardinal-Faulhaber-Str. 11
D-80333 München
Tel: 089-2080397-10
www.muji.com
Aufbewahrungs- und Wohnmöbel, Büroartikel

Octopus Handels-GmbH
Lehmweg 10 b
D-20251 Hamburg
Tel.: 040-4201100
www.octopus-versand.de
Aufbewahrung, Sitzmöbel, Bücherwände, Betten

Pesch Wohnen
Kaiser-Wilhelm-Ring 22
D-50672 Köln
Tel.: 0221-16130
www.pesch.com
Moderne Möbel für alle Wohnbereiche

Schoscha Einrichtungen
Bregenzerstraße 43
A-6900 Bregenz
Tel.: +43 5574-43662
www.schoscha.com

Skandium
86 Marylebone High Street
GB-London W1U 4QS
Tel.: +44 (0)20-79352077
www.skandium.com
Möbel der skandinavischen Moderne

The White Company
www.thewhitecompany.com
Hochwertige Bett- und Badwäsche sowie Accessoires

FARBEN UND STOFFE

5qm
Sankt-Apern-Straße 17–21
D-50667 Köln
Tel.: 0221-2948455
www.5qm.de
Original Vintage-Tapeten der 50er- bis 70er-Jahre

Apelt
An der Rench 2
D-77704 Oberkirch
Tel.: 07802-8070
www.apeltstoffe.de

A. S. Création Tapeten
Südstraße 47
D-51645 Gummersbach
Tel.: 02261-542-0
www.as-creation.de
Markentapeten und Wandbeläge in Stein- oder Metalloptik sowie Wandbespannung

Auro Farbe
Alte Frankfurter Straße 211
D-38122 Braunschweig
Tel.: 0531-28141-0
www.auro.de
Naturfarbe, umweltfreundliche Farben, Lehmfarben

Bassetti
Lochhamer Straße 4
D-82152 Planegg
Tel.: 089-89543604
www.bassetti.de

Caparol
Roßdörfer Straße 50
D-64372 Ober-Ramstadt
www.caparol.de

Chivasso
Potsdamer Straße 160
D-33719 Bielefeld
Tel.: 0521-238390
www.chivasso.com
Polsterstoffe und Tapeten

Colefax & Fowler
Ottostraße 134
D-80333 München
Tel.: 089-3399720
www.colefax.com

Farrow & Ball Showroom
Kaiserstraße 25
D-60311 Frankfurt am Main
Tel.: 069-24246269
www.eu.farrow-ball.com

Holland and Sherry
Ottostraße 5
D-80333 München
Tel.: 089-215470470
www.hollandandsherry.com

Osborne & Little
304–308 Kings Road
GB-London SW3 5UH
Tel.: +44 (0)20-88123123
www.osborneandlittle.com
Stilvolle Stoffe, Tapeten und Verzierungen

Rasch
Raschplatz 1
D-49565 Bramsche
Tel.: 05461-8110
www.rasch.de
Grafische Designtapeten von Bauhaus bis Sixties

Schöner-Wohnen-Farbe
www.schoener-wohnen-farbe.de
Tapeten und Wandbekleidung

Sunday in Bed
Ainmillerstraße 28
D-80801 München
Tel.: 089-38887031
www.sundayinbed.de
Bettwäsche, Pyjamas und Körperpflege

Vossberg
Isestraße 87
D-20149 Hamburg
Tel.: 040-481586
www.vossbergversand.de
Tagesdecken, Plaids, Kissen, Tischdecken, Teppiche und Vorhänge

Die Wäscherei
Mexikoring 27–29
D-22297 Hamburg
Tel.: 040-2715070
www.die-waescherei.de

Zimmer + Rohde GmbH
Zimmersmühlenweg 14–18
D-61440 Oberursel
Tel.: 06171-63202
www.zimmer-rohde.com

BELEUCHTUNG

Artemide
Hans-Böckler-Straße 2
D-58730 Fröndenberg
Tel.: 02373-975-0
www.artemide.de
Arbeitsleuchten und atmosphärisches Raumlicht

Flos
Hausingerstraße 4
D-40764 Langenfeld
Tel.: 02173-109370
www.flos.com

www.mathmos.de
Tel.: 0800-1007246 (D)
+44 1202-644634 (A + CH)
Lavalampen, Projektoren, LED-Leuchten

BÖDEN

Flooring GmbH
Stuttgarter Straße 75
D-74321 Bietigheim-Bissingen
Tel.: 07142-71185
www.armstrong.de
Linoleum, Vinyl, Nadelvlies

Flagstone
Oranienburger Straße 21
D-10178 Berlin
Tel.: 030-27581554
Zippelhaus 2
D-20457 Hamburg
Tel.: 040-30399898
www.flagstone.de
Naturstein, Terrakotta, Mosaik

Haro Parkett
über Hamberger Flooring
Rohrdorfer Straße 133
D-83071 Stephanskirchen
Tel.: 08031-700-0
www.hamberger.de

Parkett Hinterseer
Wriezener Karree 13
D-10243 Berlin
Tel.: 030-61776120
www.hinterseer.com

Nora Systems
Höhnerweg 2–4
D-69469 Weinheim
Tel.: 06201-805666
www.nora.de
Bodenbeläge aus Kautschuk

Occhio
Wiener Platz 7
D-81667 München
Tel.: 089-44778630
www.occhio.de

Teppich Kelim Art Galerie
Hejazian
Pariser Straße 44
D-10707 Berlin
Tel.: 030-88678909
www.hejazian.de
Ausgewählte Kelims

Tretford – Weseler Teppich
Emmelsumer Straße 218
D-46485 Wesel
Tel.: 0281-81910
www.tretford.de
Wollteppichböden

VIA
Mainzer Straße 33–35
D-55422 Bacharach a. R.
Tel.: 06743-937080
www.viaplatten.de
Mosaikfliesen, Zementfliesen, Kreidefarbe

KÜCHE

Bulthaup
Prinzregentenplatz 11
D-81675 München
Tel.: 089-90779890
www.bulthaup.de

Küchen Dross & Schaffer
Wasserburger Landstraße 246
D-81827 München
Tel.: 089-4530310
www.kuechen-dross-schaffer.de

Electrolux Hausgeräte
Fürther Straße 246
D-90429 Nürnberg
Tel.: 0911-3232000
www.electrolux.de

libertà
Frankenstraße 147
D-45134 Essen
Tel.: 0201-4308181
www.liberta.de

Poggenpohl
Poggenpohlstraße 1
D-32051 Herford
Tel.: 05221-3810
www.poggenpohl.de

SieMatic Möbelwerke
August-Siekmann-Straße 1
D-32582 Löhne
Tel.: 05732-67-0
www.siematic.de
Funktionales Küchendesign

Smeg
Carl-Zeiss-Ring 8–12
D-85737 Ismaning
Tel.: 089-9233480
www.smeg.de

Summerill & Bishop
100 Portland Road
GB-London W11 4LN
Tel.: +44 (0)20-72214566
www.summerillandbishop.com
Geschirr, Küchenutensilien und Accessoires

BADEZIMMER

Bisazza
Kantstraße 150
D-10623 Berlin
Tel.: 030-3101950
www.bisazza.com
Glasmosaik für Wand und Boden

Boffi
Schlüterstraße 45
D-10707 Berlin
Tel.: 030-88554843
www.boffi-berlin.de
Italienisches Baddesign

Dornbracht
Köbbingser Mühle 6
D-58640 Iserlohn
Tel.: 02371-433470
www.dornbracht.com
Badeinrichtung im minimalistischen Design, erlesene Materialien, u. a. Kupferwannen

Duravit
Werderstraße 36
D-78132 Hornberg
Tel.: 07833-70-0
www.duravit.de
Badmöbel und -accessoires

Franz Kaldewei
Beckumer Straße 33–35
D-59229 Ahlen
Tel.: 02382-785-0
www.kaldewei.de

Hansa Metallwerke
Sigmaringer Str. 107
D-70567 Stuttgart
Tel.: 0711-1614-0
www.hansa.com
Armaturen, Duschsysteme, Thermostate

Hansgrohe
Auestraße 5
D-77761 Schiltach
Tel.: 07836-51-0
www.hansgrohe.de

Traditional Bathrooms
Hauptstraße 9
D-79588 Efringen-Kirchen
Tel.: 07628-8030900
www.traditional-bathrooms.com
Badewannen, Armaturen, Heizkörper im Stil des 19. Jahrhunderts

KINDER- UND JUGENDZIMMER

Little Company
Josefstrasse 27
CH-8005 Zürich
Tel.: +41 43-8182811
www.littlecompany.ch
Einrichtung, Kleidung und originelle Dekoobjekte

Moritz Home Collection
Schäfflerstr. 8
D-80333 München
Tel.: 089-25556970
www.moritzhome.de
Kinderbetten und -möbel

Salto – Möbel für Kinder
Seidlstraße 8
D-80335 München
Tel.: 089-62232320
www.kindermoebel-muenchen.de

Woodland-Kindermöbel
Kieler Straße 11
D-41540 Dormagen
Tel.: 02133-248210
www.woodland.de
Spielzimmer und Abenteuerbetten

HOMEOFFICE

Hülsta
Karl-Hüls-Str. 1
D-48703 Stadtlohn
Tel.: 02563-86
www.huelsta.de
Bodenständig stilvolle Büromöbel

Montana
www.montana.dk
Regal- und Schrankmodule in Regenbogenfarben, viele Vertretungen in Deutschland, Österreich und der Schweiz

Paschen
Stromberger Straße 27
D-59329 Wadersloh
Tel.: 02523-280
www.paschen.de
Klassische Bücherwände aus Massivholz nach Maß

USM
Showroom Berlin
Französische Straße 48
D-10117 Berlin
Tel.: 030-37443040

Thunstrasse 55
CH-3110 Münsingen
Tel.: 0041-317207272
www.usm.com

Vitra
Charles-Eames-Straße 2
D-79576 Weil am Rhein
Tel.: 0800-22558487

Schottenring 12
A-1010 Wien
Tel.: +43 1-4057514

Klünenfeldstrasse 22
CH-4127 Birsfelden
Tel.: +41 61-3771509
www.vitra.com

Walter Knoll
Bahnhofstraße 25
D-71083 Herrenberg
Tel.: 07032-208-0
www.walterknoll.de

GARTEN UND TERRASSE

Bevergarden
Hansaring 134
D-48268 Greven
Tel.: 02571-57705-30
www.bevergarden.de
Handgefertigte Gartenmöbel aus rostfreiem Edelstahl

Country Garden
Marienberger Str. 10
D-56470 Bad Marienberg
Tel.: 02661-9405243
www.country-garden.de
Lagerverkauf und Versand

Dedon
über Knallgrau GmbH
Königsteiner Straße 57
D-65812 Bad Soden
Tel.: 06196-883505

Schubertring 4
A-1010 Wien
Tel.: +43 1-5134536
www.dedon.de
Wetterfeste, gepolsterte Gartenmöbel aus geflochtener Kunstfaser

Fermob Köln
Hohenstaufenring 74–76
D-50674 Köln
Tel.: 0221-80158171
www.koeln.fermob.com

Fischer Möbel
Dieselstraße 6
D-73278 Schlierbach
Tel.: 07021-7276-0
www.fischer-moebel.de
Prämierte Gartenmöbel aus Holz und Aluminium im klassischen und modernen Stil sowie Sonnenschirme

Garpa
Villa Martha
Spanische Allee 93
D-14129 Berlin
Tel.: 030-36752220

Schulhof 6
A-1010 Wien
Tel.: +43 1-5131909

Kreuzstr. 54
CH-8008 Zürich
Tel.: +41 43-3443010
www.garpa.de

Osmo Holz und Color
Affhüppen Esch 12
D-48231 Warendorf
Tel.: 02581-922-100
www.osmo.de
Terrassenböden, Sichtblenden, Pergolen, Gartenhäuser

Unopiù
Kantstraße 17
D-10623 Berlin
Tel:. 030-68813993
www.unopiu.de

Weishäupl
Neumühlweg 9
D-83071 Stephanskirchen
Tel. 08036-9068-0
www.weishaeupl.de
Garteneinrichtungen von klassisch bis modern

HISTORISCHE MATERIALIEN

Anno Tobak
Brügelmatt 28
D-77704 Oberkirch (Baden)
Tel.: 0171-6061160
www.annotobak.de
Historische Baumaterialien, Haus- und Gartendekorationen

Cotto Hof Alois Geugis
Marienstraße 58
D-41836 Hückelhoven-Hilfarth
www.cottohof.de
Historische Fliesen für Wand und Boden

Florian Langenbeck
Mülhauser Straße 8
D-79110 Freiburg
Tel.: 0761-135801
www.historische-tueren.de
Historische Zäune und Geländer, gusseiserne Säulen, Treppen, Bleiglasfenster, Sanitär und Accessoires

Kremer Pigmente
Hauptstraße 41–47
D-88317 Aichstetten
Tel.: 07565-91120
www.kremer-pigmente.de
Versand historischer Farben, Rezepte, Beratung und Kurse

Persch
An der B5 Nr. 11
D-25920 Risum-Lindholm
Tel.: 04661-5111
www.persch.com
Fliesen, Dielen, Naturstein und antike Mauersteine

Peter Interior Farben
Isestraße 84
D-20149 Hamburg
Tel.: 040-482509
www.peter-interior-farben.de
Historische Anstrichmittel

Tischlerei Vielstädte
Leckerstr.16
D-49179 Ostercappeln
Tel. 05473-8592
www.vielstaedte.de
Aufarbeitung von Türen, Fenstern und Böden

Ziegelkontor
Ingo Rhein
Bäderstr. 19
D-18375 Born a. Darß
Tel.: 038234-55403
Neue Ziegelsteine aus alten Ziegeleien

TRÖDELMÄRKTE

Dortmunder Trödel- und Sammelmarkt in der Westfalenhalle
www.westfalenhalle.de
Mehrmals im Jahr

Floh- und Trödelmarkt vor den Deichtorhallen Hamburg
Samstags

Pfaffenhofener Nachtflohmarkt
www.flohmarkt-pfaffenhofen.de
Einmal jährlich im August

Portobello Road Market
Portobello Road
GB-London W11
Markt samstags, Läden Montag bis Samstag

Rheinauen-Flohmarkt Bonn
Feizeitpark Rheinaue
Ludwig-Erhard-Allee
D-53175 Bonn
www.bonn.de
Von April bis Oktober jeweils am 3. Samstag

Theresienwiesen-Flohmarkt
Bavariaring
80336 München
Einmal jährlich zum Frühlingsfest (Ende April)

Trödelmarkt am 17. Juni
Straße des 17. Juni 110–114
10589 Berlin
Samstags und sonntags

FOTONACHWEIS

o. = oben; u. = unten; r. = rechts; l. = links; M. = Mitte

Vorsatzpapier: Wohnsitz des Fotografen Jake Curtis in London/Foto Polly Wreford; 1 Foto Hans Blomquist; 2 Design Stéphane Garotin und Pierre Emmanuel Martin, Maison Hand Lyon/Foto Rachel Whiting; 3 Wohnsitz Yvonne Koné Kopenhagen/Foto Anna Williams; 4 l. & 5 u. l. Wohnsitz Bunny Turner www.turnerpocock.co.uk/Foto Polly Wreford; 4 r. www.MIKinteriors.com/Foto Polly Wreford; 5 o. l. Wynchelse, Design Dave Coote und Atlanta Bartlett, Vermietung als Ferienhaus oder Location über www.beachstudios.co.uk/Foto Polly Wreford; 5 o. r. Wohnsitz Sacha Paisley in Sussex, Design Arior Design/Foto Polly Wreford; 6 Wohnsitz der Interior Designerin Caroline Van Thillo in Belgien/Foto Polly Wreford; 8–9 Wohnsitz Danielle de Lange, Le Souk www.soukshop.com und Blog The Style Files www.style-files.com/Foto James Gardiner; 10 Wohnsitz Philip und Catherine Mould in Oxfordshire/Foto Chris Tubbs; 11 o. Wohnsitz des Architekten Joseph Dirand in Paris/Foto Pia Ulin; 11 M. Wohnsitz Pauline in Paris, Design Marianne Evennou www.marianne-evennou.com; 11 u. r. Openview Barn, Foster House, Design Atlanta Bartlett und Dave Coote Vermietung als Location über www.beachstudios.co.uk/Foto Polly Wreford; 12 o. Wohnsitz Birgitte und Henrik Moller Kastrup in Dänemark/Foto Rachel Whiting; 12 u. Wohnsitz Audrey Chabert in Paris, Design durch die Architektin Sylvie Cahen/Foto Rachel Whiting; 13 Wohnsitz in London, Design Webb Architects und Cave Interiors/Foto Polly Wreford; 14 o. Wohnsitz James Lynch und Sian Tucker, www.fforest.bigcartel.com und www.coldatnight.co.uk/Foto James Gardiner; 14 u. l. Wohnsitz Michael Giannelli und Greg Shano in East Hampton/Foto Paul Massey; 14 u. r. Wohnsitz Charlotte-Anne Fidler in London/Foto Polly Wreford; 15 l. Wohnsitz Sarah und Mark Benton in Rye/Foto Polly Wreford; 15 r. Wohnsitz George Lamb in London/Foto Debi Treloar; 16 o. Wohnsitz von Modedesigner Antoni Burakowski und Hair Stylist Kerry Warn in London/Foto Jan Baldwin; 16 u. Alle Accessoires Cote Jardin/Foto Paul Massey; 17 l. Wohnsitz Helen Dealtry in Brooklyn, wokinggirldesigns.com/Foto James Gardiner; 17 o. r. Ylva Skarp www.ylvaskarp.se/Foto James Gardiner; 17 u. Wohnsitz Adriana Natcheva in London/Foto Pia Ulin; 18 Wohnsitz Thierry Dreano in Paris, Design durch die Architektin Sylvie Cahen/Foto Rachel Whiting; 19 o. www.sasaantic.com/Foto Rachel Whiting; 19 u. Design Stéphane Garotin und Pierre Emmanuel Martin, Maison Hand, Lyon/Foto Rachel Whiting; 20 o. The Grey House, Wohnsitz Paul Burgess und Karen Carter, Design Dave Coote und Atlanta Bartlett, Vermietung als Ferienhaus oder Location über www.beachstudios.co.uk/Foto Polly Wreford; 20 u. Wohnsitz Guy und Natasha Hills in London/Foto Debi Treloar; 21 Wohnsitz Peri Wolfman und Charles Gold in New York/Foto Polly Wreford; 22 Wohnsitz der Designerin Nadine Richter, Mitinhaberin von Noé and Zoë, in Berlin/Foto Rachel Whiting; 23 o. Wohnsitz Ewa Solarz in Polen/Foto Ben Robertson; 23 u. Wohnsitz in London, Webb Architects und Cave Interiors/Foto Polly Wreford; 24 o. Design Stéphane Garotin und Pierre Emmanuel Martin, Maison Hand, Lyon/Foto Rachel Whiting; 24 u. Wohnsitz Malene Birger in Kopenhagen/Foto Polly Wreford; 25 l./Foto Rachel Whiting; 25 o. r. L'Atelier d'Archi – Isabelle Juy – www.latelierdarchi.fr/Foto Polly Wreford; 25 u. Wohnsitz Marie Worsaae, Aiayu/Foto Pia Ulin; 26 Wohnsitz des Malers Henry Mee in Hampstead/Foto Jan Baldwin; 27 o. Wohnsitz Jacques Azagury in London/Foto Winfried Heinze; 27 u. Wohnsitz Grant und Sam, Inhaber von Petite Violette in Malmö, Schweden/Foto Rachel Whiting; 28 l. Wohnsitz des Architekten Joseph Dirand in Paris/Foto Pia Ulin; 28 r. Wohnsitz des Architekten Jonas Bjerre-Poulsen, NORM Architects/Foto Pia Ulin; 29 Wohnsitz in London/Foto Debi Treloar; 30 Wynchelse, Design Dave Coote und Atlanta Bartlett, Vermietung als Ferienhaus oder Location über www.beachstudios.co.uk./Foto Polly Wreford; 31 o. Wohnsitz Adam Hills und Maria Speake, Inhaber von Retrouvius, in London, www.retrouvius.com/Foto Debi Treloar; 31 u. Sara Schmidt, Inhaberin und Creative Director von Brandts Indoor/Foto Katya de Grunwald; 32 o. Dorthe Kvist, Garten- und Interiordesignerin, Stylistin, Fernsehmoderatorin, Bloggerin und Autorin/Foto Katya de Grunwald; 32 u. l. Wohnsitz Audrey Chabert in Paris, Design durch Architektin Sylvie Cahen/Foto Rachel Whiting; 32 r. Wohnsitz des Architekten Jonas Bjerre-Poulsen, NORM Architects/Foto Pia Ulin; 33 Wohnsitz Louise Kamman Riising, Mitinhaberin heyhome.dk/Foto Rachel Whiting; 34 Wohnsitz Marco Lobina in Turin/Foto Jan Baldwin; 35 o. Wohnsitz Maaike Goldbach in den Niederlanden/Foto Katya de Grunwald; 35 u. l. Wohnsitz Interior Stylist und Keramikerin Silje Aune Eriksen, thisis-blogspot.com/Foto Catherine Gratwicke; 35 u. Wohnsitz Pauline in Paris, Design Marianne Evennou www.marianne-evennou.com; 36 l. Wohnsitz Leida Nassir-Pour, Warp & Weft in Hastings/Foto Claire Richardson; 36 r. Wohnsitz Alison Smith in Brighton/Foto Polly Wreford; 37 Wohnsitz Camilla Ebdrup, LUCKYBOYSUNDAY/Foto Rachel Whiting; 38 o. l. Wohnsitz Malene Birger in Kopenhagen/Foto Polly Wreford; 38 o. r. Wohnsitz der Designerin und Stylistin Annaleena Leino Karlsson in Stockholm/Foto Pia Ulin; 38 u. l. Wohnsitz Carole Poirot in London, www.mademoisellepoirot.com/Foto Rachel Whiting; 38 u. r. Wohnsitz James Lynch und Sian Tucker, www.fforest.bigcartel.com und www.coldatnight.co.uk/Foto James Gardiner; 39 o. Wohnsitz Tim Rundle und Glynn Jones/Foto Debi Treloar; 39 u. Michela Imperiali www.MIKinteriors.com/Foto Polly Wreford; 40 l. Giorgio und Ilaria Miani, Podere Buon Riposo in Val d'Orcia, Vermietung/Foto Chris Tubbs 40 r. Katrin Arens/Foto Debi Treloar; 41 Wynchelse, Design Dave Coote und Atlanta Bartlett, Vermietung als Ferienhaus und als Location über www.beachstudios.co.uk/Foto Polly Wreford; 42 /Foto Ngoc Minh Ngo; 43 l. Wohnsitz der Designerin Myriam de Loor, Inhaberin Petit Pan in Paris/Foto Debi Treloar; 43 r. Wohnsitz der Stylistin Anja Koops und des Kochs Alain Parry in Amsterdam/Foto Polly Wreford; 44 Wohnsitz eines Mitinhabers von Ochre in London, www.ochre.net/Foto Debi Treloar; 45 Wohnsitz Virginie Denny, Modedesignerin, und Alfonso

Vallès, Maler/Foto Debi Treloar; 46 The Grey House, Wohnsitz Paul Burgess und Karen Carter, Design Dave Coote und Atlanta Bartlett, Vermietung als Ferienhaus oder Location über www.beachstudios.co.uk/Foto Polly Wreford; 47 o. und M. Strandhaus Paul und Claire in East Sussex, Design www.davecoote.com, Vermietung www.beachstudios.co.uk/Foto Polly Wreford; 47 u. Beauty Point und Coast House Vermietung als Location über www.beachstudios.co.uk/Foto Polly Wreford; 48 Agata Hamilton www.my-home.com.pl/Foto Ben Robertson; 49 Wohnsitz der Designerin Sabien Engelenburg, engelpunt.com/Foto Rachel Whiting; 50–51 Wohnsitz der Designerin Yvonne Koné in kopenhagen/Foto Anna Williams; 52–53 o. l. Wohnsitz der Interior Designerin Caroline Van Thillo in Belgien/Foto Polly Wreford; 53 o. r. Wohnsitz der Textildesignerin Kim Schipperheijn in den Niederlanden/Foto Katya de Grunwald; 53 u. Sommerhaus Helene Blanche und Jannik Martensen-Larsen, Inhaber des Tapet Café in Kopenhagen www.tapet-café.com/Foto Earl Carter; 54 o. Wohnsitz Helen Dealtry in Brooklyn, wokinggirldesigns.com/Foto James Gardiner; 54 u. Wohnsitz Adam Hills und Maria Speake, Inhaber von Retrouvius, in London, www.retrouvius.com/Foto Debi Treloar; 55 o. l. Rebecca Uth, Gründer von Ro/Foto James Gardiner; 55 o. r. Wohnsitz June und David in Kopenhagen/Foto Polly Wreford; 55 u. l. Wohnsitz Giorgio DeLuca in New York/Foto Pia Ulin; 55 u. r. Wohnsitz Lucille und Richard Lewin in London/Foto Debi Treloar; 56 o. Mark Hampshire und Keith Stephenson, Mini Moderns/Foto James Gardiner; 56 u. l. Wohnsitz Marie Worsaae, Aiayu/Foto Pia Ulin; 56 u. r. Wohnsitz der Interior-Bloggerin Katy Orme, apartmentapothecary.com/Foto Rachel Whiting; 57 Wohnsitz Paula Barnes in Sussex, www.elizabarnes.com/Foto Polly Wreford; 58 o. Wohnsitz der Designerin Nina Nagel, byGraziela.com/Foto Ben Robertson; 58 u. Wohnsitz Francesca Forcolini und Barry Menmuir, Designer und Mitbegründer des Modelabels Labour of Love/Foto Ben Robertson; 59 Wohnsitz der Designerin Nadine Richter, Mitinhaberin Noé and Zoë, in Berlin/Foto Rachel Whiting; 60 Wohnsitz Gina Portman, Folk at Home www.folkathome.com/Foto Catherine Gratwicke; 61 l. Wohnsitz der Stylistin Emma Persson Lagerberg/Foto Polly Wreford; 61 r. Wohnsitz Maaike Goldbach in den Niederlanden/Foto Katya de Grunwald; 62 o. Wohnsitz der Künstlerin Lou Kenlock, Oxfordshire/Foto Catherine Gratwicke; 62 u. Wohnsitz Gina Portman, Folk at Home www.folkathome.com/Foto Catherine Gratwicke; 63 Wohnsitz James und Maria Backhouse in London/Foto Debi Treloar; 64 o. Kristina Dam Studio/Foto James Gardiner; 64 u. l. Wohnsitz von Modedesigner Antoni Burakowski und Hair Stylist Kerry Warn in London/Foto Jan Baldwin; 64 u. r. /Foto Hans Blomquist; 65 o. r. Foster House, Vermietung über www.beachstudios.co.uk/Foto Polly Wreford; 65 u. r. Wohnsitz Mark und Sally Bailey in Herefordshire www.baileyshome.com/Foto Debi Treloar; 65 u. l. Hotel Endsleigh/Foto Chris Tubbs; 66 o. l. Wohnsitz von Interior Designerin Eva Gnädinger in der Schweiz/Foto Jan Baldwin; 66 o. r. Wohnsitz von Modedesigner Antoni Burakowski und Hair Stylist Kerry Warn in London/Foto Jan Baldwin; 66 u. /Foto Debi Treloar; 67 Designer Laure Vial du Chatenet, Maison Caumont Paris/Foto Jan Baldwin; 68 New Cross – Vermietung als Location über www.beachstudios.co.uk/Foto Polly Wreford; 69 l. Sara Schmidt, Inhaberin und Geschäftsführerin Brandts Indoor/Foto Katya de Grunwald; 69 r. Vermietung als Location www.lightlocations.co.uk/Foto Polly Wreford; 70 o. Wohnsitz der Stylistin Ingeborg Wolf/Foto Pia Ulin; 70 u. Wohnsitz Sam Robinson, Mitinhaber von »The Cross« und »Cross the Road«, in London/Foto Debi Treloar; 71 Wohnsitz Elina Tripoliti und Mark Rachovides in London/Foto Debi Treloar; 72 Wohnsitz Christina und Allan Thaulow in Dänemark/Foto Debi Treloar; 73 l. Elaine Tian, Studio Joo/Foto James Gardiner; 73 r. Wohnsitz Maaike Goldbach in den Niederlanden/Foto Katya de Grunwald; 74 o. Wohnsitz des Architekten Joseph Dirand in Paris/Foto Pia Ulin; 74 u. l. Foto Debi Treloar; 74 u. r. Wohnsitz des Architekten Jonas Bjerre-Poulsen of NORM Architects/Foto Pia Ulin; 75 l. Wohnsitz Justina Blakeney in Los Angeles/Foto Rachel Whiting; 75 r. Garsington Manor, Wohnsitz Rosalind Ingrams und Familie/Foto Jan Baldwin; 76 o. Ylva Skarp www.ylvaskarp.se/Foto James Gardiner; 76 u. l. Wohnsitz Marie Worsaae, Aiayu/Foto Pia Ulin; 76 u. r. Wohnsitz Charlotte-Anne Fidler in London/Foto Polly Wreford; 77 Oliver Heath und Katie Weiner – nachhaltige Architektur, Interior und Schmuckdesign/Foto Catherine Gratwicke; 78 o. Design Stephane Garotin und Pierre Emmanuel Martin, Maison Hand in Lyon/Foto Pia Ulin; 78 u. l. Wohnsitz Hilary Robertson, Interior Stylist, Ankauf von Vintage und Antiquitäten/Foto Anna Williams; 78 u. M. Wohnsitz Melanie Ireland, Gründerin von Simple Kids, in Antwerpen/Foto Polly Wreford; 78 u. r. /Foto Polly Wreford; 79 l. /Foto Hans Blomquist; 79 r. Kvarngården, Wohnsitz des Fotografen Nils Odier, der Stylistin Sofia Odier und ihrer beiden Töchter Lou und Uma in Skivarp, Schweden/Foto Debi Treloar; 80 l. Ferienhaus Hanne Borge und Familie in Norwegen /Foto Catherine Gratwicke; 80 r./Foto Debi Treloar; 81 Oliver Heath und Katie Weiner – nachhaltige Architektur, Interior und Schmuckdesign/Foto Catherine Gratwicke; 82 Wohnsitz der Designerin Petra Boase in Norfolk/Foto Debi Treloar; 83 o. Wohnsitz von Modedesigner Antoni Burakowski und Hair Stylist Kerry Warn in London/Foto Jan Baldwin; 83 u. r. Wohnsitz der Designerin Virginia Armstrong in London, roddy&ginger/Foto Polly Wreford; 83 u. l. Wohnsitz und Studio von Petra Janssen und Edwin Vollebergh, Studio Boot, www.studioboot.nl, in den Niederlanden/Foto Katya de Grunwald; 84 Wohnsitz des Fotografen Jake Curtis in London/Foto Polly Wreford; 85 o. l. Wohnsitz des Architekten Joseph Dirand in Paris/Foto Pia Ulin; 85 o. r. Wohnsitz der Interior Designerin Sarah Lavoine in Paris/Foto Polly Wreford; 85 u. Naja Munthe, Inhaberin von MUNTHE in Kopenhagen/Foto Pia Ulin; 86 Wohnsitz Charlotte-Anne Fidler in London/Foto Polly Wreford; 87 Wohnsitz Cecilia und Peter Granath in Kopenhagen/Foto Polly Wreford; 88 Wohnsitz Jonathan Sela und Megan Schoenbachler/Foto Catherine Gratwicke; 89 Wohnsitz Marzio Cavanna in Mailand/Foto Pia Ulin; 90–91 Wohnsitz des Architekten Joseph Dirand in Paris/Foto Pia Ulin; 92 Wohnsitz und Atelier der Kunsthandwerkerin Nathalie Lete in Paris/Foto Debi Treloar; 93 o. Egford House, Wohnsitz Liddie und

Howard Holt Harrison/Foto Jan Baldwin; 93 u. Wohnsitz Mary Martin und Carl Turner, Carl Turner Architects, in London/Foto Jan Baldwin; 94 o. Kimberly Austin, Austin Press, San Francisco/Foto Helen Cathcart; 94 u. Wohnsitz John Nicolson, Vermietung als Film- und Fotolocation/Foto Jan Baldwin; 95 Wohnsitz Sophie Lambert, Inhaberin von »Au Temps des Cerises«, in Frankreich/Foto Jan Baldwin; 96 o. l. Wohnsitz Virginie Denny, Modedesignerin, und Alfonso Vallès, Maler/Foto Debi Treloar; 96 o. r. L'Atelier d'Archi – Isabelle Juy – www.latelierdarchi.fr/Foto Polly Wreford; 96 u. l. Wohnsitz Marzio Cavanna in Mailand/Foto Pia Ulin; 96 u. r. Wohnsitz in London/Foto Debi Treloar; 97 o. Holländisches Bauernhaus, Design Jan und Maud Steengracht, Oostcapelle-Noltes/Foto Jan Baldwin; 97 u. The Grey House, Wohnsitz Paul Burgess und Karen Carter, Design Dave Coote und Atlanta Bartlett, Vermietung als Ferienhaus oder Location www.beachstudios.co.uk/Foto Polly Wreford; 98 o. l. New Cross – Vermietung über www.beachstudios.co.uk/Foto Polly Wreford; 98 o. r. Wohnsitz des Fotografen Jake Curtis in London/Foto Polly Wreford; 98 u. Judith Kramer, Inhaberin von Juudt.com/Foto Polly Wreford; 99 Wohnsitz Leida Nassir-Pour, Warp & Weft, in Hastings/Foto Claire Richardson; 100 Foster Cabin, Design Dave Coote www.beachstudios.co.uk/Foto Polly Wreford; 101 l. /Foto Rachel Whiting; 101 r. Mark Hampshire und Keith Stephenson, Mini Moderns/Foto James Gardiner; 102 l. »La Villa des Ombelles« Wohnsitz Jean-Marc Dimanche, Chairman Agentur V.I.T.R.I.O.L., www.vitriol-factory.com/Foto Debi Treloar; 102 r. /Foto Claire Richardson; 103 Wohnsitz der Designerin Virginia Armstrong, roddy&ginger, in London/Foto Polly Wreford; 104 o. l. Oliver Heath und Katie Weiner – nachhaltige Architektur, Interior und Schmuckdesign/Foto Catherine Gratwicke; 104 o. r. Kvarngården, Wohnsitz des Fotografen Nils Odier, der Stylistin Sofia Odier und ihrer beiden Töchter Lou und Uma in Skivarp, Schweden/Foto Debi Treloar; 104 u. B&B Camellas-Lloret, Design und Inhaberin Annie Moore, bei Carcassonne/Foto Claire Richardson; 105 o. Wohnsitz der Designerin Yvonne Koné in Kopenhagen/Foto Anna Williams; 105 u. Bruno und Michèle Viard: location-en-luberon.com/Foto Polly Wreford; 106 l. Foster House, Wohnsitz Atlanta Bartlett und Dave Coote, Vermietung als Location über www.beachstudios.co.uk/Foto Polly Wreford; 106 r. Design Stephane Garotin und Pierre Emmanuel Martin, Maison Hand in Lyon/Foto Pia Ulin; 107 o. B&B Camellas-Lloret, Design und Inhaberin Annie Moore, bei Carcassonne/Foto Claire Richardson; 107 u. Wohnsitz Pauline in Paris, Design Marianne Evennou www.marianne-evennou.com; 108 Wohnsitz der Designerin Ingeborg Wolf/Foto Pia Ulin; 109 o. l. Wohnsitz Rose Hammick und Andrew Treverton, www.marmoraroad.co.uk/Foto Polly Wreford; 109 o. r. Design Stéphane Garotin und Pierre Emmanuel Martin, Maison Hand in Lyon/Foto Rachel Whiting; 109 u. Wohnsitz der Designerin Anne Geistdoerfer, double g architects, in Paris/Foto Polly Wreford; 110 o. Oliver Heath und Katie Weiner – nachhaltige Architektur, Interior und Schmuckdesign/Foto Catherine Gratwicke; 110 u. Naja Munthe, Inhaberin MUNTHE in Kopenhagen/Foto Pia Ulin; 111 o. Wohnsitz Hilary Robertson, Interiors Stylist, Ankauf von Vintage und Antiquitäten/Foto Anna Williams; 111 u. M. Wohnsitz des Architekten Arash Nourinejad und der Künstlerin Kristina Lykke Tønnesen in Kopenhagen/Foto Rachel Whiting; 111 u. r. Wohnsitz Charlotte-Anne Fidler in London/Foto Polly Wreford; 112 Foster Cabin, Design Dave Coote www.beachstudios.co.uk/Foto Polly Wreford; 113 l. Tracy Wilkinson www.twworkshop.com/Foto Catherine Gratwicke; 113 r. Foster Cabins, Design Atlanta Bartlett und Dave Coote, Vermietung über www.beachstudios.co.uk/Foto Polly Wreford; 114 o. Beauty Point und Coast House, Vermietung als Location über www.beachstudios.co.uk/Foto Polly Wreford; 114 u. New Cross – Vermietung über www.beachstudios.co.uk/Foto Polly Wreford; 115 Wohnsitz am Meer von Designerin Marta Nowicka, Vermietung über www.martanowicka.com/Foto Rachel Whiting; 116 Wohnsitz der Interior-Bloggerin Katy Orme, apartmentapothecary.com/Foto Rachel Whiting; 117 o. The White House, Wohnsitz Paul Burgess, Design Dave Coote und Atlanta Bartlett, Vermietung als Ferienhaus oder Location über www.beachstudios.co.uk/Foto Polly Wreford; 117 u. Wohnsitz Geoff und Gilly Newberry, Bennison Fabrics, in Norfolk. Stoffe Bennison, Tischlerarbeiten Victor Clark/Foto Alan Williams; 118 l. Wohnsitz der Interior Designerin Eva Gnädinger in der Schweiz/Foto Jan Baldwin; 118 r. Wohnsitz Hilary Robertson, Interiors Stylist, Ankauf von Vintage und Antiquitäten/Foto Anna Williams; 119 Wohnsitz des Designers Matthew Patrick Smyth in Manhattan/Foto Chris Everard; 120 o. l. Wohnsitz der Designer Piet und Karin Boon bei Amsterdam, www.pietboon.nl/Foto Lisa Cohen; 120 o. r. Hèlène und Konrad Adamczewski, Lewes/Foto Debi Treloar; 120 u. Wohnsitz Jeanette Lunde/Foto Debi Treloar; 121 l. Robert Young, Robert Young Architecture & Interiors www.ryarch.com/Foto Earl Carter; 122–123 Wohnsitz Marco Lobina in Turin/Foto Jan Baldwin; 124 B&B Camellas-Lloret, Design und Inhaberin Annie Moore, bei Carcassonne/Foto Claire Richardson; 125 o. M. Wohnsitz Elina Tripoliti und Mark Rachovides in London/Foto Debi Treloar; 125 o. r. www.stylexclusief.nl/Foto Catherine Gratwicke; 125 u. Beauty Point und Coast House, Vermietung als Location über www.beachstudios.co.uk/Foto Polly Wreford; 126 o. l. Wohnsitz der Designerin Virginia Armstrong, roddy&ginger, in London/Foto Polly Wreford; 126 o. r. Wohnsitz Gina Portman, Folk at Home www.folkathome.com/Foto Catherine Gratwicke; 126 u. Wohnsitz Sacha Paisley in Sussex, Design Arior Design/Foto Polly Wreford; 127 Wohnsitz in New York, Design Shamir Shah/Foto Chris Everard; 128 Wohnsitz Nici Zinell, Designerin bei Noé & Zoë in Berlin, und Knut Hake, Filmredakteur/Foto Rachel Whiting; 129 o. Wohnsitz Louise und Garth Jennings in London/Foto Rachel Whiting; 129 u. Wohnsitz Janneke van Houtum, www.liefsvanmaantje.nl, in Eindhoven/Foto James Gardiner; 130 o. l. /Foto Debi Treloar; 130 o. r. www.stylexclusief.nl/Foto Catherine Gratwicke; 131 o. l. und u. r. Wohnsitz Melanie Ireland, Gründerin von Simple Kids, in Antwerpen/Foto Polly Wreford; 131 o. r. Wohnsitz der Designerin Agnès Emery, Emery & Cie, in dr Medina von Marrakesch/Foto Katya de Grunwald; 131 u. l. Mark Hampshire und Keith Stephenson, Mini Moderns/Foto James Gardiner; 132 Wohnsitz Fiona und Alex Cox, www.coxandcox.co.uk/Foto Polly Wreford; 133 o. Wohnsitz Helen Dealtry, wokinggirldesigns.com, in Brooklyn/Foto James Gardiner; 133 u. Wohnsitz Sacha Paisley in Sussex, Design Arior Design/Foto Polly Wreford; 134 l. Wohnsitz Thierry Dreano in Paris, Design Architektin Sylvie Cahen/Foto Rachel Whiting; 134 r. Wohnsitz Familie Voors in den Niederlanden, Design Karin Draaijer/Foto Polly Wreford; 135 Wohnsitz Birgitte und Henrik Moller Kastrup in Dänemark/Foto Rachel Whiting; 136 Judith Kramer, Inhaberin von Juudt.com, the art of living, living and art/Foto Polly Wreford; 137 o. l. Wohnsitz William Palin, SAVE Britain's Heritage, in Kent/Foto Jan Baldwin; 137 o. r. Wohnsitz Ben Pentreath in London/Ph Jan Baldwin; 137 u. Kristin Krogstad Interior Architect, www.thedrawingroom.no/Foto Jan Baldwin; 138 l. Wohnsitz der Designerin Nina Hartmann in Schweden, www.vintagebynina.com/Foto Lisa Cohen; 138 r. Ferienhaus Hanne Borge und Familie in Norwegen/Foto Catherine Gratwicke; 139 Wohnsitz Victoria und Stephen Fordham, Design Sarah Delaney, in London/Foto Polly Wreford; 140 o. l. Bruno und Michèle Viard: location-en-luberon.com/Foto Polly Wreford; 140 u. l. Wohnsitz Victoria und Stephen Fordham, Design Sarah Delaney, in London/Foto Polly Wreford; 140 r. Lykkeoglykkeliten.blogspot.com/Foto Debi Treloar; 141 www.stylexclusief.nl/Foto Catherine Gratwicke; 142 o. l. Wohnsitz Sacha Paisley in Sussex, Design Arior Design/Foto Polly Wreford; 142 o. r. Sara Schmidt, Inhaberin und Creative Director Brandts Indoor/Foto Katya de Grunwald; 142 u. Wohnsitz Victoria und Stephen Fordham, Design Sarah Delaney, in London/Foto Polly Wreford; 143 Wohnsitz Gina Portman, Folk at Home www.folkathome.com/Foto Catherine Gratwicke; 144 Wohnsitz Alina Preciado, Inhaberin dar gitane www.dargitane.com, in Brooklyn/Foto Anna Williams; 145 l. Wohnsitz am Meer von Designerin Marta Nowicka, Vermietung über www.martanowicka.com/Foto Rachel Whiting; 145 M. Foster House, Vermietung www.beachstudios.co.uk/Foto Polly Wreford; 145 r. Wohnsitz Elina Tripoliti und Mark Rachovides in London/Foto Debi Treloar; 146 New Cross – Vermietung als Location über www.beachstudios.co.uk/Foto Polly Wreford; 147 o. l. Wohnsitz Sarah und Mark Benton in Rye/Foto Polly Wreford; 147 o. r. Wohnsitz John Nicolson, Vermietung als Film- und Fotolocation/Foto Jan Baldwin; 147 u. Landhaus in Suffolk/Foto Debi Treloar; 148 l. Openview Barn, Foster House, Design Atlanta Bartlett und Dave Coote, Vermietung als Location über www.beachstudios.co.uk/Foto Polly Wreford; 148 r. Wohnsitz Tine Kjeldsen und Jacob Fossum in Dänemark, Inhaber von www.tinekhome.dk/Foto Polly Wreford; 149 Kimberly Austin, Austin Press, San Francisco/Foto Helen Cathcart; 150 o. l. »La Maison du College Royal«/Foto Jan Baldwin; 150 o. r. Wohnsitz Fiona und Alex Cox, www.coxandcox.co.uk/Foto Polly Wreford; 150 u. r. Wohnsitz James Russell und Hannah Plumb, Künstler, JAMESPLUMB www.jamesplumb.co.uk/Foto Debi Treloar; 150 u. M. Wohnsitz Tine Kjeldsen und Jacob Fossum, Inhaber von www.tinekhome.dk, in Dänemark/Foto Polly Wreford; 150 u. l. Wohnsitz James und Maria Backhouse in London/Foto Debi Treloar; 151 Bea B&B, Inhaberin Bea Mombaers, in Knokke-Le Zoute, Belgien www.bea-bb.com/Foto Anna Williams; 152 l. Wohnsitz in London, Webb Architects und Cave Interiors/Foto Polly Wreford; 152 r. Wohnsitz des Architekten Joseph Dirand in Paris/Foto Pia Ulin; 153 Wohnsitz Jonathan Sela und Megan Schoenbachler/Foto Catherine Gratwicke; 154–155 Wohnsitz in London, Design Sally Mackereth, Wells Mackereth Architects/Foto Winfried Heinze; 156 o. l. Wohnsitz des Architekten Arash Nourinejad und der Künstlerin Kristina Lykke Tønnesen in Kopenhagen/Foto Rachel Whiting 156 o. r. Wohnsitz Danielle de Lange, Le Souk, www.soukshop.com, Lifestyle-Blog The Style Files, www.style-files.com/Foto James Gardiner; 156 u. r. Wohnsitz Maaike Goldbach in den Niederlanden/Foto Katya de Grunwald; 156 u. l. Wohnsitz der Textildesignerin Kim Schipperheijn in den Niederlanden/Foto Katya de Grunwald; 157 Wohnsitz der Designerin Nina Nagel, byGraziela.com/Foto Ben Robertson; 158 o. Wohnsitz des Architekten Arash Nourinejad und der Künstlerin Kristina Lykke Tønnesen in Kopenhagen/Foto Rachel Whiting; 158 u. Wohnsitz Britt, Jurgen und Mascha/Foto Rachel Whiting; 159 Wohnsitz Jeanette Lunde www.byfryd.com/Foto Catherine Gratwicke; 160 Cathie Curran Architects/Foto Polly Wreford; 161 o. l. Wohnsitz Victoria Andreae in London/Foto Debi Treloar; 161 o. r. Wohnsitz in Holland, Design Jasper Jansen, i29 design/Foto Winfried Heinze; 161 u. Monika, Kaszka z Mlekiem.com, Mitgründerin von girlsontiptoes.com/Foto Ben Robertson; 162 l. Wohnsitz der Collette in Holland, Design Architekt Pascal Grosfeld/Foto Winfried Heinze; 162 r. Wohnsitz der Textildesignerin Kim Schipperheijn in den Niederlanden/Foto Katya de Grunwald; 163 Wohnsitz der Interior-Journalistin und -Bloggerin Jill Macnair in London/Foto Rachel Whiting; 164 Ashlyn Gibson, Gründerin von Olive Loves Alfie, Interior Stylist, Autorin, Kindermode-Designerin/Foto Rachel Whiting; 165 o. l. Wohnsitz Nici Zinell, Designerin bei Noé & Zoë in Berlin, und Knut Hake, Filmredakteur/Foto Rachel Whiting; 165 o. r. Dorthe Kvist, Garten- und Interioredesignerin, Stylistin, Fernsehmoderatorin, Bloggerin und Autorin/Foto Katya de Grunwald; 165 u. Karine Köng, Gründerin und Creative Director BODIE and FOU www.bodieandfou.com/Foto Rachel Whiting; 166 o. Wohnsitz der Designerin Nina Nagel, byGraziela.com/Foto Ben Robertson; 166 u. Wohnsitz Susanne Brandt und Familie in Kopenhagen/Foto Rachel Whiting; 167 Wohnsitz Jonathan Sela und Megan Schoenbachler/Foto Catherine Gratwicke; 168 & 169 l. Wohnsitz und Atelier Erika Harberts, mikodesign, Niederlande/Foto Helen Cathcart; 169 r. Niki Brantmark, My Scandinavian Home/Foto Rachel Whiting; 170 & 171 u. The Clapton Laundry, Fotolocation und offenes Atelier/Foto Ben Robertson; 171 o. l. Wohnsitz Fried in London/Foto Winfried Heinze; 171 o. r. Wohnsitz der Interior Stylistin und Autorin Emily Henson in London/Foto Katya de Grunwald; 172 Wohnsitz Ponsa-Hemmings, xo-inmyroom.com/Foto Rachel Whiting; 173 o. Wohnsitz der Fotografin Emma Donnelly, www.takeapicturelady.com, in Leigh-on-Sea/Foto Ben Robertson; 173 u. Wohnsitz Francesca Forcolini und Barry Menmuir, Designer und Mitbegründer des Modelanels Labour of Love/Foto Ben Robertson; 174 o. l. Wohnsitz Anne Bjelke, hapelbloggen.blogspot.no/Foto Catherine Gratwicke; 174 o. r. Agata

Hamilton www.my-home.com.pl/Foto Ben Robertson ; 174 u. r. Wohnsitz Paola Sells, www.sugarkids.es in Barcelona/Foto Rachel Whiting; 175–176 Wohnsitz der Designerin Nina Nagel, byGraziela.com/Foto Ben Robertson; 177 o. Wohnsitz Janneke van Houtum, www.liefsvanmaantje.nl, in Eindhoven/Foto James Gardiner; 177 u. Anki Wijnen und Casper Boot, www.zilverblauw.nl und www.jahallo.nl/Foto Rachel Whiting; 178 o. Wohnsitz Ewa Solarz in Poland/Foto Ben Robertson; 178 u. The Clapton Laundry, Fotolocation und offenes Atelier/Foto Ben Robertson; 179 o. M. Wohnsitz Janneke van Houtum, www.liefsvanmaantje.nl, in Eindhoven/Foto James Gardiner; 179 o. r. Wohnsitz der Designerin Nina Nagel, byGraziela.com/Foto Ben Robertson; 179 u. Anki Wijnen und Casper Boot, www.zilverblauw.nl und www.jahallo.nl/Foto Rachel Whiting; 180 Wohnsitz der Textildesignerin Fiona Douglas, bluebellgray, in Glasgow/Foto Debi Treloar; 181 o. Wohnsitz Rebecca Proctor in Cornwall, www.futurusticblog.com/Foto Rachel Whiting; 181 u. Wohnsitz Emma Cassi in London/Foto Winfried Heinze; 182 L'Atelier d'Archi – Isabelle Juy – www.latelierdarchi.fr/Foto Polly Wreford; 183 o. Wohnsitz Louise und Garth Jennings in London/Foto Rachel Whiting; 183 u. Wohnsitz der Interior Designerin Larissa van Seumeren in den Niederlanden/Foto Catherine Gratwicke; 184 Wohnsitz der Designerin Sabien Engelenburg, Gründerin von engelpunt.com/Foto Rachel Whiting; 185 o. Wohnsitz Louise und Garth Jennings in London/Foto Rachel Whiting; 185 u. Wohnsitz Louise Scott-Smith, www.lovelylovely.co.uk, in London/Foto Debi Treloar; 186 o. Wohnsitz der Architekten Jeanette und Rasmus Frisk, www.arkilab.dk/Foto Ben Robertson; 186 u. Wohnsitz der Designerin Nina Nagel, byGraziela.com/Foto Ben Robertson; 187 o. Wohnsitz und Atelier der Designerin Erika Harberts, mikodesign, in den Niederlanden/Foto Helen Cathcart; 187 u. r. Wohnsitz der Interior Designerin Larissa van Seumeren in den Niederlanden/Foto Catherine Gratwicke; 187 u. l. Wohnsitz Janneke van Houtum, www.liefsvanmaantje.nl, in Eindhoven/Foto James Gardiner; 188–189 Naja Munthe, Inhaberin von MUNTHE in Kopenhagen/Foto Pia Ulin; 190 Wohnsitz Bunny Turner, www.turnerpocock.co.uk/Foto Polly Wreford; 191 o. M. Foster House, Wohnsitz Atlanta Bartlett und Dave Coote, Vermietung als Location über www.beachstudios.co.uk/Foto Polly Wreford; 191 o. r. Armando Elias, Hugo D'Enjoy. Craft Design/Foto Rachel Whiting; 191 u. Wohnsitz Alina Preciado, Inhaberin dar gitane www.dargitane.com, in Brooklyn/Foto Anna Williams; 192 o. Wohnsitz Virginie Denny, Modedesignerin, und Alfonso Vallès, Maler/Foto Debi Treloar; 192 u. Wohnsitz der Designerin Anne Geistdoerfer und ihrer Familie, double g architects, in Paris/Foto Polly Wreford; 193 Wohnsitz Danielle de Lange, Le Souk www.soukshop.com und Lifestyle-Blog The Style Files www.style-files.com/Foto James Gardiner; 194 Wohnsitz Carolyn Oswald in der Provence/Foto Polly Wreford; 195 o. l. Wohnsitz Marie Worsaae, Aiayu/Foto Pia Ulin; 195 o. r. Wohnsitz der Interior-Bloggerin Katy Orme, apartmentapothecary.com, in London/Foto Rachel Whiting; 195 u. Wohnsitz der Stylistin Ingeborg Wolf/Foto Pia Ulin; 196 o. l. Wohnsitz Alison Smith in Brighton/Foto Polly Wreford; 196 o. r. Wohnsitz Adam Hills und Maria Speake, Inhaber von Retrouvius, www.retrouvius.com, in London/Foto Debi Treloar; 196 u. Wohnsitz Anne Bjelke, hapel bloggen.blogspot.no/Foto Catherine Gratwicke; 197 Wohnsitz der Designerin und Stylistin Annaleena Leino Karlsson in Stockholm/Foto Pia Ulin; 198 Wohnsitz Carolyn Oswald in der Provence/Foto Polly Wreford; 199 l. Wohnsitz des Autors und Regisseurs Tannaz Hazemi/Foto Debi Treloar; 199 r. Kvarngården, Wohnsitz des Fotografen Nils Odier, der Stylistin Sofia Odier und ihrer beiden Töchter Lou und Uma in Skivarp, Schweden/Foto Debi Treloar; 200 o. Anki Wijnen und Casper Boot from www.zilverblauw.nl und www.jahallo.nl/Foto Rachel Whiting; 200 u. M. Wohnsitz Mark und Sally Bailey in Herefordshire, www.baileyshome.com/Foto Debi Treloar; 200 u. l. Wohnsitz Asumi und Kuni, Kanorado Shop, in Brooklyn/Foto James Gardiner; 201 /Foto Claire Richardson; 202 Foster House, Vermietung über www.beachstudios.co.uk/Foto Polly Wreford; 203 l. Wohnsitz des Architekten Jonas Bjerre-Poulsen, NORM Architects/Foto Pia Ulin; 203 r. Wohnsitz Mark und Sally Bailey in Herefordshire, www.baileyshome.com/Foto Debi Treloar; 204 l. Wohnsitz und Studio von Petra Janssen und Edwin Vollebergh, Studio Boot, www.studioboot.nl, in den Niederlanden. Katya de Grunwald; 204 r. Wohnsitz Malene Birger in Kopenhagen/Foto Polly Wreford; 205 Jeska und Dean Hearne, www.thefuturekept.com/Foto James Gardiner; 206 Wohnsitz Maria und Frank in Süddeutschland, Interior Design Barbara G/Foto Jan Baldwin; 207 o. /Foto Simon Brown; 207 u. Wohnsitz Yancey und Mark Richardson in New York, Architektur and Interior Design Steven Learner Studio/Foto Winfried Heinze; 208 o. Wohnsitz des Antiquitätenhändlers und Interior Designers Oliver Gustav in Kopenhagen/Foto Debi Treloar; 208 u. Wohnsitz Gina Portman, Folk at Home www.folkathome.com/Foto Catherine Gratwicke; 209 Wohnsitz Helen Dealtry, wokinggirldesigns.com, in Brooklyn/Foto James Gardiner; 210–211 /Foto Rachel Whiting; 212 Wynchelse, Design Dave Coote und Atlanta Bartlett, Vermietung als Ferienhaus oder Location über www.beachstudios.co.uk/Foto Polly Wreford; 213 o. und u. r. Wohnsitz und Studio von Petra Janssen und Edwin Vollebergh, Studio Boot, www.studioboot.nl, in den Niederlanden/Foto Katya de Grunwald; 213 u. l. Wohnsitz Birgitte und Henrik Moller Kastrup in Dänemark/Foto Rachel Whiting: 214 o. Wohnsitz und Studio von Petra Janssen und Edwin Vollebergh, Studio Boot, www.studioboot.nl, in den Niederlanden/Foto Katya de Grunwald; 214 u. Wohnsitz der Fotografin Joanna Vestey und ihres Ehemanns Steve Brooks in Cornwall/Foto Jan Baldwin; 215 Wohnsitz der Illustratorin Kate Bingaman-Burt in Portland/Foto Helen Cathcart; 216 Wynchelse, Design Dave Coote und Atlanta Bartlett, Vermietung als Ferienhaus oder Location über www.beachstudios.co.uk/Foto Polly Wreford; 217 o. Wohnsitz Giorgio DeLuca in New York/Foto Pia Ulin; 217 u. Wohnsitz Simon und Antonia Johnson in Somerset/Foto Chris Tubbs; 218 Wohnsitz Virginie Denny, Modedesignerin, und Alfonso Vallès, Maler/Foto Debi Treloar; 219 Wohnsitz in Bath, Design Briffa Phillips Architects/Foto Andrew Wood; 220 o. Design Steve Schappacher und Rhea White, SchappacherWhite Ltd, www.schappacherwhite.com/

Foto Earl Carter; 220 u. Wohnsitz und Atelier von Freddie Robins und Ben Coode-Adams in Essex, Design Anthony Hudson, Hudson Architects, Bau Ben Coode-Adams und Nick Spall (NS Restorations); 221 Wohnsitz des Künstlers Bobby Petersen in London/Foto Katya de Grunwald; 222 l. Armando Elias, Hugo D'Enjoy, Craft Design/Foto Rachel Whiting; 222 r. Stansfield Road, Design Dave Coote und Atlanta Bartlett., Vermietung als Location über www.beachstudios.co.uk/Foto Polly Wreford; 223 Wohnsitz Abigail Ahern in London/Foto Polly Wreford; 224–225 Wohnsitz Cary Tamarkin und Mindy Goldberg auf Shelter Island/Foto Earl Carter; 226 o. Stenhuset Antikhandel, Shop, Café und B&B in Stockamollan, Schweden/Foto Polly Wreford; 226 u. l. Wohnsitz Sarah und Mark Benton in Rye/Foto Polly Wreford; 226 u. r. Wohnsitz der Interior Designerin Eva Gnädinger in der Schweiz/Foto Jan Baldwin; 227 l. Wohnsitz Jonathan Sela und Megan Schoenbachler/Foto Catherine Gratwicke; 227 r. Wohnsitz der Designerin Agnès Emery, Emery & Cie, in der Medina von Marrakesch/Foto Katya de Grunwald; 228 o. B&B Camellas-Lloret, Design und Inhaberin Annie Moore, bei Carcassonne/Foto Claire Richardson; 228 u. Garten Viktoria Johansson, www.lillagrona.se/Foto Rachel Whiting; 229 /Foto Rachel Whiting; 230 Garten Viktoria Johansson, www.lillagrona.se/Foto Rachel Whiting; 231 o. Sommerhaus Tine Kjeldesen, www.tinekhome.com, in Dänemark/Foto Earl Carter; 231 u. Wohnsitz und Shop Katarina von Wowern, www.minaideer.se/Foto Rachel Whiting; 232 /Foto Rachel Whiting; 233 o. l. www.lightlocations.com/Foto Debi Treloar; 233 o. r. /Foto Rachel Whiting; 233 u. r. / Foto Peter Cassidy; 233 u. l. Robert Young Architecture & Interiors www.ryarch.com/Foto Earl Carter; 234 o. l. www.shootspaces.com/ Foto Debi Treloar; 234 o. r. /Foto Debi Treloar; 234 u. r. Wohnsitz der Stylistin und Autorin Katrine Martensen-Larsen in Zealand, Dänemark /Foto Earl Carter; 234 u. l., Design Steve Schappacher und Rhea White, SchappacherWhite Ltd www.schappacherwhite.com/Foto Earl Carter; 235 o. Wohnsitz Jeanette Lunde www.byfryd.com. Catherine Gratwicke; 235 u. Wohnsitz Anne Bjelke hapelbloggen .blogspot.no/ Foto Catherine Gratwicke; 236 l. Wohnsitz Velasco Vitali, Design Arturo Montanelli. Gemälde und Skulpturen © Velasco Vitali. www.velasco vitali.com., www.arturomontanelli.com/Foto Debi Treloar; 236 r. Wohnsitz Marina Ferrara Pignatelli in Val d'Orcia, Toskana/Foto Chris Tubbs; 237 /Foto Peter Cassidy; 238 Wohnsitz der Autorin und Stylistin Selina Lake/Foto Rachel Whiting; 239 l. Helen und Andrew Fickling, www.helenfickling.com/Foto Debi Treloar; 239 r. Barbara Bestor, www.bestorarchitecture.com/Foto Catherine Gratwicke; 243 Wohnsitz Rose Hammick und Andrew Treverton, www.mamoraroad.co.uk/Foto Polly Wreford; 244 Wohnsitz Jonathan Sela und Megan Schoenbachler/Foto Catherine Gratwicke; 249 The Linen Shed, B&B bei Whitstable, Kent, UK, www.linenshed.com/Foto ; 256 Wohnsitz Birgitte und Henrik Kastrup in Dänemark/Foto Rachel Whiting; Nachsatzpapier: Wohnsitz Oliver Heath und Katie Weiner – nachhaltige Architektur, Interior und Schmuckdesign/Foto Catherine Gratwicke.

BETEILIGTE ARCHITEKTEN, DESIGNER & UNTERNEHMEN

Aiayu
Dampfaergevej 2A
DK-2100 Kopenhagen
Tel.: +45 33-323280
mw@aiayu.com
www.aiayu.com
S. 25 unten, 56 unten links, 76 unten links

Alfonso Vallès
www.alfonsovallès.fr
S. 45, 96 oben links, 192 oben, 218

Annaleena Leino Karlsson
Sånga-säbyvägen 178
S-17996 Svartsjö
Tel.: +46 73-6004626
info@annaleena.se
www.annaleena.se
S. 38 oben rechts, 197

Antoni Burakowski
The Antoni & Alison Shop
43 Rosebery Avenue
GB-London EC1R 4SH
Tel.: +44 (0)20-78332141
www.antoniandalison.co.uk
S. 16 oben, 64 unten links, 66 oben rechts, 83 oben

Katrin Arens
info@katrinarens.it
www.katrinarens.it
S. 40 rechts

Ashlyn Gibson
Olive Loves Alfie
84 Stoke Newington Church Street
GB-London N16 0AP
Tel.: +44 (0)20-72414212
www.olivelovesalfie.co.uk
www.ashlyngibson.co.uk
S. 164, 170, 171 unten, 178 unten

Atlanta Bartlett und Dave Coote
www.beachstudios.co.uk
www.paleandinteresting.com
www.paleandinterstingholidays.com
www.atlantabartlett.com
www.davecoote.com
S. 4 oben links, 11 unten rechts, 20 oben, 30, 41, 46, 47 oben und Mitte, 65 oben, 68, 97 unten, 98 oben links, 100, 106 links, 112, 113 rechts, 114 unten, 117 oben, 145 Mitte, 146, 148, 191 oben rechts, 202, 212, 216, 222 oben

Baileys
Whitecross Farm
Bridstow
Ross-on-Wye
GB-Herefordshire HR9 6JU
Tel.: +44 (0)1989-561931
www.baileyshome.com
S. 65 unten rechts, 200 unten rechts, 203 oben rechts

Eliza Barnes Architectural Salvage and Design
Tel.: +44 (0)7977-234896
www.elizabarnes.com
S. 57

Pentreath & Hall
17 Rugby Street
Bloomsbury
GB-London WC1N 3QT
Tel.: +44 (0)20-7430-2526
info@benpentreath.com
www.benpentreath.com
S. 137 oben rechts

Brandts Indoor
Lindeallé 31
DK-5230 Odense M
Tel.: +45 6614-5343
info@brandtsindoor.dk
www.brandtsindoor.dk
S. 31 unten, 69 links, 142 oben rechts

Camellas-Lloret
Maison d'Hote
Rue de l'angle
F-11290 Montréal
Tel.: +33 645-739642
annie@camellaslloret.com
www.camellaslloret.com
S. 104 unten, 107 oben, 124, 228

Caroline von Thillo
Interior Decorator
MJL Interiors
Bredabaan 158
B-2930 Brasschaat
Tel.: +32-3653-5596
Facebook: MJL-Interiors by Caroline von Thillo
S. 6, 52, 53 oben links

Cave interiors
www.caveinteriors.com
S. 13, 23 unten, 152 links

Danielle de Lange
Le Souk
www.soukshop.com
www.stylefiles.com
S. 8–9, 193

Joseph Dirand Architecture
51 rue Saint Georges
F-75009 Paris
Tel.: +33 1-44690480
jd@josephdirand.com
www.josephdirand.com
S. 11 oben, 28 links, 74 oben, 85 oben links, 90–91, 152 rechts

ENGEL. celebrate for life
www.engelpunt.com
S. 49, 184

Eva Gnädinger
www.evagnaedinger.com
S. 66 oben links, 118 links, 226 unten Mitte

Fforest General Store
www.fforest.bigcartel.com
info@colatnight.co.uk
www.coldatnight.co.uk
S. 14 oben, 38 unten rechts

Folk at Home
www.folkathome.com
S. 60, 62 unten rechts, 126 oben rechts, 143, 208 unten

Hans Blomquist
www.agentbauer.com
S. 1, 64 unten rechts, 79 links

Helen Dealtry
www.helendealtry.com
www.wokinggirldesigns.com
S. 17 oben links, 54–55 oben, 133 oben, 209

Hilary Robertson
Tel.: +1 917-9717081
hilaryrobertsona@gmail.com
www.hilaryrobertson.com
S. 78 links, 111 oben, 118 rechts

Melanie Ireland
www.simplekids.be
S. 78 Mitte, 131 oben links, 131 unten rechts

Isabelle Juy
L'Atelier d'Archi
www.latelierdarchi.fr
S. 25 oben rechts

Jill Macnair
www.myfriendshouse.wordpress.com
www.jillmacnair.com
S. 163

Kim Schipperheijn
kimschipperheijn@hotmail.com
S. 53 oben rechts, 156 unten links, 162 rechts

Kristina Dam
www.kristinadam.com
S. 64 oben

Louise Kamma Riising
www.hey-home.dk
S. 33

Stéphane Garotin und Pierre Emmanuel Martin
MAISON HAND
info@maison-hand.fr
www.maison-hand.com
S. 2, 19 unten, 24 oben, 78 oben, 106 rechts, 109 oben rechts

By Malene Birger
Head Office
Rahbeks Allé 21
DK-1801 Frederiksberg
Kopenhagen
Tel.: +45 33-269620
www.malenebirger.com
S. 24 unten, 38 oben links, 204 oben rechts

Marco Lobina
www.rezina.it
www.uda.it
S. 34, 123–124

Marianne Evennou
www.marianne-evennou.com
S. 11 unten links, 35 unten rechts, 107 unten

Marzio Cavanna & Cristiana Giva Architects
MC2 Studio
www.mc2studio.com
S. 88–89, 96 unten links

Megan Schoenbachler Photography
www.meganschoenbachler.com
mit:
Marmol Radziner Architecture
www.marmol-radziner.com
S. 88 links, 153, 167, 226–227, 244

Michela Imperiali
www.MIKinteriors.com
S. 4 rechts, 39 unten

Mini Moderns
www.minimoderns.com
S. 56 oben, 101 oben, 131 unten links

Munthe
www.munthe.com
S. 85 unten, 110 unten, 188–189

Adriana Natcheva
Groves Natcheva Architects
6 Kensington Mews
GB-London W8 5DR
Tel.: +44 (0)20-79377772
info@grovesnatcheva.com
S. 17 unten

Nina Nagel
www.byGraziela.com
S. 157, 166 oben, 175, 176, 179 oben rechts, 186 unten

Noé & Zoë Berlin
Rykestraße 7
D-10405 Berlin
Tel.: +49-0173-6843736
info@noe-zoe.com
www.noe-zoe.com
S. 22, 59, 128, 165 oben links

Jonas Bjerre-Poulsen
NORM Architects
Snaregade 14
DK-1205 Kopenhagen
info@normcph.com
www.normcph.com
S. 28 rechts, 32 unten rechts, 74 unten rechts, 203 oben links

Oliver Heath
www.oliverheath.com
mit:
Katie Weiner
www.katieweiner.com
S. 77, 81, 104 oben links, 110 oben

Petite Violette
Online-Shop, Verkauf und Verleih
Davidshallstorg 1
S-21145 Malmö
Tel.: +46 (0)709-487929
info@petiteviolette.com
www.petiteviolette.com
S. 27 unten

Petra Boase
www.petraboase.com
www.cliffbarns.com
S. 82

Retrouvius
2A Ravensworth Road
GB-London NW10 5NR
Tel.: +44 (0)20-89606060
design@retrouvius.com
www.retrouvius.com
S. 15 rechts, 20 unten, 31 oben, 54 unten links, 74 unten links, 80 oben, 96 unten rechts, 130, 147 unten, 196 oben rechts

Saša Anti
www.sasaantic.com
sasaantic.tumblr.com
S. 19 oben

Selina Lake
www.selinalake.co.uk
www.selinalake.blogspot.co.uk
Instagram und Pinterest:
@selinalake
S. 238

Studio Boot
Schriftdesign
Van Tuldenstraat 2
NL-5211 TG's-Hertogenbosch
Tel.: +31 (0)73-6143593
info@studioboot.nl
www.studioboot.nl
S. 83 unten links, 204, 213 oben, 213 unten rechts, 214

Tamarkin Co.,
www.tamarkinco.com
mit:
Techler Design Group
www.techlerdesign.com
und:
Suzanne Shaker interiors
www.suzanneshaker.com
S. 224–225

Bunny Turner
Turner Pocock Interior Design
Unit 18A
First Floor Parsons Green Depot
Parsons Green Lane
GB-London SW6 4HH
Tel.: +44 (0)20-34632390
S. 4 links, 5 unten, 190

Yvla Skarp
info@yvlaskarp.se
www.yvlaskarp.se
S. 17 oben rechts, 76 oben

Yvonne Koné
info@yvonnekone.com
www.yvonnekone.com
S. 3, 50–51, 105 oben

REGISTER

Kursive Seitenzahlen verweisen auf Abbildungen

ASPARGES

Gabriel Garcia Marquez Love in the Time of Cholera
JOURNEY THROUGH A SMALL PLANET EMANUEL LITVINOFF
ALONE IN BERLIN
HANS FALLADA